현대 명리학과
과학의 만남

현대 과학 이론을 통한 명리학의 재조명

현대 명리학과 과학의 만남

淸明 안민수 지음

다산글방

#머리말

대학에서 철학과 윤리를 강의하셨던 부친의 영향이었을까? 필자는 평소 인간의 삶에 대한 근원적인 궁금증을 갖고 있었다.

인간은 어디에서 와서 어디로 가는 것일까? 우리의 삶 속에서 벌어지는 모든 일들은 우연인가, 필연인가? 이러한 질문에 대한 답을 찾기 위해 동양 철학, 고전 인문학을 학습하게 되었고 우연한 계기로 명리학을 만나게 되었다.

명리학은 우주 자연의 순환 법칙과 본질을 탐구하여 인간의 삶을 이해하는 학문으로서 도가 사상, 유가 사상, 불가 사상 등의 모든 동양 사상과 총체적으로 연관되어 있었다. 그리고 명리학은 인간 삶에 대한 필자의 궁금증을 해소하기에 충분한 논리적인 학문이었다. 필자에게 명리 공부는 마치 안개로 가득했던 뿌연 산속에 태양이 떠올라 밝은 자연을 보게 되는 것과 같은 감동을 가져다주었다.

우리의 삶 속 저변에 내재되어 우리 인생을 지배하는 어떠한 힘, 그것은 바로 우주 자연의 본질이었고 인과관계를 바탕으로 한 자연의 순환 법칙에 있었다. 필자는 명리학을 공부하면서 음양오행의 에너지 변화 원리를 깨닫게 되었고, 온도와 습도 변화에 따른 십천간의 에너지 순환 법칙과 지구의 자전, 공전으로 인해 나타나는 십이지지의 물질 변화 원리를 알게 되었다. 이러한 깨달음을 얻은 후에 세상과 인간 삶의 이치가 보였다. 이것이 필자의 첫 번째 감동이다.

실제로 필자가 살아오면서 경험했던 모든 삶의 과정이 자연의 에너지 법칙 때문임을 알게 되었고, 성격 적성 및 행동성향에 대한 모든 정보가 생년·월·일·시의 에너지 부호 안에 담겨있음을 깨닫게 되었다. 그러나 이처럼 완벽하고 감동적인 학문이 일반 대중들에게는 자연을 숭배하는 애니미즘이나 주술적 무속신앙인 샤머니즘과 비슷하게 인식되고 있었다. 또한 명리학이 학문적으로 인정을 받기보다는 혹세무민하는 미신처럼 경시되고 있는 현실이 매우 안타깝게 느껴졌다. 때문에 필자는 사주명리를 보다 논리적이고 과학적인 접근을 통해 현대인들에게 이해시키고 널리 전파하고 싶은 간절함이 생겨났다.

이후 필자는 우주 자연과 물질의 이치를 탐구하는 현대 물리학 이론과 지구의 자전 공전 및 태양과 별들의 천체 운동에 관한 천문학, 그리고 생명체의 본질을 연구하는 생물학 분야에도 관심을 갖게 되었다. 본래 대학에서 인문학을 전공하였던 필자가 현대 과학 이론을 습득하는 것이 쉽지 않았지만, 인터넷의 발달과 지식 공유라는 시대적인 흐름 덕분에 물리학 백과, 천문학 백과, 생물학 백과 등을 통하여 기본적이고 핵심적인 과학지식을 얻을 수 있었다.

또한 물리학의 대중화를 위해 힘쓰고 계신 양자물리학자 김상욱 교수님의 저서인 『김상욱의 양자 공부』, 『울림과 떨림』을 통하여 우주 자연의 본질에 대한 물리학적 이해를 할 수 있게 되었다. 예컨대 뉴턴의 고전 역학에서 설명한 물질의 운동 법칙뿐 아니라 양자역학에서 밝혀진 원자의 속성, 입자와 파동 개념, 우주의 탄생과 시공간 개념, 만물의 진동, 우주에 존재하는 네 가지 힘인 중력, 전자기력, 약력과 핵력을 알게 됨으로써 우주 자연의 에너지와 기에 대한 본질을 이해하게 되었다.

이 외에도 아인슈타인의 상대성 이론에서 밝혀진 질량과 에너지의 관계 및 현대 물리학의 주류를 이루는 장(Field) 이론과 초끈이론은 필자가 명리학을 통해 학습한 음양오행의 에너지 법칙과 동일한 개념이었다. 이것은 마치 멀리서 조화와 균형을 갖춘 아름다운 숲을 보고 감동한 후에 가까이 가서 나무 하나, 꽃 하나를 직접 만져보는 듯한 느낌이었다. 이와 같이 현대 물리학 지식으로 명리학을 더욱 명료하게 이해하게 되었을 때 두 번째 감동으로 다가왔다.

필자는 이 책을 통하여 우주 자연의 인과관계 법칙이 곧 인간 삶의 법칙이라는 사실을 일반 대중들에게 전달하는 데 초점을 두고, 물리학 천문학 생물학의 검증된 과학 이론에 근거하여 객관적이고 논리적으로 설명하고자 하였다. 또한 어려운 명리 지식을 많은 대중들이 쉽게 이해할 수 있도록 시각적 효과가 있는 표와 그림을 직접 고안하여 설명하였고 평이한 언어로 쓰고자 노력하였다. 이러한 필자의 작은 노력으로 사주명리학이 21세기 현대인들에게 널리 알려지고 인정받는 계기가 되길 바라며, 모든 사람들이 행복한 삶을 살아가는데 선한 영향력을 끼치길 기대해 본다.

끝으로 수많은 강의와 명리 서적을 통하여 필자와 같이 명리를 학습하는 사람들에게 체계적인 명리 지식을 습득할 수 있도록 해주신 자평명리학의 대가 창광 김성태 선생님께 존경과 감사의 마음을 전한다. 그리고 도경 김문식 선생님, 천인지 운명학 김병우 선생님께도 함께 감사드린다.

이 책이 출판되기까지 옆에서 여러 가지로 도움과 조언을 준 공학박사 이언석 배우자께도 감사의 마음을 표한다.

명리학과 과학을 동시에 함께 만날 수 있는 지식의 공유시대, 21세기에 살아가고 있음을 감사하게 생각하며 … 행복한 삶을 추구하는 모든 분들께 이 책을 바친다.

淸明 안민수

차례

머리말 · 4

제1장 명리학의 선행과제 ··· 15

1. 명리학은 미신인가? 과학적 근거가 있는 인문학인가? 17
2. 생년·월·일·시[四柱]와 유전자[DNA, RNA]의 관계는? 19
3. 동일한 사주를 갖고 태어난 사람은 같은 삶을 살까? 23
4. 운세 보기에 대한 바람직한 태도는? 25
5. '운'의 미래 예측성에 대한 과학적 근거는? 29
6. 현대인들에게 명리학은 왜 필요한가? 33
7. 사주명리는 누구에게 필요한가? 35
8. 사주와 의식, 무의식의 관계는? 37
9. 자유의지 문제와 명리학에 대한 올바른 자세는? 40

제2장 현대물리학과 명리학의 새로운 이해 ··· 43

1. 명리학과 물리학의 우주 자연에 대한 이해 45
2. 거시세계와 미시세계, 소우주·인간 47
3. 음양 인연법과 우주에 존재하는 네 가지 힘 50
4. 우주의 본질에 대한 현대물리학 이론과 기(氣), 질(質)의 이해 54
   1) 우주 배경 복사와 우주의 구성 성분 · 55
   2) 장(Field) 이론과 기(氣)의 이해 · 57
5. 천간 지지의 관계와 아인슈타인의 상대성 이론 61
6. 우주 변화의 모습 63
   1) 진동 곡선과 음양의 대칭성 · 63
   2) 십이지지의 음양 에너지 전환과 에너지 보존법칙 · 64

7. 십천간 에너지 파동과 양자역학의 상보성, 양자 얽힘 — 66
8. 천간 지지, 지장간 속의 이중성(입자와 파동) — 70
9. 십천간, 십이지지의 에너지 분포와 순환 원리 — 73
10. 우주 순환의 원리, 육십간지 — 77
11. 사주의 온도 습도와 샤를의 법칙 — 80
12. 공간과 방위, 시간과 에너지 변화의 이해 — 82

제3장 명리학의 천체물리학적 이해 — 87

1. 명리학이란? — 89
2. 명리학의 바탕 원리 — 92
   1) 음양 이론 · 92
   2) 오행 이론 · 93
3. 생년·월·일·시와 지구의 공전, 자전운동 — 97
   1) 지구의 공전과 1년 12개월의 이해 · 97
   2) 지구의 자전과 1일의 이해 · 101
   3) 지구의 공전, 자전과 사주 네 기둥의 이해 · 104

제4장 십천간의 에너지 특성 및 배합에 따른 직업적 의미 — 119

1. 갑(甲) — 123
   1) 에너지 특성 · 123   2) 개인 성격 및 성향 · 124
   3) 甲의 상생상극 배합과 직업적 의미 · 124   4) 甲의 요약 · 130

차례

2. 을(乙) — 133
1) 에너지 특성 · 133
2) 개인 성격 및 의지 · 134
3) 乙의 상생상극 배합과 직업적 의미 · 135
4) 乙의 요약 · 140

3. 병(丙) — 142
1) 에너지 특성 · 142
2) 개인 성격 및 마음 · 143
3) 丙의 상생상극 배합과 직업적 의미 · 143
4) 丙의 요약 · 148

4. 정(丁) — 150
1) 에너지 특성 · 150
2) 개인 성격 및 가치관 · 151
3) 丁의 상생상극 배합과 직업적 의미 · 152
4) 丁의 요약 · 156

5. 무(戊), 기(己) — 158
1) 에너지 특성 · 158
2) 개인 성격 및 성향 · 160
3) 戊, 己의 상생상극 배합과 직업적 의미 · 161
4) 戊, 己의 요약 · 166

6. 경(庚) — 169
1) 에너지 특성 · 169
2) 개인 성격 및 성향 · 169
3) 庚의 상생상극 배합과 직업적 의미 · 170
4) 庚의 요약 · 174

7. 신(辛) — 176
1) 에너지 특성 · 176
2) 개인 성격 및 성향 · 177
3) 辛의 상생상극 배합과 직업적 의미 · 178
4) 辛의 요약 · 181

8. 임(壬) — 183
1) 에너지 특성 · 183
2) 개인 성격 및 성향 · 184
3) 壬의 상생상극 배합과 직업적 의미 · 184
4) 壬의 요약 · 188

9. 계(癸) ——————————————————— 190
   1) 에너지 특성 · 190   2) 개인 성격 및 마음 · 191
   3) 癸의 상생상극 배합과 직업적 의미 · 192   4) 癸의 요약 · 195

제5장 십이지지의 이해 및 출생 월별 직업 능력 ——————— 197

1. 자(子) ——————————————————— 206
   1) 子의 이해 및 합(合), 충(沖), 원진(元嗔) · 206
   2) 子月生의 직업 능력 · 208

2. 축(丑) ——————————————————— 211
   1) 丑의 이해 및 합(合), 충(沖), 원진(元嗔) · 211
   2) 丑月生의 직업 능력 · 213

3. 인(寅) ——————————————————— 215
   1) 寅의 이해 및 합(合), 충(沖), 원진(元嗔) · 215
   2) 寅月生의 직업 능력 · 217

4. 묘(卯) ——————————————————— 219
   1) 卯의 이해 및 합(合), 충(沖), 원진(元嗔) · 219
   2) 卯月生의 직업 능력 · 221

5. 진(辰) ——————————————————— 224
   1) 辰의 이해 및 합(合), 충(沖), 원진(元嗔) · 224
   2) 辰月生의 직업 능력 · 227

차례

6. 사(巳)   229
   1) 巳의 이해 및 합(合), 충(沖), 형(刑), 원진(元嗔) · 229
   2) 巳月生의 직업 능력 · 232

7. 오(午)   234
   1) 午의 이해 및 합(合), 충(沖), 원진(元嗔) · 234
   2) 午月生의 직업 능력 · 236

8. 미(未)   238
   1) 未의 이해 및 합(合), 충(沖), 형(刑), 원진(元嗔) · 238
   2) 未月生의 직업 능력 · 241

9. 신(申)   243
   1) 申의 이해 및 합(合), 충(沖), 형(刑), 원진(元嗔) · 243
   2) 申月生의 직업 능력 · 247

10. 유(酉)   248
   1) 酉의 이해 및 합(合), 충(沖), 원진(元嗔) · 248
   2) 酉月生의 직업 능력 · 251

11. 술(戌)   253
   1) 戌의 이해 및 합(合), 충(沖), 형(刑), 원진(元嗔) · 253
   2) 戌月生의 직업 능력 · 256

12. 해(亥)   258
   1) 亥의 이해 및 합(合), 충(沖), 원진(元嗔) · 258
   2) 亥月生의 직업 능력 · 261

제6장 명리의 꽃, 십신의 이해 ·············· 263

   1. 십신과 오행의 비교 이해 ············· 267
   2. 십신의 시간, 공간적 의미 이해 ········· 272
   3. 십신의 상생상극에 대한 이해 ·········· 275
   4. 십신의 특성 및 생화극제 의미 ·········· 279
      1) 비견의 기본 특성 및 생화극제의 사회적 의미 · 279
      2) 겁재의 기본 특성 및 생화극제의 사회적 의미 · 282
      3) 식신의 기본 특성 및 생화극제의 사회적 의미 · 285
      4) 상관의 기본 특성 및 생화극제의 사회적 의미 · 288
      5) 정재의 기본 특성 및 생화극제의 사회적 의미 · 290
      6) 편재의 기본 특성 및 생화극제의 사회적 의미 · 293
      7) 정관의 기본 특성 및 생화극제의 사회적 의미 · 296
      8) 편관의 기본 특성 및 생화극제의 사회적 의미 · 298
      9) 정인의 기본 특성 및 생화극제의 사회적 의미 · 302
      10) 편인의 기본 특성 및 생화극제의 사회적 의미 · 305

맺음말 · 307
참고문헌 · 310

제1장

**명리학의
선행과제**

1. 명리학은 미신인가?
   과학적 근거가 있는 인문학인가?

많은 현대인들은 사주명리를 주술적인 무속 신앙이나 나무, 불, 물 등 자연을 숭배하는 원시 애니미즘 정도로 생각한다. 따라서 사주명리학은 현대 과학적 사고와는 동떨어진 먼 고대의 미신으로 취급받거나 근거 없이 혹세무민하는 점술로 오해받는 경향이 있다. 그러나 21세기 현대물리학, 천문학, 분자생물학, 광유전학 등 과학의 발전 덕택에 명리학이 자연의 인과법칙을 정확하게 이해하고 인간 삶에 적용한 논리적 학문임이 입증되고 있다.

사주명리는 태어나는 순간 첫 호흡과 함께 인간에게 세팅된 '우주의 에너지 정보'를 연구하는 학문이다. 즉 태어날 때 생년·월·일·시 네 개의 기둥에는 여덟 개의 시공간적 에너지 코드가 표시되어 있고, 이 에너지 정보가 인간의 몸속 신호체계에 프로그래밍 된 것이다.

사주는 물리학 이론으로 볼 때, 자연법칙에 따라 운동하는 물체의 초기 조건 표시와 같은 것이다. 뉴턴의 운동 제2법칙인 'F = ma'에 의하면, 초기 위치와 속도를 알면 정확히 다음 단계의 상태를 예측할 수 있다. 즉 뉴턴 역학에서 우주에 존재하는 모든 물질은 똑같은 운동 법칙에 따라 움직이므로 초기 조건만 정확히 안다면 미래 상태를 정확히 예측할 수 있게 된다. 인간 생명체도 우주의 일부분이고 지구의 세포와도 같은 존재이므로, 태어날 때의 초기 에너지 상태[四柱]를 알면 삶의 미래 상황을 예측하는 게 가능한 것이다. 더 나아가 21세기 현대물리학은 아인슈타인의 상대성 이론을 시작으로 100년 동안 빅뱅 우주론, 우주 팽창론, 우주에 존재하는 4가지 힘, 우주의 구성물질, 그리고 입자와 파동의 발견 등 우주 자연에 대한 상상초월의 자연과학적 사실을 밝혀내고 있다.

특히 현대 물리학의 기반인 양자역학에서는 물질의 최소 단위인 10^{-10}m 크기의 원자, 즉 지구 기준으로 볼 때 동전만 한 크기인 원자를 전자현미경을 이용하여 관찰하고, 만물이 입자와 파동이라는 이중적 상태로 존재함을 발견함으로써 과거에 비가시적 세계였던 부분까지 과학적인 탐구가 가능해졌다. 21세기 현대 과학의 발전 덕택에 그동안 동양에서 수천 년 동안 연구되어 온 기(氣)와 질(質)의 철학적 개념을 현실적으로 직접 보고 확인할 수 있게 된 것이다.

현대 물리학의 최고봉인 아인슈타인이나 양자역학으로 노벨물리학 상을 수여받은 닐스 보어는 동양의 사상에 깊은 관심을 가졌다고 한다. 특히 닐스 보어는 태극 문양의 음양 형상을 보고 크게 감동하여 '양자의 상보성'에 대한 이론을 정립하였다. 서양의 물리학자들도 이해할 수 없었던 양자의 파동적 속성을 동양의 기, 음양 이론으로 설명할 수 있었던 것이다. 이에 대한 구체적인 과학적 내용은 2장에서 다시 설명하기로 한다.

결론적으로 명리학은 동양의 기와 질, 음양오행 이론을 바탕으로 한 자연의 인과법칙을 연구하여 인간의 삶에 적용하는 인문학으로서 현대 과학적 근거를 바탕으로 한다.

2. 생년·월·일·시[四柱]와
   유전자[DNA, RNA]의 관계는?

　일반인들이 갖는 근본적인 의문점은 인간이 태어날 때 부모로부터 물려받은 유전자가 이미 존재하는데 태어날 때의 사주 조건이 어떤 의미가 있는가 하는 것이다. 이것은 현대 분자생물학에서 밝혀진 내용들을 살펴보면 명확하게 이해할 수 있다.
　최근 개인의 유전자 지도를 만드는 프로젝트(HGP: Human Genome Project)의 결과 "DNA의 모든 염기 서열을 분석하였더니, 우리 몸속 유전자의 97%는 정상적인 데이터 코드가 아닌 비정상적 유전자로서 유전되지 않는 정크DNA였다. 즉 부모에게서 받은 유전자 중 3%만이 남아서 유전적으로 발현된다는 것이다. 따라서 오늘날 생물학자들은 후천적 유전에 대한 관심을 갖게 되었고, 이에 관여하는 RNA의 유전자 발현과정에 대해 더 깊이 연구하는 상황이다.
　즉 우리에게 잘 알려진 DNA 유전자는 A, C, G, T라는 4 bit의 정보를 갖고 있는 생명의 설계도와 같은 것인데, 이것이 단백질로 합성되기 까지는 유전자 복사 및 전달 과정, 즉 유전자 발현 과정이 존재하며 이때 mRNA와 tRNA가 관여하게 된다. RNA는 화이자, 모더나와 같은 코로나 백신 개발에서도 잘 알려진 것으로 리보핵산이라는 우리 몸의 대표적 유전 물질이다.

mRNA는 DNA의 유전 정보를 복사하고 해석한 뒤 이를 세포 밖으로 가지고 나와 단백질 공장인 리보솜에 전달하는 역할을 맡는다.

2006년 노벨 생물학상 수상자인 Andrew Fire와 Craig Mello는 RNA 간섭현상을 발견하였다. 이 이론에 따르면, "miRNA (마이크로 RNA)는 생명체의 유전자 발현을 통제하는 역할을 하는 작은 RNA로서, mRNA와 상보적으로 결합해 세포내 유전자 발현 과정에서 활성화와 비활성화를 결정짓는 중추적인 조절 인자로 작용한다. 즉 컴퓨터와 마찬가지로 생명체의 세포에도 작업 명령어들이 코딩되어 있다[1]"

위 유전자 발현 과정을 요약하면 아래와 같다.

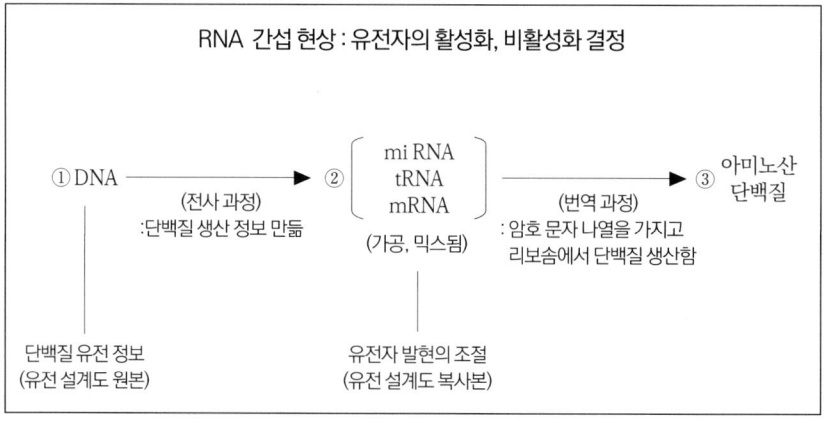

더욱 흥미로운 사실은 생명체의 제어 조절 코드인 miRNA가 우리가 사는 3차원 시공간에 떠다니고 있으며 온도, 습도 등 주변 환경에 따라 mRNA의 초기 암호에 장착되어 mRNA의 전사를 정밀하게 조절한다는 것이다. 그리

---

1) 위키백과, 분자 세포 생물학 백과 참조

고 변화하는 온도, 습도 환경에 따라 다른 조합으로 새로이 코딩되어 불균형을 일으키면 종양이나 질병을 유발할 수 있다고 한다.

분자생물학에서뿐만 아니라 현대 신경과학계의 떠오르는 분야인 광유전학 분야에서도 빛으로 뇌의 신경세포를 활성화, 또는 억제시키는 사실을 확인했다. 실제로 최근 카이스트 생명과학과 연구팀은 유전자 발현의 조절 연구를 통해서 살아있는 뇌에 LED 빛을 쏘아 외부 온도 조건에 따라 유전자의 발현이 조절됨을 알아냈다.

필자는 이러한 일련의 과학적 사실에 근거하여 태어날 때 주어진 생년·월·일·시라는 자연의 에너지 정보가 첫 호흡을 통해 우리 몸에 후천적으로 코딩됨으로써 어떻게 DNA 유전정보 발현과정에 관여할 수 있는가를 이해하게 되었다.

요약하자면 부모에게서 선천적으로 물려받은 유전자 DNA는 3%만이 활성화되어 단백질로 만들어져서 인간 형질의 특성을 결정하고 나머지 97%는 비활성화되고 억제되는데, 이 모든 유전자 발현과정에는 태어날 때 코딩되어진 후천적인 우주 에너지 정보가 관여한다. 사주명리에서는 태어나는 순간 시공간의 온도와 습도에 따라 사주 8개와 지장간 12개의 총 20개의 에너지 조건이 주어지는데, 이것이 유전자 발현과정에서 RNA 간섭현상에 작용하여 인간의 정신적, 육체적 활동성을 결정짓는다고 보는 것이다. 이러한 결과는 같은 부모에게서 태어난 형제·자매들이 성격적으로나 체질적으로 전혀 다른 모습을 갖는 경우를 이해할 수 있게 한다.

결론적으로 유전자 DNA보다 더 큰 영향을 주는 것은 태어나는 순간의 온도, 습도 조건에 따른 에너지 환경이고 이것이 유전자의 활성화, 비활성화 문제를 결정짓는다는 것이다. 한 가지 더 주목할 만한 사실은 선천적인 생물학적 유전자의 염기서열 방식과 후천적 사주 에너지의 오행 배합 원리가 비슷하다는 점이다. 즉 우리 몸속에 있는 23,000개 정도의 유전자는 A (아데닌), T (티민), G (구아닌), C (사이토신) 등 4 종류의 염기 정보들로 구성되는데, 이들이 3개씩 모여서 트리플랫 코드를 형성해서 하나의 단백질로 지정되어 우리의 키, 피부색, 성격 등의 모든 특징을 결정짓게 된다.

후천적 사주명리에서도 10개의 자연에너지 코드가 상생상극 (相生相剋), 생극제화 (生剋制化)의 법칙에 의해 어떻게 배합을 이루고 있는가 (2자 조합, 3자 조합, 4자 조합, 5자 조합 등)에 따라 성격, 재능, 직업 능력, 행동 특성 등이 다양하게 나타난다. 즉 음양오행의 10개 에너지 정보나 생명체의 4개 염기 정보는 모두 개별적으로 존재하지만, 각각 진동 구조, 나선 구조 속에서 특정한 배합을 만들어 다양한 특성을 갖게 되는 원리는 유사하다.

3. 동일한 사주를 갖고 태어난 사람은 같은 삶을 살까?

우리는 사주명리에 대해 오해하는 부분이 많다. 생년·월·일·시의 에너지 정보는 내 삶의 계획서 같은 것으로 100% 결정지어진 것은 아니다. 즉 동일한 사주라도 여러가지 이유에 의해서 각자 다른 삶을 살아가게 된다.

우선 태어나기 이전에 부모로부터 선천적으로 물려받은 유전자가 다르다. 비록 유전적인 영향력이 크지는 않더라도 근본적인 형질의 차이는 있는 것이다. 즉 다른 부모에서 같은 사주를 갖고 태어난 아이들이 있다고 가정할 때 결코 그들의 삶이 같지는 않다.

그러면 똑같은 부모에게서 태어난 일란성 쌍둥이의 경우는 어떠한가? 쌍둥이가 남녀일 경우는 대운(大運)이 서로 반대로 흐르기 때문에 전혀 다른 삶을 살아간다. 또한 쌍둥이가 동성일 경우에도 똑같은 삶을 살지는 않는다. 왜냐하면 1분 차이로 태어났다 하더라도 각자 첫 호흡의 순간에 들어온 우주의 에너지가 이미 다르기 때문이다.

현대 천체물리학 이론에서 볼 때, 매초마다 수조개의 중성미자가 지구에 쏟아지고 찰나의 순간에도 시시각각으로 에너지 변화는 발생하기 때문이다. 따라서 2시간 단위로 구분된 사주 네 기둥의 에너지 정보로는 100% 정확한 예측이 불가능하다. 만약 초 단위의 에너지 정보인 오주 다섯 기둥이 주어진다면 좀 더 완벽한 예측이 가능할 것이다.

또한 같은 사주라도 후천적으로 주어진 환경의 차이에 따라 다른 삶을 살게 된다. 만약 생년·월·일·시가 똑같은 두 사람이 있을 때, 한 명은 무인도에서 살고 또 다른 사람은 복잡한 도시에서 살아간다고 가정해 보자. 무인도에서 사는 사람은 주로 식생활을 해결하기 위한 단순한 삶을 살 것이다. 그러나 도시에서 사는 사람은 많은 사람들과 관계를 맺고 경쟁을 하며 크고 작은 사건들을 경험하게 될 것이다. 즉 두 사람은 외형적인 삶의 형태나 내부적 삶의 질이 전혀 다르게 전개된다.

또 다른 요인으로 시간적, 시대적 차이에 따라 같은 사주라도 전혀 다른 삶을 살게 된다. 예를 들어 똑같은 사주가 60년 주기로 존재하는데, 조선시대 태어난 여자와 21세기 대한민국에서 태어난 여자의 삶은 완전히 다르게 전개된다. 시대적 차이에 따른 가치관, 부모 환경 및 사회적 제도가 다르기 때문이다.

요컨대 인간은 우주 자연의 세포와 같은 존재로서 자연의 법칙 속에서 살아가지만, 인간 특유의 사회적 관계 속에서 삶의 모습이 결정되므로 시대적, 환경적 조건에 따라 다양한 삶이 전개될 수 있다.

가장 중요한 사실은 사주의 주체자인 나의 선택과 자유의지가 내 삶을 결정한다는 것이다. 아무리 똑같은 사주 에너지를 갖고 동일한 상황이 주어졌다고 해도 나의 의지와 실천력에 따라 삶의 결과는 다르게 나타난다.

4. 운세 보기에 대한 바람직한 태도는?

인간은 태어나는 순간 사주 네 기둥에 여덟 글자의 시·공간 에너지 부호를 갖는다. 그리고 생년·월·일·시지의 지장간 (地藏干) 속에 3개씩 에너지 부호가 더 숨어있다. 지장간이란 우리가 살고 있는 지지라는 땅에 천간의 우주 에너지 흐름을 표시한 것이다.

예를 들어 양력 5월에 태어난 사주의 경우, 지지 巳月 속에 戊, 庚, 丙[7, 7, 16]이라는 천간 (天干) 에너지가 7일, 7일, 16일씩 흐르면서 생명체와 물질에 영향을 준다. 십이지지 (十二地支)의 지장간을 1년 기준으로 분석해 보면 완벽하게 순환하는 우주 자연의 에너지 흐름을 알 수 있고, 생명체인 인간의 경우도 태어날 때 주어진 시공간적 에너지 상태를 구체적으로 파악할 수 있다. 지장간에 대한 자세한 내용은 '5장 십이지지의 이해' 편에서 설명하기로 한다.

이와 같이 인간은 태어날 때, 생년·월·일·시주의 8개 에너지와 지장간 12개 에너지를 합하여 총 20개의 초기 에너지 조건을 갖게 된다. 이 에너지들이 내 몸 안에 세팅된 것이고 유전자 발현 과정에서 절대적인 영향력을 끼쳐서 내 삶의 모습을 만들게 된다.

앞에서 자세히 설명했지만 사주의 오행 에너지가 100%의 유전자 중 3%만을 활성화시켜 발현되게 하고, 나머지 97%를 비활성화 유전자(정크 DNA)로 만드는 결정적 요인으로 작용하게 된다. 따라서 사주 원국의 20개 에너지 조건을 알면 그 사람의 개인적 재능, 적성, 성격 등 인생 전반에 대한 정보를 파악할 수 있다.

한편 우리는 '언제 무슨 일이 일어날 것인가?'의 때를 구체적으로 알고 싶어 한다. 이러한 구체적인 시기를 살피는 것이 대운(大運), 세운(歲運)을 통한 미래 예측 운세 보기이다.

대운이란 10년마다 바뀌는데 내가 태어날 때 주어진 환경이 변화되는 것을 뜻한다. 예를 들어 내가 甲戌월(양력 10월)에 태어났다면, 10년 후에는 乙亥월의 환경을 만나고 20년 후에는 丙子월의 환경을 만난다는 뜻이다. 계속해서 丁丑, 戊寅, 己卯 등의 대운을 거치면서 50대쯤 되면 완전히 반대 계절인 庚辰 대운을 만난다. 이때가 여섯 번째 층 대운인데 가을 환경에 태어난 사람이 봄의 반대 환경을 만나게 되니 많은 삶의 변화가 생기고, 크게는 제2의 새로운 삶을 사는 경우도 많다. 즉 태어날 때 나에게 세팅된 가을의 온도, 습도 환경조건이 봄의 새로운 에너지와 상호 작용하여 공간적, 물질적 그리고 정신적 가치관의 변화까지 생기게 된다. 따라서 대부분의 사람들이 50대를 전후하여 많은 변화를 겪게 된다.

참고로 똑같은 사주라도 남녀는 대운이 반대로 진행된다. 예를 들어 乙巳생 뱀띠 여자의 경우 대운이 순행하지만, 乙巳생 남자는 대운이 반대로 흐르는데 이를 역행한다고 한다. 반대로 甲辰생 용띠 여자의 경우 대운은 역행하고 甲辰생 남자는 순행한다. 다시 말해서 대운은 태어난 달을 기준으로 하여 시공간의 순행 흐름과 역행 흐름이 있는데, 남자의 경우는 태어난 연주의 연간이 甲, 丙, 戊, 庚, 壬 등 양간이면 순행하고, 乙, 丁, 己, 辛, 癸 등 음간이면 역행한다. 반대로 여자의 경우는 연간이 甲, 丙, 戊, 庚, 壬 등의 양간이면 역행하고 乙, 丁, 己, 辛, 癸처럼 음간이면 순행한다.

이와 같이 사주명리에서는 음양의 이치에 따라 남녀의 조건과 해석이 모두 다르다.

대운이 개인의 가정적 사회적 환경 변화를 뜻하는 반면에, 세운은 1년마다 지구상의 모든 에너지 조건이 바뀌는 것을 뜻한다. 즉 대운이 태어난 월주 기준의 개인 환경 변화인 것에 비해서, 세운은 지구의 공전운동에 따라 우주 내의 다른 별들과 상호 작용력이 달라지는 지구 환경 변화이다. 따라서 세운이 더 광범위하게 지구 전체에 영향을 주게 된다. 예를 들어 대운 변화 현상이 내가 속한 가정이나 사회 조직의 규칙이나 규정 변화라면, 세운 변화 현상은 국가 차원의 법률 개정이나 국제법의 변화 같은 것이다. 월운과 일운은 세운의 테두리 안에서 그 해의 에너지 흐름 시간표와 같다.

이처럼 사건의 발생이나 일의 성패에 관한 운세는 사주 원국을 기준으로 하여 대운, 세운, 월운, 일운의 복잡한 상호 관계 속에서 에너지의 상생상극, 생극제화 작용에 의해 결정된다.

그러면 다음 그림으로 운세 보기를 이해하여 보자.

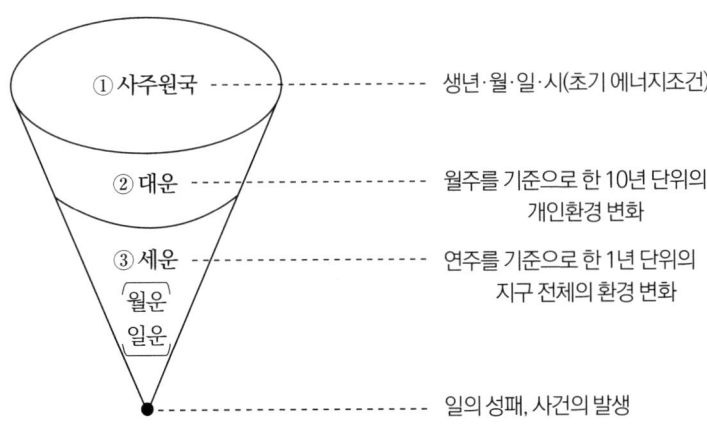

앞의 그림과 같이 복잡한 에너지 관계를 이해한다면, 사주명리에서의 운세 보기는 변화된 에너지 조건 속에서 내가 어떻게 대응해서 살아가느냐의 방법론을 찾는 것이 중요하다 하겠다. 예컨대 辛丑년, 2021년에 乙木, 卯木 에너지를 사주 원국에 갖고 있는 사람들은 건강이나 물질적 문제가 생길 수 있다. 그러나 모든 경우에 해당되는 것은 아니며 乙木, 卯木의 위치나 주변 오행의 에너지 조건에 따라 의미 해석이 다르다. 즉 丑土에 뿌리를 두고 있는 강한 辛金을 통제할 수 있는 丙, 丁이라는 火가 있으면 별 문제없이 지나갈 수 있다. 또한 辛金 에너지를 밖으로 내보내는 壬, 癸, 亥, 子 등의 水 에너지가 있다면 오히려 辛金이 잘 활용될 수 있게 된다.

이외에도 사주 원국과 운과의 에너지 상호작용을 면밀하게 파악해서 삶을 지혜롭게 살아가도록 방법론을 제시하는 것이 운 보기에 대한 바람직한 태도라 할 것이다. 또한 일반인들도 단순한 호기심이나 재미 수준으로 운세에 관심을 가질 것이 아니라, 자신에게 다가온 에너지 환경조건을 겸허한 마음으로 받아들이고 현명하게 대처하며 때를 기다릴 줄 알아야 할 것이다.

5. '운'의 미래 예측성에 대한 과학적 근거는?

우리가 태어나는 순간 20개의 시공간적 에너지 코드가 프로그래밍 되었지만 그때부터 우리는 시시각각 변화하는 우주 자연의 에너지와 상호작용하게 된다. 이것이 앞서 설명한 운의 작용인데, 이 원리를 현대 물리학 이론으로 설명하자면 공진 또는 공명 현상이다.

지식백과에 나와있는 공진의 정의는 다음과 같다.

"공진이란 특정 진동수, 특정 주파수를 가진 물체가 같은 진동수의 힘이 외부에서 가해질 때 진폭이 커지면서 에너지가 증가하는 현상이다. 즉 사람, 연필, 찻잔 등 모든 우주의 물질들은 고유주파수를 갖는데 이 물체에 같은 주파수, 진동수를 가하면 진동이 엄청나게 큰 폭으로 증가한다. 우리 주위에서 이러한 공진현상을 활용한 예는 자기공명영상(MRI) 촬영 장치가 있다."

이와 같은 에너지 증폭현상이 바로 사주에서의 운보기 원리다. 즉 기본적으로 타고난 사주 내 20개의 에너지 인자들이 있고 매년, 매월, 매일, 매초마다 외부로부터 같은 주파수의 에너지나 상생상극하는 에너지가 들어오는데 이때 에너지가 증폭되거나 억제되는 현상이 발생하는 것이다.

예를 들어 2021년 신축년의 운세를 볼 때 자신의 사주에 辛金이나 丑土가 있으면 주파수 공진현상이 일어나 에너지가 크게 증폭된다. 만약 이러한 글자가 없더라도 지지에 巳, 酉가 있거나 천간에 辛의 에너지를 상생해 주는 戊己土 또는 억제하는 丙丁火 등이 있으면 辛, 丑 에너지와 상생 상극 작용을 통하여 인간 삶에서 여러가지 사건 사고 현상이 일어난다. 운세 보기는 이러한 원리를 바탕으로 하며 수많은 사람들의 실제적 삶 속에서 임상결과가 더해져서 송나라 이후 천 년 동안 이론 체계가 정립되어 왔다.

한편 과학 분야에서 물리학의 기초 과목으로 역학(力學)이 있다. 물리학은 본래 사물의 이치를 탐구하는 학문으로서 물체 사이의 상호작용과 운동성 및 에너지 변화를 연구하여 궁극적으로 자연과 인간을 이해하고자 한다. 이 중에서 사물을 움직이게 하는 힘, 즉 에너지를 연구하는 분야가 역학이다. 동양에서 주역이나 명리학을 역학(易學)이라 부르기도 하는데 이는 기(氣)의 변화를 탐구하는 것이며, 물리학에서 물체를 운동하게 하는 힘인 에너지 변화 연구와 같은 것이라 볼 수 있다.

앞서 언급했던 뉴턴 역학의 운동 제2법칙은 우주에 존재하는 모든 물질은 초기 조건만 정확히 주어지면 100% 미래 예측이 가능하다는 결정론적 논리다. 이는 우주 만물의 하나인 인간도 태어날 때의 시공간적 초기 조건인 사주만 알면 정확한 미래를 예측할 수 있다는 명리학 이론의 과학적 근거가 되는 것이다. 이 순간에도 우리는 지구와 함께 시속 약 1,700km의 속도로 자전운동을 하고 있고 초속 30km로 공전운동을 하고 있다. 단지 우리가 지구에 세포처럼 붙어서 함께 등속운동을 하고 있기 때문에 느끼지 못할 뿐이며, 우리는 우주 자연의 운동 법칙 속에서 존재한다는 사실을 인지해야 한다.

이러한 뉴턴의 결정론적 미래 예측성은 카오스(Chaos) 이론에 의해서 약간의 수정이 필요하게 되었다. 카오스 이론에 따르면 "카오스란 원래 복잡하고 불규칙해서 비선형계인 복잡계에서는 정확한 초기 조건을 모르면 예측성에 많은 오차가 발생한다"는 것이다. 이를 뒷받침하는 내용으로 미국의 대기학자인 로렌즈(E. Lorenz)는 컴퓨터를 이용하여 기후 변화를 예측하였는데, 1000분의 1 정도의 초기값 오차로 인하여 엄청나게 다른 기후변화 발생의 결과를 얻고 초기 조건의 민감성을 역설한 '나비효과' 이론을 세우게 된다. "나비효과란 서울에서 나비 한 마리가 날개짓을 하면 뉴욕에서는 허리케인을 불러온다"는 의미로, 날씨나 자연의 물체에 대한 미래 예측을 할 때 정확한 초기 조건을 모르면 커다란 오차가 발생하여 100% 정확하게 미래를 예측할 수 없다는 것이다.

이로 미루어볼 때, 사주명리에서도 2시간 단위의 연·월·일·시 네 기둥으로 미래를 예측한다는 것은 초기 조건의 부정확성을 의미한다. 즉 필자는 초 단위의 다섯 기둥인 오주(五柱)가 설정되어야 더욱 정확한 미래 예측이 가능하다고 보며, 명리학에서도 더 깊은 연구가 필요하다고 본다.

지금까지 고전역학에서의 미래 예측성에 대하여 살펴보았다. 그러면 20세기 이후의 현대 양자역학에서는 어떠한가? 현대 양자역학은 초미세 현미경의 발달로 우리가 오감으로 볼 수 없었던 초 미시세계의 원자, 전자, 쿼크를 관찰하고 만물이 파동과 입자의 두 가지 상태임을 발견하였다. 즉 파동은 우리가 동양에서 인식되어온 기(氣)와 같은 것으로써 보거나 만질 수 없는 무형의 에너지이며, 입자는 질(質)과 같은 것으로 형체를 지닌 물질을 말한다.

닐스 보어와 슈뢰딩거 등 양자물리학자들은 이중 슬릿 실험을 통해서 물질의 최소 단위인 전자의 특성을 다음과 같이 밝혀냈다.

"전자를 두 개의 슬릿에 하나씩 통과시켜 반대편 스크린을 살펴본 결과, 관찰자가 있을 때는 입자로 나타나고 실험 관찰자가 없으면 간섭무늬 형태의 파동 상태가 된다."

이러한 결과는 전자가 입자와 파동의 이중성을 갖고 있으며 관찰자의 유무에 따라 다르게 변한다는 것이다.

요약하자면, 초미시세계인 양자나 원자 상태에서는 인간이라는 관찰자의 유무, 즉 마음, 의지, 관찰의 유무에 따라 파동 상태로도 되고 입자 상태로도 된다는 것이다. 이 이론은 미래 예측성에 대한 확률론적 비결정론으로 발전하게 된다. 양자역학에서는 미래는 정해진 것이 아니라 인간의 선택과 의지에 따라 다른 결과가 발생되며, 따라서 인간의 자유 의지를 강조한다. 이러한 양자역학 이론에 근거할 때, 사주명리에서도 100% 미래가 결정되어 있는 것이 아니라 관찰자인 인간의 의지와 선택에 의해 다른 미래가 만들어질 수 있다는 사실을 인지해야 한다.

6. 현대인들에게 명리학은 왜 필요한가?

우리는 지금 고도로 발전된 물질문명의 혜택과 함께 컴퓨터 정보와 인공지능으로 대표되는 4차 산업 혁명 시대에 살고 있다. 물질적으로 모든 것이 갖추어지고 최상의 풍요 속에서 행복한 삶을 살 것 같지만 개인적 사회적으로 진정 행복하다고 느끼는 사람이 과연 얼마나 될까? 치열한 경쟁 사회 속에서 많은 현대인들은 불안감과 공포심을 느끼고 있을 뿐만 아니라 자기 정체성을 찾지 못하고 우울증, 조울증, 공황장애 등의 정신적 문제를 겪고 있다. 또한 가정에서도 부부간의 불화나 자녀들과의 갈등 속에서 만족한 삶을 영위하지 못하는 경우가 많다.

특히 현대인에게 가족관계 문제가 왜 많이 생기는지 생각해 볼 필요가 있다. 본질적 이유는 나 자신에 대해서도 정확히 모르고 상대방을 이해하지 못하기 때문이다. 매일 함께 생활하는 배우자 자녀의 기질이나 성격적 다름을 인정하지 않고 서로 자신의 기준에 맞추려 강요하다 보니 갈등이 생기는 것이다. 예컨대 부모 말을 거스르고 자기 고집대로만 하려고 하는 아이, 엄친아이길 바라는데 자유분방한 아이, 적극적이지 못하고 매사에 소극적인 자녀들이 있을 때, 부모가 생각하는 이상적인 기준과 거리가 멀기 때문에 끝없이 불화가 일어나게 된다.

이런 문제에 직면할 때, 부모 자신과 자녀의 타고난 기질이나 특성을 알기

만 해도 이미 문제의 50%는 해결된다. 왜냐하면 그 순간부터 자녀를 이해하고 인정할 수 있기 때문이다. 사주명리에서는 나에 해당되는 일간 특성만 봐도 10종류의 성격 유형이 있고, 개인 사주에 있는 오행이나 십신의 천간 지지 구성에 따라 다양한 성향적 차이를 보여준다.

가정에서뿐만 아니라 학교나 사회에서도 이해할 수 없는 친구나 동료와의 갈등이 생길 때, 그들의 생년·월·일·시 속에 숨어있는 에너지 정보를 안다면 나와의 다름을 인정하고 어느 정도 그들을 수용할 수 있게 된다. 사주명리의 궁극적 목적은 어쩌면 나와 타인을 이해함으로써 나 자신이 행복해질 수 있는 최선의 방법을 찾는 것이다.

명리학를 공부하는 또다른 이유는 때를 알고 내 삶을 현명하게 조율할 수 있다는 데 있다. 즉 일이 잘 풀리지 않고 삶이 힘들 때, 현재 나에게 주어진 운의 에너지 상태를 이해한다면 그것을 받아들일 수 있다는 것이다. 언젠가 삶이 좋아지는 때를 앎으로써 희망을 갖고 차분히 미래를 준비하면서 기다릴 수 있게 된다. 마치 캄캄한 터널을 아무 것도 모른 채 걸어가는 것이 아니라 터널 전등불에 비춰진 이정표를 보면서 한 걸음씩 나아가는 것과 같다고 할 수 있다.

결국 내 인생의 설명서인 사주와 삶의 시간표인 운을 안다는 것은 불투명한 현대를 살아가는 우리에게 희망과 행복을 줄 수 있는 한 방법이 될 수 있다고 본다.

7. 사주명리는 누구에게 필요한가?

사주명리는 모든 현대인들에게 필요한 것은 아니다. 마치 육체적 정신적 질병 치료나 건강 검진을 필요로 하는 사람들이 병원에 가는 것과 마찬가지로 사주는 현실적 삶이 너무나 힘들어서 인정할 수 없는 사람들에게 더욱 필요하다. 그들에게 현재 자신에게 주어진 에너지 상태를 이해하게 하여 그것을 인정하고 견뎌낼 수 있는 힘을 주는 것이다.

한편 삶의 방향에 대해 확신이 없는 20대, 30대 젊은이들에게는 자신의 성향과 적성을 파악하여 인생을 설계하고 진로를 찾는 데 도움을 줄 수 있다. 반대로 치열하게 살아온 50대, 60대들에게는 과거의 내 삶을 돌아보고 앞으로의 행복한 노후 생활을 점검하는 계기가 될 수 있다.

평균 수명이 길어진 현대사회에서 중노년의 삶은 짧지 않은 시간이다. 노후의 내 삶이 어떻게 흘러갈지에 대한 정보를 안다면 보다 의미 있는 제2의 인생을 생각해 볼 수 있고 미래 방향성을 찾는 데 도움이 될 것으로 본다. 또한 가족 관계에 있어서도 나와 배우자, 자식들과 이해의 폭을 넓히고 서로 소통하기 위해서 서로가 타고난 에너지 조건을 인정하는 것이 필요하다고 하겠다.

결국 사주명리는 나 자신의 과거, 현재, 미래의 삶을 수용하고 타인과의 다름을 이해하고 싶은 현대인들에게 필요한 교양 선택과목과 같은 것이며, 정신적, 육체적으로 고통을 겪는 이들에게 위안과 희망을 줄 수 있는 최적의 인문학이다.

8. 사주와 의식, 무의식의 관계는?

　인간만이 갖고 있는 의식, 무의식의 문제는 심리학자 프로이드의 정신분석학이나 칼 융에 의해서 우리에게 널리 알려져 있다.
　의식은 표면적으로 드러나는 성격이지만, 무의식은 내면 깊숙한 곳에 숨어 있어 우리의 행동과 정서를 지배하게 된다.
　뿐만 아니라 최근 양자역학에서도 인간의 의식 작용에 초점을 맞추어, 모든 가능한 현실에 대해 자유의지를 갖고 선택하는 관찰자로서의 나를 중시한다. 즉 의식이라는 것은 인간 자신이 여러 가지 가능성이 존재하는 중첩된 양자역학적 상황에서 실시간으로 선택하는 주체적인 관찰자 같은 것으로 본다.
　이와 같이 인간의 내면에 대한 심리분석은 서양의 심리학 물리학 분야에서 주로 연구되어져 왔지만, 현대 사주명리학에서는 타고난 에너지 특성을 중심으로 보다 더 실증적으로 분석하는 방식이 연구되고 있다. 실제로 크게 두 가지 방법으로 분석한다.

　첫째는, 오행의 에너지 특성을 살펴보는 것이다.
　예를 들어 甲 일간일 경우, 봄에 솟아오르는 에너지처럼 앞서서 먼저 시작하고 상승 발전하려는 경향이 강하다. 만약 甲이 월간에 있다면 그러한 특성은 사회적 관계 성향으로 나타나고, 시간에 있을 때는 개인적 가치관으로 작용한다. 사주 천간 네 글자는 밖으로 드러난 심리이며 모두가 알 수 있는 성격이다.

반면에 사주 지지 네 글자의 지장간에 甲이라는 오행 에너지가 숨어있을 경우는 일간의 무의식으로 작용하며 특수한 상황에 따라 행동 속에서 부지불식간에 나타난다. 특히 월지는 내 주변조직이나 환경을 의미하기 때문에 집단 무의식으로 내 안에 내재되어 있어서 조직 내 인간관계 속에서 행동으로 표출된다.

일지는 나 개인의 몸에 익혀진 습성과 같은 것이라서 개인의 무의식적 행동으로 나타난다. 태어난 시간을 나타내는 시지는 더 깊은 내면적 무의식이 숨어있는 곳이며 개별적 사적 행동으로 표현된다. 태어난 해를 표시한 연지는 주체자인 나와는 시간적 공간적으로 먼 간접적 환경이므로, 공적 활동과 관련된 일에서 포괄적 특성으로 나타난다.

이와 같이 일간을 중심으로 해서 오행이 사주 천간에 위치할 때는 드러난 의식이나 성격으로 나타나며, 지지에 있을 때는 연지, 월지, 일지, 시지에 따라 집단 무의식, 개인 무의식적 행동으로 나타나게 된다.

둘째는, 명리학의 꽃으로 불리우는 십신(十神)이나 십성(十星)으로 보는 것인데, 더욱 구체적인 심리 분석이 가능하다.

오행이 절대적 에너지 특성이라면, 십신은 일간인 나를 기준으로 타인과의 인간관계 속에서 나타나는 상대적인 관계 특성이다. 예를 들어 甲 일간인 사람이 연간, 월간, 시간 등 다른 천간에 丙이 있으면 식신이라는 십신이 있는 것이다. 이런 경우 丙火라는 식신의 특성에 의해서 나의 고유한 능력, 재주 등을 타인들에게 활발하게 표출하는 적극적인 성격을 갖게 된다. 또한 지지의 경우 巳火가 월지 연지에 있을 때, 식신의 표출 능력은 집단 무의식적 행동으로 드러나며, 일지 시지에 있을 때는 개인 무의식적 행동으로 나타난다.

한 가지 더 예를 들자면 甲 일간에게 나를 생해주는 癸가 있다면 정인이 있는 것이다. 정인은 현실 환경을 잘 수용하고 적합하게 행동하는 능력으로써 타인으로부터 인정받고 사랑받는 성향이다. 또한 지적인 삶을 추구하고 윗사람에 대한 공경과 사회에 잘 적응하는 안정적 성격이다.

그러나 실제 임상에서 개인적 성격을 볼 때, 현실 상황에 따라 복합적인 성향을 보이는 경우가 많다. 그 이유는 사주의 천간 지지 8개 에너지뿐만 아니라 지장간 속에도 12개의 다양한 에너지들이 잠재되어 있어서, 대운과 세운의 에너지 변화에 따른 섞임 현상과 간섭 작용으로 성격적 발현 정도가 다르기 때문이다.

9. 자유의지 문제와 명리학에 대한 올바른 자세는?

사주명리의 미래 예측성에 대한 과학적 근거는 뉴턴의 고전 역학적 운동 법칙으로 보면 100% 결정된 것이지만, 현대 양자역학 이론에서는 인간이라는 관찰자의 자유의지에 따라 미래의 결과가 다르게 나타난다는 비결정론이 주류를 이룬다.

이러한 현대 양자역학의 비결정론적 관점에서 볼 때, 인간의 미래 삶을 예측하는 사주명리를 무조건 맹신하는 것은 금물이다. 비록 인간이 소우주로서 자연의 인과법칙 하에서 살아가지만, 인간 특유의 정신 영역인 기(氣)라는 파동이 발달한 점을 고려할 때, 관찰자인 나의 마음이나 의지가 모든 결과를 다르게 만들어낸다는 사실을 잊지 말아야 한다.

실제로 아무리 좋은 사주와 운의 흐름을 갖고 있는 사람이라 하더라도 무인도에서 살거나, 혹은 본인이 해야 할 일을 아무런 행동으로 실행하지 않는다면 어떤 현상도 발생하지 않는다. 즉 사주에서 부여된 자연의 고유에너지에 따라 살아간다는 것은 그에 맞는 최선의 개인적 선택과 실천이 전제 조건이다. 진인사대천명(盡人事待天命)이라는 어구의 참뜻은 바로 이러한 의미를 담고 있는 것이다.

모든 학문이 그러하듯이 사주명리도 개인적 삶이나 사회적 영향력 관점에서 양날의 칼과 같다. 가령 과학 기술의 발전과 로봇의 등장은 일상의 편리함을 가져다 주었지만, 많은 사람들의 일자리가 사라졌고 인간성 상실이라는 부작용이 발생하였다. 또한 생물학의 발전과 함께 인간 유전자 게놈 지도의 연구는 질병을 예측하는 긍정적인 효과도 있지만, 개인 정보 유출이라는 부정적인 문제점을 동시에 갖게 되었다.

　따라서 사주명리가 개인의 삶이나 사회에 선한 영향력을 끼치고 긍정적으로 작용하기 위해서는, 사주에 대한 과학적 이해와 올바른 태도를 갖는 것이 우선되어야 할 것이다. 앞서 언급한 내 삶에 미치는 긍정적인 측면을 바르게 인식하고 나에게 주어진 자연의 에너지 정보를 잘 활용하여 지혜롭고 행복한 삶을 만들어 가도록 노력해야 한다.

제2장

현대물리학과 명리학의 새로운 이해

1. 명리학과 물리학의
   우주 자연에 대한 이해

21세기 현대물리학의 발전은 우리의 경험과 상식을 뛰어넘는 단계에 와 있다. 우리가 사는 지구, 태양계, 은하계 등 거시 세계를 연구하는 천체물리학과 우주 자연의 최소 구성단위인 원자, 전자, 쿼크 등 미시세계를 연구하는 양자물리학, 입자물리학의 발전이 그것이다.

물리학은 원래 물질의 이치(物理)를 탐구하는 학문으로 명리학에서 자연의 이치를 탐구하는 것과 근본적으로 같은 목적을 지닌다. 물리학자들은 미분, 적분 등 수학적 방법론을 써서 우주 자연의 궁극적인 법칙을 찾고자 하며, 명리학자들은 자연의 부호인 음양오행 에너지의 인과관계 법칙을 찾아 인간 삶을 연구하고자 한다.

이와 같이 명리학과 물리학은 우주와 자연의 법칙을 이해하고자 하는 공통된 목적을 갖고, 동서양에서 오랜 시간 동안 각각 발전해 왔다. 서양의 물리학이 실험적 관찰과 객관적 증명을 통하여 현대에 널리 인정받는 학문이지만, 동양의 명리학은 눈으로 확인할 수 없는 기(氣)의 영역을 사유하고 통찰하여 얻은 지식 체계이기 때문에 평범한 일반인들이 이해하고 받아들이기 쉽지 않다. 그러나 21세기 현재 상상을 초월하는 현대물리학의 발전 덕택에 볼 수 없고 만질 수 없었던 동양의 무형 에너지인 氣에 대한 실체를 확인할 수 있게 되었다.

예컨대 양자물리학에서 10^{-10}m 크기의 원자라는 초미세입자를 전자현미경으로 관찰하여 그 속성을 밝혀냄으로써, 비 가시적 영역이었던 기에 대한 본질을 파악할 수 있게 되었다. 즉 현대 양자역학에서 우주의 모든 물질을 구성하고 있는 원자에 대하여 양자 얽힘, 입자와 파동의 이중성, 상보성 등 상식적으로 이해하기 힘든 물리적 속성을 밝혀내게 된 것이다.[2]

이것은 필자가 명리학 이론에서 학습했던 천간 지지의 기(氣)와 질(質) 개념, 음향 오행의 에너지 속성, 음과 양의 상보적 관계 등과 본질적으로 동일한 내용이었다. 더욱 아이러니한 사실은 닐스 보어, 슈뢰딩거 등 양자물리학의 대가들이 오히려 동양의 음양 이론에서 영감을 얻어 양자의 물리적 특성을 이해하고 이론을 정립했다는 점이다.[3]

이번 2장에서는 현재 물리학계에서 정설로 굳어진 물리학 이론과 그동안 신비주의적인 명리학 이론을 비교 설명함으로써 천 년 동안 음지의 학문으로 이어져 왔던 명리학에 대한 새로운 이해와 재인식의 발판을 마련하고자 한다.

---

2) 양자역학, 코펜하겐 해석: 지식백과, 물리산책 참조.
3) 김상욱 저 『울림과 떨림』 pp.128~136 참조

2. 거시 세계와 미시 세계, 소우주·인간

● 우주·나·원자의 연속성 이해

우리 인간은 지구라는 작은 행성의 세포 같은 존재지만 고도의 지적 탐구 능력 때문에 지구를 둘러싼 태양계와 은하계에 대한 탐구는 물론, 지구 대비 동전만 한 크기인 원자의 구조까지 볼 수 있게 되었다. 그 결과 다음 그림에서 보듯이 놀랍게도 태양계의 모습과 원자의 모습이 동일한 구조와 운동 원리를 갖고 있음을 알게 되었다. 즉 초미시 세계의 원자와 거대한 태양계는 똑같은 우주의 모습이었던 것이다.

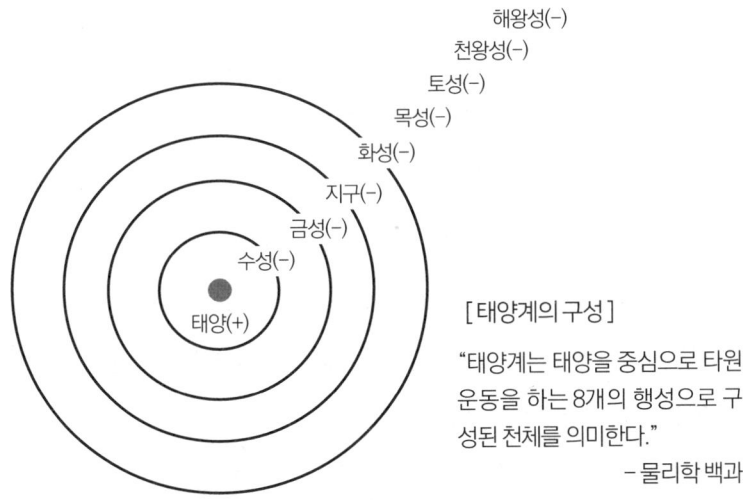

[태양계의 구성]
"태양계는 태양을 중심으로 타원 운동을 하는 8개의 행성으로 구성된 천체를 의미한다."
— 물리학 백과

앞의 그림은 태양계 전체 질량의 99.86%에 해당하는 태양이 중력장과 자기장을 형성하여 행성들이 자신의 공전궤도를 그리며 운동하고 있는 모습이다. 이것은 원자핵과 같은 거대한 질량을 가진 태양의 중력 작용에 의해 행성들이 묶여있는 것이다.

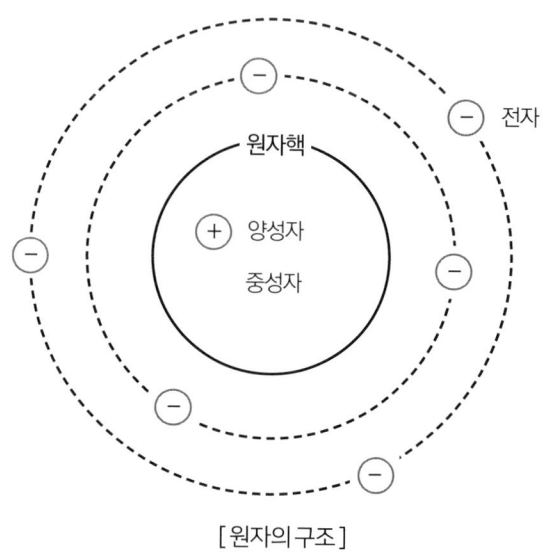

[원자의 구조]

"우주상의 모든 물질은 궁극적으로 원소의 성질을 갖는 최소 단위로 구성되는데 이를 원자라 부른다. 전자도 행성처럼 자전·공전 운동을 한다." - 물리학 백과

앞의 그림은 인간과 모든 만물을 구성하고 있는 원자의 구조인데, 양전하(+) 상태의 무거운 질량을 지닌 원자핵과 음전하(-) 상태인 전자가 전자기력에 의한 상호작용으로 서로 묶여있는 모습이다.

이 모두는 양(+)과 음(-)이라는 우주에 존재하는 중력, 전기력, 자기력 같은 끌어당기는 인력 에너지에 의해 유지되며, 명리학에서의 음양오행 속성과 거의 동일하다. 실제로 음양 오행은 원자의 에너지 파동 상태를 말하는데, 양간(+)인 甲, 丙, 戊, 庚, 壬과 음간(-)인 乙, 丁, 己, 辛, 癸로 구분된다. 양간은 질량과 에너지의 대부분을 차지하는 태양이나 원자핵 속의 양성자와 같은 특성을 지니며, 음간은 양성자(+) 주변에서 궤도운동을 하면서 상호작용을 하는 행성이나 전자(-)와 같은 성질의 것이다.

현대 양자역학의 천재 물리학자 리처드 파인만은 과학자로서 인류 문명사에 남기고 싶은 말로 아래와 같이 말했다고 한다.

"All things are made of atoms.(세상의 모든 것들은 원자로 이루어져 있다.)"
- 『김상욱의 양자공부』p.8

이처럼 인간의 뇌, 손, 발, 세포, DNA, 책상, 물, 기체, 액체 등 이 세상의 모든 것들이 원자로 구성되어 있다는 것이다. 이러한 사실은 원자의 속성, 운동 법칙이 곧 인간의 속성이라고 볼 수 있으며, 거시 세계인 우주 태양계나 은하계의 원리도 동일한 것임을 알 수 있다.

우주 자연과 내가 하나로 연결되어 있다는 또 다른 과학적 근거는 우주 대기와 우리 몸의 구성 원소가 C(탄소), H(수소), O(산소), N(질소), P(인) 등의 같은 성분으로 이루어져 있다는 사실이다. 예를 들어 인간 몸의 70%를 이루고 있는 물 분자(H_2O)도 수소 원자 2개와 산소 원자 1개가 결합된 상태이다.

결론적으로 우리 인간은 원자로 이루어진 소우주로서 우주 태양계 내의 작은 지구에 붙어있는 세포와 같으며, 우주 자연의 동일한 법칙 속에서 살아가는 존재임을 인지해야 한다.

3. 음양 인연법과
   우주에 존재하는 네 가지 힘

현대물리학 이론에 따르면, 우리가 사는 세상은 보이지는 않지만 물질과 물질 간에 상호작용을 일으키고 서로에게 영향을 주는 네 가지 힘인 중력(만유인력), 전자기력, 약력, 강력이 존재한다.

첫째로, 중력은 물체 사이에 끌어당기는 힘으로 만유인력이라고도 하며, 질량을 가진 모든 물체와 지구 행성 간의 상호작용이다.

둘째로, 우주에 존재하는 거의 모든 생명체 간에 상호작용을 일으키는 힘이 있는데 바로 전자기력이다. 우리가 글을 읽거나 말하는 것도 뇌 속의 전기적 작용 즉 전자기력 때문이며, 음전하(-)와 양전하(+) 형태의 전하를 띤 두 물체 사이에 작용하는 힘을 말한다.

셋째로, 약력은 약 전하 상태에서 약한 상호작용을 일으키는 힘이며, 질량이 없던 기본입자들이 질량을 가지는 과정에서 나타나는 힉스 메커니즘에서 작용한다.

다음으로, 강력은 원자핵 속에서 양성자와 중성자를 강하게 묶어주는 강한 상호작용이다.

이 네 가지 힘 중에서 만유인력과 전자기력은 생명체의 상호작용에 90% 이상을 차지하는 힘이다. 이 힘은 음(-)과 양(+)의 끌어당김의 법칙이 근본 바탕이다. 동양 사상에서 음양의 법칙을 말하면 매우 추상적이고 신비롭게 여겨질 수 있지만, 바로 이와 같은 우주에 존재하는 근원적 힘을 일컫는 것이다.

사주명리에서도 사람들 사이에 존재하는 인연 및 궁합에 대하여 반신반의하는 경향이 있는데, 이러한 만유인력과 전자기력이라는 과학적 근거로 충분히 설명될 수 있다. 실제 사주명리에서 상대와의 인연은 끌어당김을 의미하는 '합'으로 본다. 기본적으로 사주 천간에서 일간인 나와 180° 반대에 있는 음양적 기운의 만남을 '천간합(天干合)'이라 하며 甲己合, 乙庚合, 丙辛合, 丁壬合, 戊癸合의 5가지가 있다.

예를 들어 甲 일간인 사람이 己 일간을 만나면 서로 정신적 끌림이 생기고 호감을 갖게 된다. 천간합의 원리를 다음의 표로 이해하여 보자.

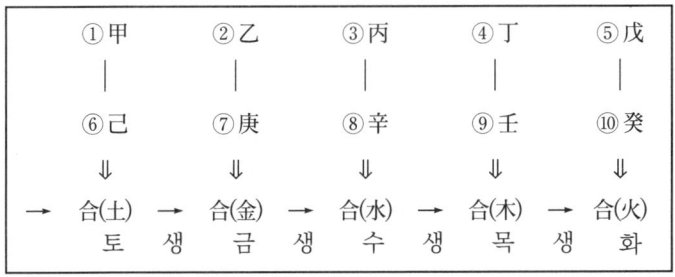

위 표를 보면 십천간 오행의 시작인 甲을 첫 번째 기준으로 할 때, 음양오행적 순환에서 180° 정반대인 여섯 번째 己와 합하여 土 에너지로 전환된다. 두번째 乙은 일곱 번째 에너지인 庚과 합하여 金 에너지로 전환되고, 丙은 辛과 합하여 水라는 새로운 오행으로 재탄생된다. 丁-壬은 木으로, 戊-癸는 火로 재탄생된다. 이와 같은 음양오행적 반대 에너지와의 만남과 소멸, 그리고

재생성의 원리로 우주 오행 에너지의 순환이 끊임없이 계속된다. 이것은 양자물리학에서 입자와 반입자의 쌍생성, 쌍소멸 원리와 같으며, 우주 자연의 창조적 발현 과정으로 볼 수 있다.[4]

이러한 천간 오합에 의한 정신적 끌림의 인연뿐 아니라 지지라는 실제 삶의 공간에서 일어나는 애정지합으로 육합이 있다. 지지 육합은 지구의 자전 운동으로 인해 생기며 같은 위도 상의 정반대 위치에 있는 시공간적 합이다.

다음 그림을 지구본으로 생각하고 육합을 이해하며 보자. 지구 방위를 기준으로 하여 북쪽을 子로 놓았다.

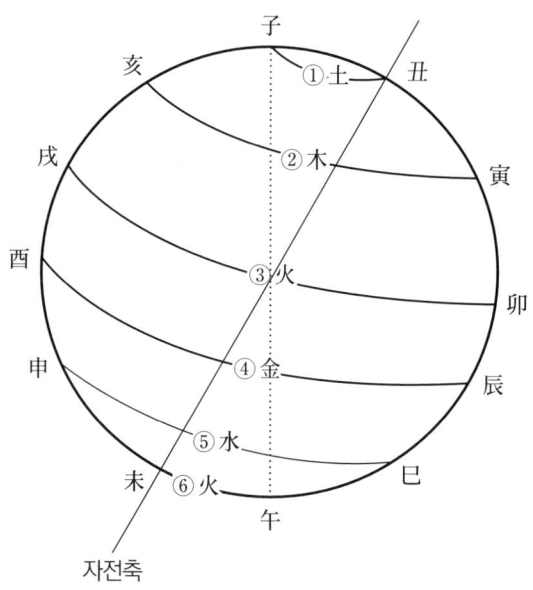

[지구의 자전 운동과 지지 육합(地支 六合)의 원리]

---

4) "쌍생성, 쌍소멸이란 입자와 그 반입자가 결합하여 동시에 소멸하고 에너지를 방출하는 과정을 말한다." - 두산백과.

육합은 ①부터 ⑥까지 6종류가 있으며 강력한 음양적 끌어당김을 일으킨다.

① 子丑合(자축합) → 土
② 寅亥合(인해합) → 木
③ 卯戌合(묘술합) → 火
④ 辰酉合(진유합) → 金
⑤ 巳申合(사신합) → 水
⑥ 午未合(오미합) → 火

[지지 육합의 종류]

지지 육합(六合)도 천간 오합(五合)처럼 음양적 당김에 의한 합을 하고 새로운 오행으로 재탄생됨으로써 물질계에서 생명의 연속성이 지속된다. 이 밖에도 사람의 인연을 만드는 합으로 사회적 목적합인 삼합(三合) 및 혈연·지연·학연 등 환경적 조건에 의한 방합(方合)이 있다. 이들은 남녀의 인연뿐 아니라 모든 인간관계에서 가정적 사회적 인연을 만든다.

4. 우주의 본질에 대한 현대물리학 이론과
　　기(氣)와 질(質)의 이해

　　동양 사상과 명리학의 바탕이 되는 음양과 오행은 본질적으로 우주 자연에 존재하는 근원적 힘인 에너지이며 우주 순환과 함께 움직이는 기운(氣)이다.

　　음양 이론은 큰 틀에서 우주 자연의 변화 원리를 음과 양의 역동적 움직임으로 보고 상호 에너지 관계를 연구한 것이다. 오행 이론은 이를 세분화하여 자연 물질계에 존재하는 여러 개의 기운을 에너지 특성에 따라 다섯 개로 구분하고, 음양의 속성으로 다시 나누어 열 개의 우주 변화 순환 과정을 나타낸 것이다. 이것이 음양오행 이론에 대한 본질이다.

　　따라서 그동안 우리가 일반적으로 알고 있던 낮 밤, 여자 남자, 물, 불, 흙, 나무, 돌 등의 음양오행적 개념은 단순히 가시적인 자연 물질계의 질(質)로 이해한 것이고, 그 본질적 속성은 기운(氣), 즉 에너지에 있음을 알아야 한다. 현대 물리학에서도 우주 순환의 작동 원리가 음 에너지와 양 에너지의 상보적 대칭적 움직임의 균형에 의한 것이며, 음전하 양전하와 같은 보이지 않는 전자기력, 중력 등의 힘에 의해 상호 연결된다고 본다.

　　사주명리는 이와 같은 비가시적인 음양오행의 에너지 특성을 상생상극과 생극제화라는 논리적 인과관계로 설명하고, 자연 물질계 내의 인간에게도 똑같은 원리를 적용시킨 것이다. 음양오행 이론을 바탕으로 한 명리학이 완벽한 우주의 순환방식을 이해하고, 자연법칙 속에서 살아가는 인간의 삶을 설명해 줄 수 있음에도 불구하고, 그동안 보편적 학문으로 인정받지 못한 것은 안타까운 일이었다. 그러나 현대 천체물리학, 양자물리학의 놀라운 발전으로 비가시적인 우주의 본질이 밝혀지고 있어, 동양의 기(氣) 질(質) 개념을 기초로 한 사주명리에 대한 이해가 깊어지고 있음은 다행스러운 일이다.

이제부터 우주에 존재하는 가장 작은 소립자를 대상으로 우주의 법칙을 연구하는 양자물리학 이론을 바탕으로 우주 자연에 대한 이해의 폭을 넓혀 보자.

1) 우주 배경 복사와 우주의 구성 성분

우주 배경 복사는 우주 공간에 COBE와 WMAP 위성을 발사하여 직접 사진을 찍은 것으로 우주의 온도 변화, 137억년 된 우주의 나이, 빅뱅 우주론, 우주 팽창론 등의 이론에 강력한 증거가 되고 있다. 특히 WMAP 위성이 제공해 준 우주 배경 복사의 온도 차이를 이용해서 우주의 구성 성분을 알아냈는데 다음 그림과 같다.

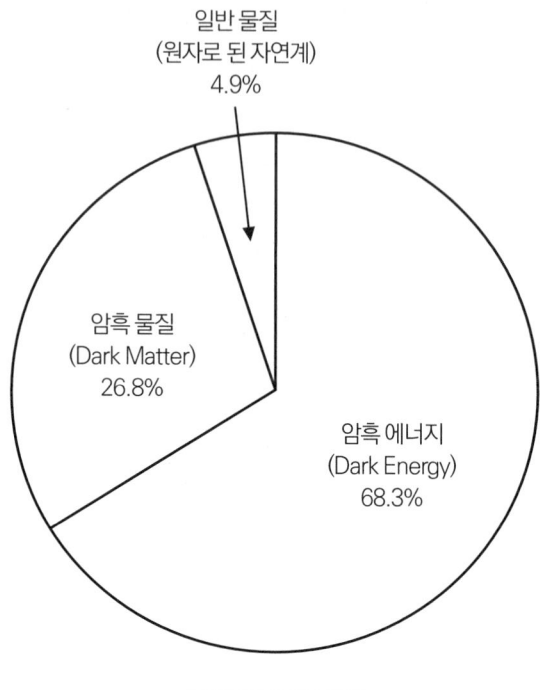

[우주의 구성 성분]
* 출처 : 지식백과, 물리학백과

    앞의 그림에 따르면 우리가 사는 원자로 된 자연 물질계는 약 5% 정도이며 나머지 95%의 우주 영역은 아직 그 정체가 알려지지 않은 암흑 에너지, 암흑 물질의 상태라고 한다.
    이러한 우주 구성을 명리학적으로 이해하면 5%의 일반 물질세계는 우리가 사는 십이지지의 시공간 세계이고, 아직 과학계에서 밝혀내지 못한 나머지 95%의 영역은 십천간의 음양오행 기운으로 설명될 수 있다.

2) 장(Field) 이론과 기(氣)의 이해

21세기 현대 물리학의 흐름은 '우주가 궁극적으로 무엇으로 이루어져 있는가'를 탐구함으로써 과학과 철학 및 종교와의 경계가 허물어지고 있는 경향이다. 현대 과학은 우주의 본질을 이해하기 위해 인간의 지성이 도달할 수 있는 최고의 한계 상태까지 와 있다고 볼 수 있다.

예를 들어 물질과 반물질의 발견, 전자의 반입자인 양전자의 발견, 암흑물질과 연관된다고 보는 중성미자의 발견 등이다. 이를 바탕으로 한 양자장론(Quantum Field Theory)과 초끈이론(Super-string Theory)은 현대 양자물리학과 입자물리학에서 연구되고 있는 두 축의 핵심적 이론이다.

우선 양자장론은 동양의 기(氣) 개념인 음양오행 에너지 파동과 같은 것으로 볼 수 있다. 예를 들어 양자역학의 대가인 리차드 파인만은 그의 표준모형에서 전자기력, 약력, 강력 등이 있으면 만물이 탄생한다고 설명했다. 즉 장(Field)은 에너지 파동 상태를 말하는 것으로써, 장에서 에너지 요동이 일어날 때 입자가 나타난다고 보았다. 그는 우주 만물을 파동과 입자의 두 가지 상태가 공존하는 이중적 장으로 보았으며, 이는 우주 삼라만상의 에너지가 서로 거미줄처럼 연결되어 상호 영향을 주고받는다는 기(氣) 의미와 같은 것으로 볼 수 있다.

또한 파동역학으로 대표되는 양자역학자 슈뢰딩거는 원자와 같은 입자는 파동성을 띠고, 파동이 갖는 특정한 진동수가 이 세상을 표현한다고 했다. 대부분의 양자역학자들은 모든 물질이 단단한 입자 상태가 아니라 파동과 입자의 이중적 상태로 이루어져 있다고 보는데, 결국 파동은 기를 의미하고 입자는 질을 의미하는 것이다.

이 밖에 영국의 물리학자 마이클 패러데이와 『보이는 세상은 실재가 아니다.』의 저자로 유명한 우주론의 대가인 카를로 로벨리의 우주에 대한 이론도 살펴보기로 하자.

필자가 이렇듯 현대 물리학 대가들의 이론을 다양하게 소개하는 이유는 동양사상과 사주명리의 근간이 되는 기와 질의 실체를 과학적으로 실증하기 위함이다.

먼저 패러데이는 자기장과 전기장의 개념을 도입하여 장 이론(Field Theory)을 설명했다. 자석 주위에는 눈에 보이지 않는 자기장이 존재하며 도선에 자석을 흔들어주면 전기장이 만들어지고, (+) (-) 전하가 힘을 받아 움직이면 주위에 전기장이 생기는 현상을 보고 우주에 대한 '장 이론'을 다음과 같이 설명한다.

"물질이 진동하면 그 주변 공간에는 장의 파동이 만들어지며 장으로 충만해진다. 우주는 서로 에너지, 힘이 긴밀하게 연결되어 있고 장으로 충만하다. 우주 공간은 양전하에서 출발하여 음전하에 이르는 선들의 집합으로 전자기장으로 채워져 있다."

위 내용은 우주 자연이 개별적인 독립체가 아니고 어떤 특정한 에너지들의 연결 상태로 보고 있다는 것으로 동양의 기에 대한 설명과도 같다.

비슷한 견해로 루프 양자 중력이론을 설명한 카를로 로벨리는 세계가 장과 입자로 이루어져 있다고 보았다. 즉 우주의 구성 요소는 시간과 공간, 그리고 입자와 장으로 되어 있으며, 물체 사이에는 어떤 실체가 퍼져 있는데 그것을 전자기력으로 설명하였다.

　최근의 입자물리학 분야에서는 '힉스장'에 대한 연구가 활발히 진행되고 있다. 우리가 사는 물질세계는 양성자 중성자 전자로 이루어져 있는데, 여기에 힉스 입자라는 약 전자 상태의 입자가 더 있다는 것이다. 이것은 곧 진공(힉스의 바다)의 상태를 말하며 모든 물질세계의 입자는 물의 저항값에 의해 질량을 얻는다는 것이다. 이러한 힉스 입자는 우주 공간에 가득 차 있는 입자이며 우주의 출현 과정을 알게 하는 중요한 단서가 되는 것으로, 2012년 힉스에 의해 발견되어 노벨 물리학 상을 수상하였다.

　한편 빛에 해당하는 광자는 힉스 입자와 함께 공존할 수 없는 물질로서 자연계의 또 다른 근원적 에너지이다. 요컨대 힉스 입자는 전기적으로 중성을 띠면서 약한 상호작용을 일으키는 약력(Weak Charge)에 의해 질량을 얻는 것이고, 광자는 강한 전자기장을 갖고 우주 생명체에 강한 영향을 주는 입자와 파동이다.

　필자는 위에서 밝혀진 힉스 입자와 광자에 대한 내용들이 명리학에서 학습한 십천간 에너지 중 壬水와 丙火에 대한 설명과 동일한 내용임을 알고 매우 놀라웠다.

　음양오행에서 壬水는 태초에 우주의 바탕을 이루는 근본 에너지로서 검을 현(玄)으로 표현하며, 아무것도 없는 것 같지만 무엇인가로 꽉 채워진 진공 무(無)의 개념이다. 따라서 음 에너지의 상징이며 삼라만상의 물질이 모두 소멸된 것 같지만 다 모여 있는 검은 바다의 물과 같은 것으로 설명한다.

　요컨대 자연 생명체인 인간을 기준으로 보았을 때, 壬水는 물질계의 끝인 동시에 시작이며 텅 비어있는 정신의 영역으로 본다. 반면에 丙火는 양 에너지의 상징으로 모든 물질계의 생명력과 활동성을 주관하는 색계의 중심이 되는 에너지로 본다.

결론적으로 壬水와 丙火는 우주자연의 바탕을 이루는 음양의 대표적 기운이며 에너지 파동으로서 힉스 입자와 광자의 관계와 같다고 볼 수 있다.

마지막으로 입자물리학의 한 분야로 현재 진행 중인 초끈이론이 있다. 이것은 우주의 궁극적 구성 물질이 1차원의 끈으로 되어 있으며, 끈의 진동수에 따라 특정 진동 모드가 입자의 특성을 결정한다는 것이다. 이 초끈이론은 아인슈타인의 상대성 이론과 양자역학 이론의 모순을 통합하는 통일장 이론으로 수학적 증명을 통하여 우주의 본질을 알고자 하는 현대 입자물리학자들에 의해 활발히 연구 중이다. 이 이론은 물질을 분석하는 차원을 11차원으로 함으로써 일반인들이 이해하기 어려우나, 동양의 통찰론적 관점에서 보면 기에 대한 이해를 더 명료하게 해주는 이론으로 주목할 만하다.

5. 천간 지지의 관계와
　　아인슈타인의 상대성 이론

　　우리에게 상대성 이론으로 널리 알려진 천재 과학자 알버트 아인슈타인의 우주 자연에 대한 견해를 우선 살펴보자. 그는 '자연 현상은 엄격한 인과법칙으로 설명되어야 하며 우주의 모든 사건은 현재의 물리법칙으로 예측이 가능하다'고 확신하였다. 무작위적인 것처럼 보이는 것들은 우리가 아직 이들 사이의 인과관계를 이해하지 못했기 때문이며, 자연법칙을 완전히 이해한다면 미래에 일어날 모든 사건을 정확하게 예측할 수 있어야 한다'고 했다.

　　그는 이와 같이 우주 자연에 대한 통찰적 시각을 갖고 있었고, 우리가 당연하게 받아들였던 절대적 시간과 공간에 대한 개념의 틀을 바꾸어 놓았다. 즉 시간과 공간에 관해서 관찰자의 위치와 움직임에 따라 상대적으로 바뀐다는 인식을 갖고, 세상을 3차원의 공간에 1차원의 시간을 더한 4차원의 시공간(space time) 연속체라고 보았다.

　　이것은 사주명리에서 생년·월·일·시주의 천간 지지 기둥의 관계와 동일한 인식이다. 즉 사주명리 이론에서 천간은 우주와 하늘의 시간 변화이고 지지는 우리가 사는 지구의 공간 변화로 보며, 지지 속의 지장간은 천간의 시간이 지지에서 연속적으로 흐르고 있음을 표시하고 있다. 결국 시간과 공간이 분리되지 않고 연결된 4차원 시공간의 연속체 개념으로 세계를 인식했던 동양의 통찰적 시각과 아인슈타인의 생각이 일치했던 것으로 본다.

또한 그는 질량과 에너지의 관계를 $E = mc^2$이라고 했는데, 에너지(E)는 질량(m)에 광속도(c)의 제곱을 곱한 값이며 에너지와 물질의 질량 관계가 비례함을 밝혔다. 이것은 사주명리에서 십천간을 나타내는 오행 에너지 파동과 십이지지 공간에 있는 입자의 관계를 과학적으로 설명해 주고 있다. 다시 말해서 우주의 구성 성분에서 나타난 95%의 거대한 암흑물질 암흑에너지가 사주명리에서의 십천간 에너지 상태이고, 십이지지라는 땅의 시공간에서는 그 에너지가 압축되어 5%의 일반 물질로 생성된다. 결국 천간 지지 관계가 아인슈타인의 $E = mc^2$ 과 같은 개념인 것이다.

6. 우주 변화의 모습

1) 진동 곡선과 음양의 대칭성

사주명리에서 12개월의 시간과 공간을 음(-)과 양(+)이라는 두 축의 에너지 전환으로 나타내면 아래 그림과 같다.

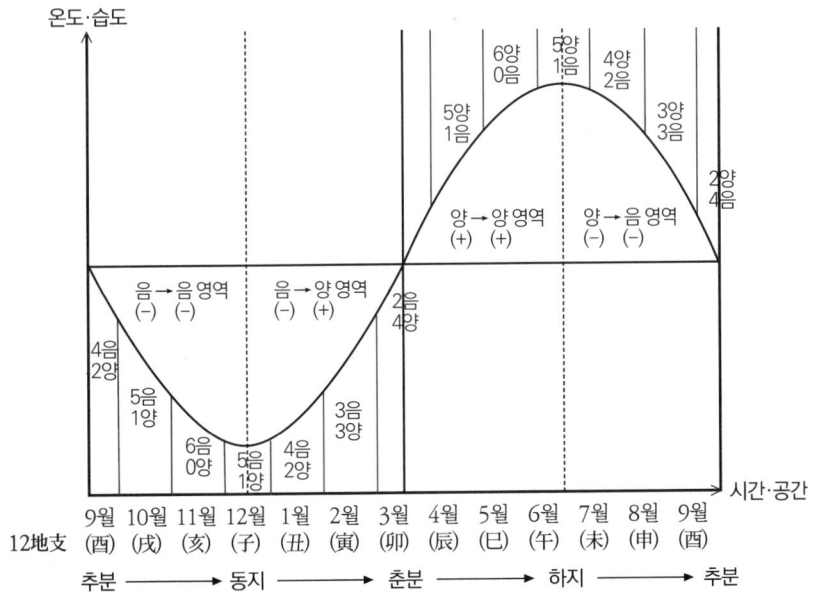

[12개월의 음양 에너지 전환: 대칭성, 에너지 보존 법칙]

필자가 우주 변화의 모습을 진동 곡선으로 표현한 이유는 현대 양자역학의 핵심 개념인 '진동'에 대한 다음 내용에서 착안하였다.

"물리는 세상을 운동으로 이해한다. 무언가를 운동하게 하는 힘이 에너지이다.(중략) 태양 주위를 도는 지구와 같은 천체의 운동은 대부분 단진동이다. 원자의 운동도 단진동이다. 지구가 태양 주위를 회전하듯이 전자는 원자 핵주위를 돈다. 세상을 이루는 가장 작은 원자와 거대한 천체의 운동이 모두 단진동으로 되어있다는 의미다."

— 김상욱 저, 『떨림과 울림』 p.237

또한 앞의 그림은 현대물리학에서 우주 자연의 근본 원리로써 가장 중요하게 다루는 대칭성의 개념을 잘 보여주고 있다.

2) 십이지지의 음양 에너지 전환과 에너지 보존 법칙

우리가 사는 자연계는 시간과 공간의 변화와 온도와 습도의 변화에 의해 좌우상하 대칭성을 갖고 에너지가 전환되고 있다. 앞 그림에서는 1년이라는 기간을 기준으로 하여 음양의 에너지 변화를 보여준다. 크게는 추분부터 춘분 이전까지를 음(-)의 영역, 춘분부터 하지를 거쳐 추분까지는 양(+)의 영역으로 볼 수 있다.

더 세분하면 추분부터 동지까지는 음(-)과 음(-)의 영역으로 온도와 습도가 모두 하강하고, 동지부터 춘분까지는 음의 극점에서 양의 에너지가 빅뱅처럼 시작되는 모습이며, 음에서 양으로의 상승 과정이다. 양력 3월 22일경인 춘분 이후로는 온도 습도의 상승작용이 강하여 양(+) 과 양(+) 에너지가 만물을 성장시키고 확장시킨다. 그러나 자연의 이치는 끝없는 양의 확장을 억제하고 결실을 만들어야 됨으로 하지 때가 되면 음의 에너지가 생겨서 수렴 작용이 시작된다. 이 모든 음양 변화의 원인은 온도와 습도의 변화로 인해 발생한다.

더 세부적으로 월별 음양 에너지 변화를 살펴보면, 양력 11월인 亥月에 온도 습도가 절대 영도 상태와 같은 6음 0양이 된다. 물리학적 관점으로 보면 진공의 힉스장과 같고, 동양 철학적 관점으로는 아무것도 없는 無나 空의 상태이다. 그 후 동지 때가 되면 음의 극점에 이르는 동시에 1양 에너지가 발생하여 5음 1양으로 변화된다. 이후로 계속 양 기운이 증가하고 음 기운은 감소하여 양력 5월인 巳月에 이르면 0음 6양이 되고, 반대로 하지를 기점으로 1음이 발생하여 1음 5양의 상태가 된다. 이때부터 양 에너지는 계속 줄고 음 에너지는 계속 증가하여 음양의 에너지 보존법칙이 유지된다.

『물리학 백과』에서는 에너지 보존법칙을 아래와 같이 설명하고 있다.

"에너지 보존법칙은 자연 현상을 이해하는데 아주 유용한 법칙 중의 하나로, 에너지가 다른 에너지로 전환될 때 전환 전후의 에너지 총합은 항상 일정하며 보존된다."

위 설명은 물리학에서 밝혀진 우주 자연의 에너지 보존법칙과 명리학의 음양 에너지 전환 법칙이 동일한 내용임을 알 수 있게 한다.

7. 십천간 에너지 파동과
양자역학의 상보성, 양자 얽힘

"양자역학에서 상보성 원리(Complementarity Principle)는 코펜하겐 해석의 기본 원리로서 어떤 양자역학적 물체가 파동 또는 입자의 이중성(Duality)을 갖고 상호보완적 관계라는 의미다." – 위키백과

위 문장은 양자역학의 대가인 닐스 보어에 의해 설명된 것인데, 동양의 태극 문양 속에 있는 음양의 역동적 관계를 직관하고 논리를 펼친 것이라 한다.

"대립적인 것은 상보적인 것이다(Contraria Sunt Complementa)."라는 라틴어 문장과 태극 무늬가 그려진 보어의 문장.
– 『김상욱의 양자 공부』 p.134 –

태극 문양과 관련된 닐스 보어에 대한 내용은 양자물리학자 김상욱 교수의 『울림과 떨림』 p.136을 인용해 보겠다.

"상보성 개념을 제안했던 보어는 1937년 중국을 방문한다. 거기서 그는 태극 문양을 보고 큰 감명을 받았다고 한다. 양자역학을 이해할 사고의 틀이 서양에는 없었지만 동양에는 있었던 것이다. 1947년 보어는 물리학에 대한 공로로 덴마크 귀족 작위를 받게 된다. 그는 자신의 귀족 예복에 태극 문양을 새기고 'Contraria Sunt Complementa'(대립적인 것은 상보적인 것이다)라는 라틴어 문구를 넣었다고 한다."

닐스 보어가 이해했던 음양의 태극 문양을 재해석하면 다음과 같다.

"음양은 진동하고 움직이는 두 개의 기운(氣)으로써 근본은 원래 하나였으나, 조건에 따라 둘로 나뉘기도 하며 서로 대립적인 것 같지만 상보적 특성을 지니는 에너지이다."

다음 그림은 필자가 명리학의 근본 원리인 오행의 상보적 음양 관계와 에너지 흐름을 진동 곡선으로 나타낸 것이다.

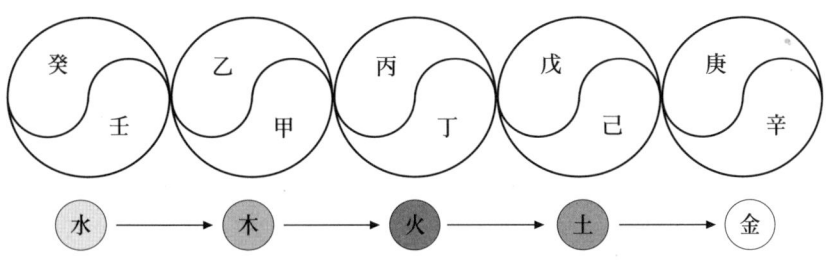

[십천간 음양오행의 에너지 파동 변화와 상보성, 양자 얽힘]

앞의 그림에서 水, 木, 火, 土, 金이라는 각각의 오행은 원래는 하나였다. 그런데 水는 壬癸라는 대립적이며 상보적 특성의 양과 음 에너지로 분리되어 순환한다. 같은 원리로 木은 甲乙, 火는 丙丁, 土는 戊己, 金은 庚辛으로 나뉘어 진동하며 흐르고 있다.

필자는 만물의 운동성을 나타내는 진동주기와 음양오행의 에너지 흐름이 동일함을 이해하고, 음양오행의 에너지 파동 변화를 위 그림으로 표현하였다. 결론적으로 십천간 에너지 파동은 음양의 상보적 관계 속에서 역동적으로 움직이면서 에너지 전환이 일어난다. 이것이 우주 순환의 원리인 것이다.

다음은 앞의 그림으로 양자 얽힘에 대한 이해를 하여 보자. 닐스 보어는 양자 얽힘에 대하여 아인슈타인과 끝까지 논쟁을 벌였던 것으로 알려져 있다. 양자 얽힘은 현대 양자컴퓨터와 암호화 등 실용적 응용프로그램에 이용되는 중요한 개념이다. 양자 얽힘에 관해 물리학 백과에서 설명된 내용을 인용해 보겠다.

"양자 얽힘이란 스핀(spin)이 하나의 양자에 동시에 존재하는 상태를 말한다. 예를 들어(-) 전자가 -1/2 스핀이면(+) 양전자는 동시에 +1/2 값을 갖는다. 이러한 양자를 관측하는 순간 지금까지 동시에 존재하고 있던 다른 스핀의 방향이 한 방향으로 확정된다는 것이다. 닐스 보어는 이런 성질을 두 전자가 원래 하나로 얽혀 있었기 때문에 나타나는 현상이라고 설명하였다. 이는 벨 부등식이 발표된 후 실재하는 것으로 입증되었다."

양자 얽힘은 입자 간의 거리가 아무리 멀리 떨어져 있어도 어느 한쪽이 변동하면 즉각적으로 다른 한쪽이 반응을 보이는 불가사의한 특성에 대해 설명한 것이기도 하다. 아인슈타인도 이 이론을 '유령 같은 원격 작용'이라며 받아들이지 못했는데, 닐스 보어는 동양의 태극 문양에서 보여주는 음양의 역동적 모습을 보고 직관적 통찰을 통해 양자 얽힘 및 상보성 이론을 전개하였던 것이다.

8. 천간 지지, 지장간 속의 이중성(입자와 파동)

사주(四柱)는 생년·월·일·시 네 개의 기둥인데 천간과 지지가 짝으로 이루어져 있다. 천간은 기(氣)의 영역이며 에너지 파동으로서 우주의 에너지 순환 과정을 표시한 것이고, 지지는 질(質)의 영역으로서 물질(입자)이 우리가 사는 땅의 시간 공간속에서 어떻게 생겨나고 소멸되는가를 나타낸다.

앞서 설명했듯이 이 둘은 서로 분리된 것이 아니라 시간과 공간, 파동과 입자, 에너지와 물질 등의 관계로 밀접하게 연결되어 있다. 이 둘이 상호 연결되었음을 구체적으로 보여주는 것이 지장간이다. 지장간은 사주에서 지지 속에 들어있는 천간의 에너지 파동 변화를 보여준다. 다시 말해서 우리가 사는 땅의 시공간 내에 물질과 에너지, 입자와 파동이 동시에 공존함을 나타낸 것이다. 사실 지장간은 현대 양자역학의 '이중 슬릿 실험'을 통해 밝혀진 '모든 물질(원자)은 입자와 파동의 이중성을 갖는다'는 사실을 구체적으로 보여준 것이다.

또한 지장간은 앞서 설명한 아인슈타인이 밝힌 에너지와 질량의 관계처럼 천간의 에너지 파동이 지지의 시공간에서 압축되어 생명체나 물질을 만들어 낸다는 사실도 확인할 수 있게 해준다. 지장간 속의 에너지 상태에 따라 생명체들의 온도와 습도 조건이 달라져서 인간을 포함한 삼라만상은 생장성 멸의 과정을 거치게 되는 것이다.

그러면 다음 그림을 통해 천간 지지와 지장간의 에너지 파동과 입자의 관계를 이해하여 보자.

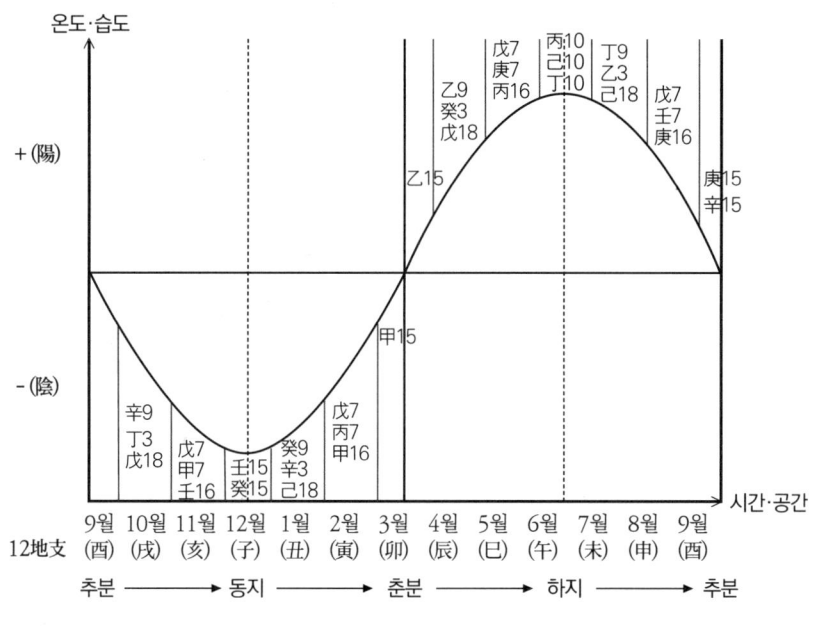

[지장간[5] : 십이지지 공간 속의 시간, 입자와 파동]

앞의 그림을 이해하기 위해 동지를 전후한 양력 12월을 살펴보자. 이때는 子月인데, 지장간을 들여다보면 동지 전 15일은 壬水 에너지로 충만하고, 동지 후 15일은 癸水 에너지가 흐르면서 만물에 영향을 준다. 이 시기는 인간

---

5) 위 지장간 속에 있는 숫자는 1달을 30일로 전제하고 천간 에너지가 며칠 동안 머무르는지 날짜를 표시한 것이다. 예를 들어 양력 2월인 寅月은 戊土 에너지가 7일, 丙火 에너지가 7일, 甲木 에너지가 16일 동안 흐르고 있다는 의미이다.

을 포함한 우주의 삼라만상이 壬癸의 에너지 환경 조건에 있다는 의미이다. 따라서 子月이라는 땅의 시공간에서는 壬癸의 에너지 파동과 그 에너지 파동이 압축된 물질이 동시에 존재하는 이중성을 갖는다. 지장간에 있는 천간의 에너지는 파동의 상태이면서 동시에 형체를 지닌 물질로도 변화된다는 뜻이다.

　실제 현대 양자역학의 이중 슬릿 실험에서 관찰되고 증명된 내용을 소개하면 다음과 같다. 이 실험에서는 물질의 최소 단위인 양자, 전자를 두 개의 구멍이 뚫린 이중 슬릿 실험 장치에 통과시켜 살펴본 결과, 관찰자가 없을 때는 파동의 속성인 간섭무늬가 나타나고, 관찰자가 관찰을 하게 되면 입자의 상태로 변한다는 사실을 발견하였다. 이것이 파동함수의 붕괴에 따른 파동과 입자의 이중성 이론이다.

9. 십천간, 십이지지의 에너지 분포와 순환 원리

현대 물리학자들은 최근 우주배경 복사 사진을 찍어서 우주의 구성 물질, 우주의 나이 등 신비로운 우주의 비밀을 밝혀내고 있다. 이들의 궁극적 목적은 우주의 본질을 알고 우주의 순환 법칙을 이해하기 위해서이다.

한편 동양에서는 수천 년 전에 현인들의 놀라운 지혜와 통찰력으로 현대 과학에 의해 밝혀진 우주 자연의 본질을 이미 터득하고 있었다. 필자는 아래 표를 통해 우주의 에너지 분포와 순환 원리에 대해 설명하고자 한다.

천간(天干)	우주 에너지 파동 계 (氣 영역)							
①이지(二至) : 동지, 하지 - 온도	丙火 : 양(+) (暖 : 온도 상승 에너지)			戊土 (온도 조절 에너지)		壬水 : 음(-) (寒 : 온도 하강 에너지)		
②사시(四時) : 동지, 하지, 춘분, 추분 - 온도, 습도	癸水(己) 濕 : 습기 (습도 상승 에너지)		丙火(戊)	己土 (습도 조절 에너지)		丁火(己) 燥 : 건조 (습도 하강 에너지)	壬水(戊)	
③8품(八稟) : 水, 火, 木, 金 에너지	癸水	甲木	乙木	丙火		丁火	庚金	辛金	壬水
지지(地支)	지구 시공간의 물질 입자 계 (質 영역)							
④사계(四季) : 입춘, 입하, 입추, 입동	겨울	봄		여름			가을	겨울
		입춘		입하		입추		입동
⑤지장간 (천간에너지)	癸15 辛3 己18	戊7 丙7 甲15	甲15 乙15	乙9 癸3 戊18	戊7 庚5 丙16	丙10 丁10 (己10)	丁9 乙3 己18	戊7 壬7 庚16	庚15 辛15	辛9 丁3 戊18	戊7 甲7 壬16	壬15
⑥지지 12개월	子 12월	丑 1월	寅 2월	卯 3월	辰 4월	巳 5월	午 6월	未 7월	申 8월	酉 9월	戌 10월	亥 11월	子 12월
	동지		춘분			하지			추분			동지

[십천간, 십이지지의 에너지 분포도]

이 도표는 우주의 시간 사이클을 1년 기준으로 하였고, 우주의 에너지 스펙트럼이라고 보면 된다. 다시 말해 각 오행의 주파수에 따른 에너지 크기 분포를 나타냈기 때문이다. 현대 양자역학에서도 우주가 어떤 특정한 에너지 상태로 되어 있다고 보고 있으며, 이들이 갖는 특정한 주파수에 의해서 분류하고 있기 때문이다.

먼저 십천간 에너지 중에 壬水와 丙火는 최초로 음과 양을 구분하는 우주의 근원적 에너지이다. 壬水는 태초에 어둠으로 가득한 텅 빈 우주를 말하며 현대 과학적 관점으로는 하지부터 동지까지 온도를 하강시키는 에너지이다. 丙火는 모든 생명체의 성장과 활동을 돕는 빛에너지로서 동지부터 하지까지 온도를 상승시킨다. 이처럼 온도를 주관하는 음양의 두 축인 壬과 丙에서 각각 습한 에너지인 癸水와 건조한 에너지인 丁火가 발생한다.

癸는 壬으로부터 생겨났지만 춘분이 되면 양(+) 에너지인 丙의 영향으로 습도가 높아져 만물의 성장을 돕는다. 반면에 丁은 丙의 무한 확장성을 수렴하여 열에너지로 전환된 상태이며, 추분이 되면 건조한 기운으로 만물의 결실을 돕는다. 즉 십천간 에너지 중에 水, 火에 해당하는 壬, 癸, 丙, 丁은 우주에 존재하는 바탕 에너지로서 온도와 습도의 변화를 이끌어서 만물의 탄생과 소멸을 주관한다. 여기에 음양을 연결하는 戊土, 己土가 있다. 戊土는 壬, 丙과 상호 작용하여 온도를 조절하는 역할을 하며, 己土는 癸, 丁의 습도를 조절하여 木, 金이라는 물질 생성을 위한 바탕 에너지 역할을 한다.

음양의 조화와 수화기제 원리로 癸와 丙은 짝이 되어 甲木 乙木의 생명체를 키우고, 丁과 壬도 짝이 되어 庚金 辛金이라는 물질 완성을 돕는 에너지로 작용한다. 이와 같이 각각의 고유에너지 파동을 갖는 십천간 에너지는 지구 시공간에 내려와 물질의 변화를 만든다. 즉 지지 물질계에서 4계절, 12개월

동안 온도와 습도의 변화를 일으키고 삼라만상의 생장성멸에 직접적인 영향을 주게 된다. 이러한 천간 에너지의 지지 시공간에서의 에너지 흐름은 12개월 지장간속에 표시되어 있다.6)

앞에서 보여준 십천간 에너지 분포를 우주의 에너지 순환적 관점에서 간략하게 그림으로 나타내면 다음과 같다.

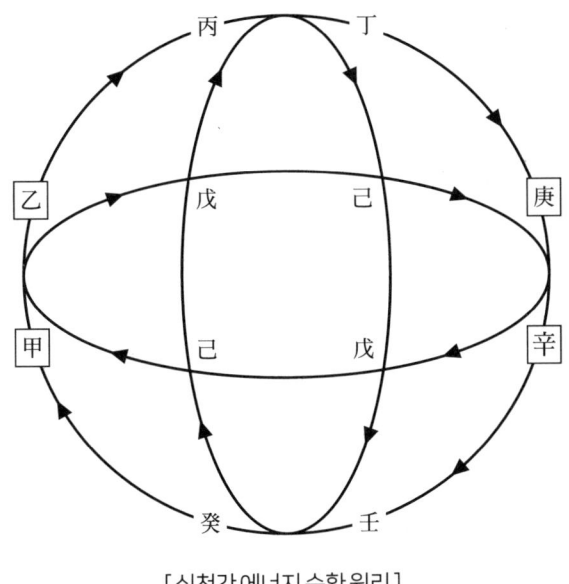

[십천간 에너지 순환 원리]

앞의 그림에서 우주의 바탕을 이루는 근원적 에너지는 음(-) 기운인 壬水, 癸水와 양(+) 기운인 丙火, 丁火이다. 여기에 중성자와 같은 戊土, 己土가 개입되어 물질 생성의 배경이 된다.

---

6) 지장간에 대한 더 자세한 내용은 5장 '지지의 이해'에서 설명한다.

앞서 언급한 바와 같이 양(+)의 戊土는 壬과 丙의 온도를 조절하여 중화하고, 음(-)의 己土는 癸와 丁의 습도를 조절하여 삼라만상의 물질 에너지인 木, 金을 발생시킨다. 이것이 甲木 乙木과 庚金 辛金으로 나타난다. 생명 물질 기운인 甲은 乙로 변하고, 乙은 丙丁의 작용으로 결실의 기운인 庚이 된다. 庚은 辛으로 완성되고, 씨앗과 같은 辛은 壬癸의 도움으로 다시 생명 에너지인 甲으로 재 탄생된다.

즉 甲 → 乙 → 庚 → 辛 → 甲 → 乙 → 庚 → 辛 … 의 물형 변화를 거치게 된다. 이와 같은 천간의 에너지 순환이 곧 지지에서 만물의 생장성멸 과정이 되는 것이다.

10. 우주 순환의 원리, 육십간지(六十干支)

각 개인의 사주는 천간 지지가 짝을 이루어 연주, 월주, 일주, 시주 등 4개의 기둥으로 되어 있다. 그리고 각각의 기둥은 육십간지라는 경우의 수 중 1개가 선택된 것이다. 쉽게 이해하자면 우리가 만 60세가 되어 환갑(還甲)을 맞이하는 것은 태어날 때의 연주(年柱)가 60년이 지나 다시 돌아왔다는 의미이다. 육십간지는 육십갑자라고도 하는데 이는 십천간 중 첫 오행 甲과 십이지 지의 첫 子를 기준으로 한 것이다. 같은 원리로 태어날 때의 월주(月柱)도 60개월이 지나면 같은 월주가 돌아오고, 일주(日柱)도 60일 후에는 동일한 일주를 맞이한다. 이렇듯 우주 순환의 기본 사이클은 60이다.

이제부터 육십갑자의 원리를 알아보고 우주 순환의 신비로운 법칙과 변화를 이해하여 보자.

천간에는 오행(五行)이 각각 양과 음으로 나뉘어 십행(十行)의 에너지 파동이 있다. 십행을 현대 물리학적 의미로 이해하면 '고유 주파수를 가진 10종류의 에너지 파동'이다. 동양철학에서는 천시(天時)라 하여 하늘의 시간 변화로 보았고, 움직이며 돌아다니는 기운으로 이해하였다. 이들은 甲乙(木), 丙丁(火), 戊己(土), 庚辛(金), 壬癸(水)이다.

그리고 지지는 우리가 살고 있는 땅의 공간을 기준으로 하여 시간 변화에 따른 만물의 변화 과정이다. 지지는 지구의 공전을 기준으로 하여 1년의 순환 사이클로 보는데, 12개월 동안 12공간의 물질 변화가 일어나며, 지구의 자전을 기준으로 보면 1일 동안 일어나는 변화이다. 이들은 子, 丑, 寅, 卯, 辰, 巳, 午, 未, 申, 酉, 戌, 亥의 12시간, 공간으로 구분한다. 물리학적 관점에서 천간이 에너지 파동이라면 상대적으로 지지는 입자, 물질의 영역이다. 마찬가지로 동양철학에서도 질(質)의 세계로 보았다.

육십간지 구성 원리의 놀라운 점은 십천간과 십이지지를 따로 분리시켜서 본 것이 아니라 하늘과 땅의 시공간이 서로 밀접하게 연결되어 있다는 인식하에 에너지 변화와 운동성에 근거하여 천간 지지 기둥을 세웠다는 점이다. 이는 앞서 언급한 아인슈타인의 4차원 시공간 개념을 이미 동양에서는 통찰하고 있었고, 양자역학에서 밝혀진 파동과 입자의 본질도 인식하고 있었다고 볼 수 있다.

그런데 여기서 한 가지 의문점이 있다. 십천간과 십이지지가 서로 짝을 이루면 백이십간지가 되어야 하는데 왜 육십간지 기둥인가? 이에 대한 과학적 해답은 양간과 음간의 운동성 차이 때문이다. 예컨대 천자의 양간(+)은 甲, 丙, 戊, 庚, 壬이고 음간은 乙, 丁, 己, 辛, 癸인데, 이들이 지지와 짝을 이룰 때 특정 운동성을 갖는 지지 시공간과만 연결된다. 즉 양간은 火 운동인 寅午戌 삼합 운동과 水 운동인 申子辰 삼합 운동을 하는 지지와만 짝을 이룬다. 이것은 천간의 양간이 자연 물질계에서는 만물의 바탕에너지인 水, 火 운동에만 관여하여 온도 습도 변화에 영향을 준다는 의미이다.

예를 들어 양간 甲은 육십간지에서 甲寅, 甲午, 甲戌 등 火 운동 간지는 있지만, 甲亥, 甲卯, 甲未 등 木 운동 간지는 없다. 반대로 음간은 지지에서 木운동인 亥卯未 삼합 운동과 金 운동인 巳酉丑 삼합 운동만 한다. 즉 음간인 乙은 육십간지에서 乙亥, 乙卯, 乙未의 木 운동 간지와 乙巳, 乙酉, 乙丑의 金 운동

간지만 있고, 乙寅, 乙午, 乙戌 같은 火 운동 간지는 존재하지 않는다. 이와 같은 사실은 천간의 음간은 지지에서 직접적인 물질로 나타나는 木, 金 운동에만 관여하고 활동성을 갖는다는 의미이다.

종합적으로 정리하면 십천간 에너지 파동은 양간, 음간의 에너지 특성에 따라 지지에서 양간은 寅午戌 火 운동, 申子辰 水 운동의 6개 시공간과만 기둥을 이루고, 음간은 亥卯未 木 운동, 巳酉丑 金 운동의 6개 시공간과 짝이 되어 기둥을 이룬다. 따라서 십천간 십이지지는 백이십간지가 되지 않고 육십간지가 된다. 이러한 양간, 음간의 운동성에 근거한 천간 지지의 육십간지 결합은 실로 우주 자연의 순환 원리에 대한 과학적 통찰로 볼 수 있겠다.

11. 사주의 온도 습도와 샤를의 법칙

● 인간의 활동성과 물질의 운동성 관계

사주는 자연 생명체로서의 인간이 태어나는 순간에 정해진 시간 공간적 에너지 좌표라고 설명했다. 이 에너지 좌표는 앞서 천간 지지의 진동 곡선 그림에서도 보았듯이 온도와 습도의 변화에 의해 결정된다. 예를 들어 壬水는 온도를 하강시키는 응축 에너지이고, 丙火는 온도를 상승시키는 팽창 에너지 특성을 갖는다.

癸水는 온도 하강의 최저점인 壬水에서 양기운이 발생하여 습도가 유발되는 시점의 에너지이며, 丁火는 최고점 온도에 이른 丙火 에너지를 수렴하여 열과 건조함이 생기는 에너지이다. 이와 같이 壬癸水와 丙丁火는 우주 자연의 온도와 습도 변화를 주관하여 만물과 인간의 활동성에 결정적 영향을 준다.

이것을 사주명리에서는 한난조습(寒暖燥濕)이라 하여 사주 해석의 기본 원리로 다루며, 이를 조절하는 조후용신(調候用神)은 인간의 정신과 육체적 활동을 균형 있게 만든다. 예컨대 해자축월생이 천간에 壬癸水가 많을 경우, 한습한 기운 때문에 모든 육체적 활동이 느리고 정신적으로도 소극적이며 차분한 성향을 지닌다. 이때 조후용신으로 丙丁火가 있으면 다소 긍정적이고 적극적인 성향을 보인다. 반대로 사오미월 여름생이 천간에 丙丁火로 되어 있으면 난조한 기운의 영향으로 밝고 쾌활하며 지나치게 활동적인 성향을 갖게 된다. 이때도 조후용신인 임계수가 사주에 있거나 운에서 오면 좀 더 안정적이고 침착한 모습을 보인다.

이와 같이 온도 습도와 인간 활동성이 직접적 관계가 있음을 보여주는 물리학적 근거가 샤를의 법칙이다. 샤를의 법칙은 일정한 압력 하에서는 온도가 상승할 때마다 기체의 부피가 증가한다는 법칙이다. 예를 들어 풍선에 열을 가하면 부피가 늘어나면서 팽창하는데 이것은 풍선 안에 들어있는 공기의 분자 운동이 활발해지면서 분자들 사이의 거리가 멀어지기 때문이다. 액체도 마찬가지로 물에 열을 가해서 온도가 상승하면 분자 운동이 활발해져서 수증기로 팽창하고, 온도를 낮추어 차가운 얼음 상태로 되면 분자 운동이 둔화되어 부피가 수축한다.

이와 같이 온도 차이와 분자 원자 간의 활동성 관계에 대한 과학적 사실은 원자로 이루어진 모든 삼라만상에 다 적용될 수 있다. 따라서 인간도 태어날 때 주어진 온도와 습도 에너지 조건에 따라 활동성에 차이가 있다는 명리학의 한난조습 이론은 샤를의 법칙에 의해 과학적인 근거가 분명해 보인다.

12. 공간과 방위, 시간과 에너지 변화의 이해

사주명리의 이론적 바탕이 되는 木, 火, 土, 金, 水라는 오행은 현대 물리학으로 이해할 때, 시간적 공간적 에너지 부호이다. 따라서 공간적 표시인 동, 서, 남, 북 방위와 시간적 표시인 봄, 여름, 가을, 겨울의 계절은 서로 같은 개념이다. 우선 그림을 통해 4방위와 4계절을 살펴보자.

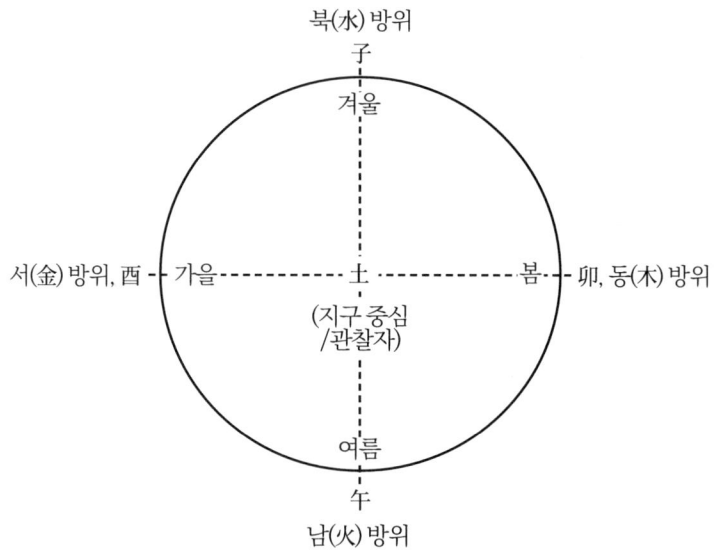

[그림 1. 지구 중심에서 본 공간과 방위 변화]

그림 1에서 볼 수 있듯이 오행 水의 방위는 북쪽이고 계절로는 겨울을 뜻하며, 火는 남쪽 여름, 木은 동쪽 봄, 金은 서쪽 가을을 표시한다.

동양의 풍수지리에서는 나침반과 같은 역할을 하는 '나경패철'로 방위를 보았는데, 위와 같이 오행에 따라 기본 4방위를 정하고 다시 이를 24방위로 세분하였다. 오늘날 우리가 쓰는 나침반도 북극성을 기준으로 하여 북쪽은 N, 반대편의 남쪽은 S, 그리고 양쪽 90도 방향을 각각 동쪽은 E, 서쪽은 W로 표시한 것이다. 방위는 전적으로 우리가 사는 지구를 중심으로 공간상의 위치를 나타낸 것이며 오행과 연계되어 있다.

그런데 사주명리를 공부할 때 혼돈스러운 부분이 있다. 그 이유는 오행에너지를 학습할 때 지구 중심의 방위 개념과는 반대로 火를 위쪽에 두고 水는 아래쪽, 木은 왼쪽, 金은 오른쪽으로 하여 1년 4계절의 시간 변화를 설명하기 때문이다. 필자는 다음 그림을 통하여 그 이유와 차이점을 명확하게 밝히고자 한다.

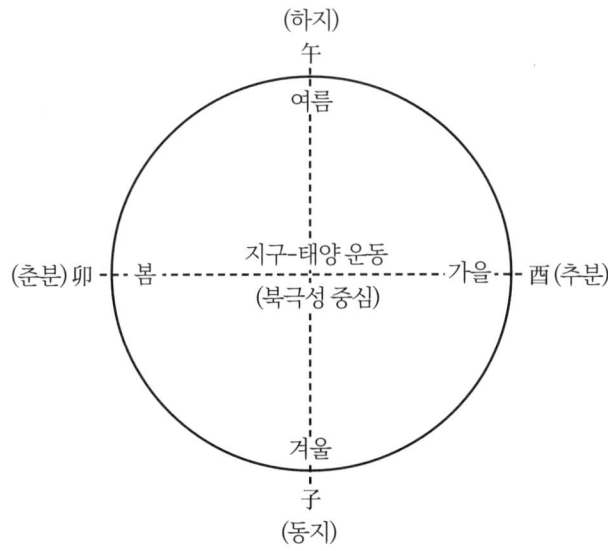

[그림 2. 천구상의 북극성 중심에서 본 시간과 에너지 변화]

그림 1, 2는 지면 상 2차원 평면도로 그렸지만, 천구(天球) 상의 3차원 입체 공간으로 바라보아야만 한다. 그림 2는 북극성 중심에서 바라본 천구의 영역으로서 지구의 공전에 따른 4계절과 12개월의 시간과 에너지 변화 모습이다. 즉 지구 공간 중심에서 단순히 관찰자인 인간이 북극성이 보이는 쪽을 북쪽으로 정한 공간적 관점이 아니고, 북극성을 기준으로 지구, 태양, 은하계 행성들의 운동과 시간적 관점에서 온도, 습도에 따른 에너지 변화를 1년 4계절의 순환으로 파악한 것이다.

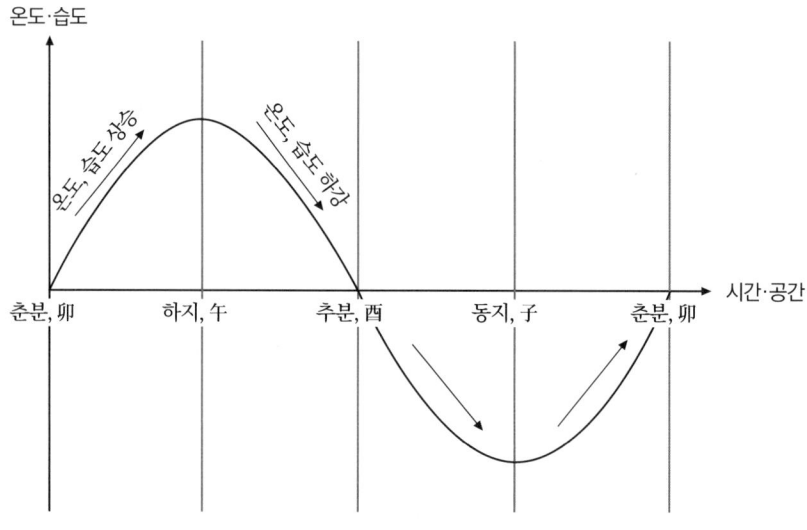

[그림 3. 시간과 온도, 습도에 따른 에너지 변화]

그림 3은 그림 2에서 나타내고자 했던 시간 변화에 따른 온도, 습도의 변화 모습과 에너지 변화 모습을 한눈에 볼 수 있도록 도식화한 것이다. 결론적으로 필자는 그림 1과 그림 2, 3을 통하여 지구 중심에서 본 공간적 관점의

방위와 북극성 기준에서 본 시간적 관점에 따른 에너지 변화에 대한 이해를 돕고자 하였다.

사주명리 학습에서 오행을 지구 중심의 공간적 관점으로 이해할 때는 그림 1과 같고, 북극성 중심의 시간적 질서에 따른 에너지 변화를 이해하기 위해서는 그림 2, 3과 같다. 즉 火 에너지는 온도, 습도가 높기 때문에 위쪽으로 표시하고, 水 에너지는 그와 반대로 아래쪽에 표시한 것이다. 결국 관찰자의 관점에 따라 다를 뿐 시간과 공간, 방위와 에너지 변화는 하나의 같은 개념이다. 이것은 아인슈타인의 4차원 시공간 개념과 맥락을 같이 한다.

제3장

명리학의
천체물리학적 이해

1. 명리학이란?

명리의 사전적 의미는 두 가지로 해석될 수 있다. 명(命)의 명사적 의미는 '목숨 명'이며 사람의 생명이나 운명의 이치를 안다는 것이고, 동사적 의미는 '명령하다의 명'으로 우주 자연의 명령과 법칙에 맞게 순응하며 살라는 것이다.

명리학의 연구 대상은 인간의 삶이며 개인 사주는 자신의 인생 정보가 담겨있는 삶의 설명서와도 같다. 태어나는 순간 부여받은 적성 성격 능력은 무엇이며, 내 인생에서 무슨 일을 하며 살아야 할지, 그리고 어떻게 살아야 하는지의 방법론과 언제 할 수 있을지의 때를 알려준다. 즉 내가 주인으로서 어떻게 지혜롭게 삶을 운용해 갈 것인지에 관한 방법론을 알기 위하여 자연의 법칙과 원리를 연구하는 것이 명리학이다.

그러면 우주 자연과 인간은 어떤 연관성이 있다는 것인가? 21세기에 발전된 현대물리학 덕분에 인간은 소우주임이 실제적으로 입증되었다. 인간은 우주 자연의 일부이며 지구의 세포와 같은 존재로서, 자연과 똑같은 순환 법칙 속에서 존재한다는 사실을 알게 된 것이다.

현대 물리학자들의 비유에 따르자면, 우주 자연과 인간과의 관계는 컴퓨터에서 명령체계를 지닌 알고리즘과 같다고 한다. 우주라는 거대한 컴퓨터에서 프로그래밍된 명령체계는 우주 자연의 법칙이고, 이에 따라 인간과 같은 유닛들이 움직이고 있을 뿐이라고 비유한다.

이와 같은 사실을 사주명리적 관점으로 설명하자면, 컴퓨터의 하드웨어는 유전자 DNA로 구성된 인간의 육체와 같고, 소프트웨어인 응용프로그램은 태어날 때 첫 호흡과 함께 코딩된 자연의 에너지 명령체계라고 할 수 있다. 이러한 에너지 코드는 사주 8글자에서 甲, 乙, 丙, 丁, 戊, 己, 庚, 辛, 壬, 癸라는 십행(오행을 음양으로 구분한 것)으로 표현된다. 이들은 근본적으로 지구의 공전과 자전 운동에 의해 생기는 온도와 습도 변화로 인해 10개로 구분된 에너지 파동이며, 우주 시공간의 에너지 흐름이기도 하다. 우리는 태어나는 순간 우주 시공간 내에서 에너지 좌표가 정해진 것이며, 우리 몸속에 코딩된 프로그램에 따라 살아가게 된다.

그러면 운이란 무엇인가?

사주명리에서는 생년·월·일·시라는 초기의 에너지 정보 외에 대운, 세운, 월운, 일운 같은 외부에서 들어오는 에너지 정보가 있다. 이러한 운세는 우리의 관심사인 일의 성패나 사회적 활동성, 그리고 개인적 사건 발생의 시기를 알려준다. 운이란 기본적으로 외부환경의 변화를 의미한다. 그러면 환경 변화는 왜 일어나는 것인가? 태어날 때 초기 에너지 정보인 사주와 외부환경 변화인 운을 이해하려면 지구와 태양계를 포함한 우주의 천문학적 설명이 필요하다.

지구는 태양을 중심으로 1년 365일 동안 한 바퀴 공전 운동을 하며, 1일 동안 23.5° 기울어진 자전축을 중심으로 자전 운동도 한다. 이러한 자전과 공전 운동 때문에 태양과 지구는 시시각각으로 각도 변화가 생긴다. 이와 같은 태양의 남중고도 차이 때문에 온도와 습도 변화가 발생하며 봄, 여름, 가을, 겨울의 계절과 동지, 하지, 춘분, 추분과 같은 24절기가 있게 된다.

요약하면 지구의 공전과 자전으로 인해서 매년, 매월, 매일 시시각각으로 나의 환경 변화와 에너지 변화가 일어난다. 이에 따라 운은 초기조건인 사주 원국 에너지와 서로 상호작용을 하면서 발생하는 현상이다. 이때 서로 도와주는 상생 에너지를 만나기도 하고 제어하는 상극 에너지를 만나기도 한다. 또한 서로 방합, 삼합, 육합 등 합을 통해서 에너지를 키우기도 하며, 형충파해(沖刑破害)를 만나 에너지가 충돌하거나 조정되기도 한다. 이것을 대운, 세운의 작용이라 한다.

2. 명리학의 바탕 원리

1) 음양 이론

음양 이론은 중국 춘추시대 말기 제자백가 사상이 홍수처럼 쏟아지던 시기에 유가, 도가, 불가 사상과 함께 음양가 사상이 추연이라는 사람에 의해 창시되었다.

음양의 의미는 우리가 보통 상식적으로 알고 있듯이 처음에는 달과 해, 밤과 낮, 여자와 남자 등으로 인식하였다. 그러다가 사상적으로 발전하면서 물질의 대립되는 두 가지 상반된 현상으로 보았다. 즉 모든 사물은 음과 양의 두 가지 속성을 갖고 서로 대립되는 동시에 상호 의존하고 조화롭게 순환하는 기운으로서, 우주 변화의 원리로 생각하였다. 여기에서 주목할 점은 음양을 단순한 물질의 반대개념이 아니라 상반되는 성질의 움직이는 기운으로 인식했다는 것이다. 이것이 바로 현대 물리학에서 닐스 보어가 설명한 양자의 상보성이다.

음양가 사상에서뿐만 아니라 자연의 순리와 질서를 존중하는 도가 사상, 그리고 유교 경전 중 하나인 주역에서도 천지 만물의 끊임없는 변화를 음양의 이원론적 원리에서 출발하였다. 이와 같이 동양 사상에서는 우주 자연의 변화 원리를 음양의 틀에서 이해하였던 것이다.

2) 오행 이론

오행의 일반적인 개념은 水[물], 火[불], 木[나무], 金[쇠], 土[흙]로서 이들을 우주 자연을 구성하는 다섯 가지 원소로 생각하였다. 조금 더 발전하면 태양계 내에 수성, 화성, 목성, 금성, 토성과 같은 5개의 행성을 일컫기도 하였다. 이들 행성이 지구와 같이 태양 주변을 자전 공전하면서 서로 멀고 가까워짐에 따라 영향을 주기 때문이다.

이러한 인식은 오행을 우리가 눈으로 볼 수 있는 자연계의 물질, 혹은 천체들의 현상으로만 이해하고자 했던 것이다.

그러나 동양 사상이 점점 발전하면서 오행을 단순히 자연 물질인 물, 불과 같은 원소 개념으로만 생각하지 않고 음양의 에너지 파동처럼 움직이는 여러 개의 기운으로 통찰하게 되었고, 그들의 상호작용과 인과관계를 궁리하게 되었다.

현대 21세기 양자물리학에서 밝혀진 물질의 입자와 파동성을 동양에서는 오래전부터 통찰하고 연구 대상으로 삼아 왔던 것이다. 요약하자면 오행은 크게 두 가지 의미로 파악할 수 있다. 첫째는 명사적 의미로서의 행성, 물질, 원소 개념으로 천문학 분야에서 고대부터 연구되어 왔다. 둘째는 오행의 동사적 의미로 기(氣)라는 에너지 파동적 의미로 이해하는 것이다. 즉 진동한다, 운동한다, 움직인다, 변화한다 등 오행의 보다 본질적 속성에 대한 이해이다. 이것은 현대 양자역학이나 입자물리학의 미시세계 연구에서 밝혀지고 있다.

● 오행은 음과 양으로 나뉘어 십행이 된다

사주명리는 앞서 설명한 음양과 오행의 원리에 근거하여 그들의 상호작용을 살피고 인간의 삶에 적용하는 것이다.

그런데 천간 지지로 되어있는 사주 네 기둥을 살펴보면 천간은 甲, 乙, 丙, 丁, 戊, 己, 庚, 辛, 壬, 癸라는 10개의 글자 중에 4개가 선택되어 있다. 왜 그럴까? 말하자면 우리가 보통 알고 있는 水, 火, 木, 金, 土라는 오행의 부호가 아니라는 것이다. 그 이유는 각각의 오행 부호가 다시 음과 양으로 나뉘기 때문이다.

水는 壬(양), 癸(음), 火는 丙(양), 丁(음), 木은 甲(양), 乙(음), 金은 庚(양), 辛(음), 土는 戊(양), 己(음) 등 10개의 에너지 부호(十行)가 만들어진 것이다. 이들은 같은 오행이라도 전혀 상반된 에너지 속성을 갖게 된다.

예를 들어 丙과 丁은 같은 오행 에너지인 火에 속하지만, 丙은 빛에너지와 같은 것으로 '퍼진다, 확장한다, 분산된다' 등의 기본적 에너지 특성이 있고, 丁은 열에너지로서 '수렴한다, 축소된다, 건조하다' 등의 특성을 갖고 있다. 이것은 사주에서 인간 삶에 적용했을 때 완전히 다른 성향, 성격, 직업적인 특성으로 발현된다.

이와 같은 의미 분석은 송나라 이후부터 현재까지 천년 동안 수많은 명리학자들의 이론적 궁리와 실제 개인 삶을 통한 임상의 결과로 얻어진 것이다. 특히 최근 30년 동안 우리나라에서도 명리학의 체계적인 연구와 논리적인 이론 정립이 이루어지면서 상당한 학문적 발전이 이루어졌다.

그러면 다음 그림을 통해 1년이라는 시간 공간 속에서 변화하는 십행의 에너지 흐름을 이해하여 보자.

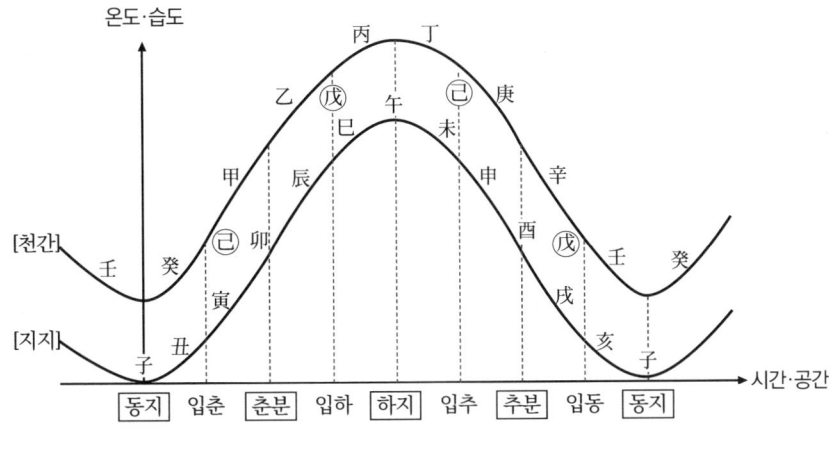

[지구의 공전과 1년 동안의 십행 에너지 파동 변화]

    십행 에너지 파동은 현대 물리학적으로 해석하면 고유 진동수를 가진 10종류의 에너지 파동이라고 설명할 수 있겠다. 지구를 둘러싼 우주 시공간에는 고유 진동수를 가진 에너지 덩어리들이 움직이며 돌아다닌다. 이들은 온도와 습도에 의해서 고유한 특정 진동수를 갖고 변화한다.

    위 그림에서 동지는 가장 온도가 낮은 시기이다. 우주의 순환적 관점에서 보면 끝인 동시에 시작점이다. 이때 壬水는 아무것도 없는 無(진공)를 뜻하며, 최저의 진동수와 진동 폭을 갖고 운동성이 거의 없는 극도의 응축, 응결된 에너지 상태이다. 그러나 동지를 기점으로 1양의 에너지가 발생하여 癸水가 되고, 甲木 → 乙木 → 丙火까지 온도가 상승하면서 진동수와 진동폭은 점점 커진다. 이것은 운동성의 증가를 의미하며 확장되고 팽창하는 에너지 특성을 갖는다. 그러다가 하지를 기점으로 양 → 음의 에너지 전환이 일어나고 온도가 하강하면서 丁火 → 庚金 → 辛金 → 壬水 에너지로 변화하며, 진동수와 진동폭은 점점 줄어들고 수렴, 응축되는 특성을 갖는다.

여기에서 壬癸 丙丁이라는 水, 火와 甲乙 庚辛이라는 木, 金을 구분해서 이해할 필요가 있다. 壬癸 丙丁이라는 水, 火는 甲乙 庚辛이라는 생물과 무생물을 성장시키거나 소멸시키는 근원적 바탕 에너지이다. 온도 변화는 壬水와 丙火 에너지 때문에 생기고, 습도 변화는 癸水와 丁火 에너지의 영향 때문이다. 여기에 戊土 己土 에너지가 개입하고 중화 조절 작용을 하여 삼라만상의 물질이 만들어진다. 화토동근(火土同根), 토수합일(土水合一)이라는 동양철학적 논리는 土가 水, 火와 함께 만물을 생성하는 근원적 바탕 에너지임을 알 수 있게 한다.

3. 생년·월·일·시와 지구의 공전, 자전 운동

1) 지구의 공전과 1년 12개월의 이해

① 계절과 24절기의 변화

사주명리는 개인이 태어나는 순간의 시간 공간 좌표인 생년, 월, 일, 시의 에너지 코드를 읽고 그 정보를 해석하는 것이다. 사주의 특정 에너지 좌표는 일차적으로 태양을 중심으로 한 지구의 공전운동 때문이다. 지구는 자전축이 23.5° 기울어진 상태로 회전하기 때문에 태양의 위치에 따라 지구와 태양의 각도가 달라지게 된다. 이것을 천문학에서는 태양의 남중고도 변화라고 한다. 태양의 고도 변화는 지구 표면이 받는 태양에너지의 양을 달라지게 하고, 이로 인해 사계절의 변화와 1년 12달의 변화를 일으키게 된다. 1년 12달의 온도 습도의 변화와 순환은 앞 그림의 지지 곡선을 참고하면 된다.

24절기는 자연의 온도와 습도 변화가 일어나는 분기점으로 우리가 보통 알고 있는 12개월보다 더 세분화된 시간 개념이다. 24절기는 태양의 남중고도에 따라 크게 네 개의 중요한 기준 시점이 있다. 동지 하지 그리고 춘분 추분인데, 명리 용어로 사시(四時)라고 한다. 동지는 양력 12월 22일 경으로 1

년 중 낮이 가장 짧고 밤이 가장 길다. 그 이유는 지구를 비추는 태양의 남중고도가 가장 낮기 때문이다. 반대로 하지는 양력 6월 22일쯤인데 낮의 길이가 가장 길고 밤의 길이는 가장 짧다. 이 또한 태양의 남중고도가 가장 높기 때문이다. 그리고 춘분은 양력 3월 22일, 추분은 9월 22일 경으로 낮과 밤의 길이가 같은 때이다.

② 24절기와 온도 습도의 중요성

온도와 습도는 명리학에서 매우 중요한 개념이다. 24절기를 구분하는 기준도 온도와 습도의 차이에 따른 것이며, 모든 생명체의 성장과 소멸 과정도 온도와 습도의 변화 때문이다. 또한 그 차이는 그들의 운동성이나 활동성에도 절대적인 영향을 준다. 예를 들어 인간 몸의 70% 정도를 구성하고 있는 물 분자(H_2O)의 운동성과 인간의 활동성 관계를 살펴보자.

만약 물의 온도가 0 °C 이하로 내려가면 고체 상태인 얼음이 되고 분자의 운동성은 거의 없어진다. 그러나 온도를 높여서 10 °C 이상이 되면 액체 상태가 되어 분자 운동성이 증가하게 되고, 100 °C 이상이 되면 수증기로 변하며 분자 운동성이 최고조에 달한다. 따라서 물 분자로 구성된 인간이 사주의 온도 습도 차이에 따라 활동성이 다른 것은 당연한 것이다.

결론적으로 분자나 원자로 이루어진 지구상의 모든 물질 및 생명체는 온도와 습도가 그들의 운동성을 결정짓는다. 이와 같이 인간의 육체적 정신적 활동성이 온도와 습도 차이에 따라 다르게 나타나는 현상을 사주명리에서는 한난조습(寒暖燥濕)이라 하여 핵심 이론으로 다룬다.

실제로 사람의 체온이 1~2 °C만 내려가면 모든 인체 세포들의 운동성이 현저히 떨어져 활동이 둔화되며, 반대로 2~3 ℃가 올라가면 고열로 인한 신체 이상 반응으로 어떤 활동도 할 수 없게 된다.

한편 온도 변화 못지않게 습도 또한 생명체 활동에서 매우 중요하다. 물이 인체의 70%를 구성하고 있는데, 만약 수분이 부족하게 되면 일차적으로 갈증이 유발되고 모든 세포 활동이 제 역할을 할 수 없게 되어 질병을 만든다.

이처럼 인간에게 온도와 습도 변화가 중요하기 때문에, 인간의 삶과 활동성을 탐구하는 사주명리에서 자연의 온도 습도 변화를 연구하는 것은 핵심적이며 중요한 기본 바탕이 된다.

③ 한 해의 시작점, 동지와 입춘에 대하여

사주명리에서는 천간의 에너지 기운과 그것이 실제로 지지 공간에서 나타나는 물질의 발현 시점을 다르게 본다. 그동안 명리학자들의 논쟁거리가 되어왔던 한 해의 시작이 동지인가 입춘인가의 문제는 이러한 시공간적 기와 질, 또는 파동과 입자의 차이 때문이다. 즉 천간의 에너지 기운으로 볼 때는 동지부터 1양의 기운이 발생되어 낮이 길어지기 시작하니, 동지를 한 해의 시작으로 보아야 마땅하다. 그러나 우리가 사는 지구 공간에서 실제 나타나는 물리적 현상들은 입춘에 와서야 드러난다. 때문에 대부분의 명리학자들은 한 해의 시작을 입춘으로 보고 계절 중심으로 사주를 해석한다.

입춘은 양력 2월 3일 경으로 땅에서 만물이 싹트고 자라는 봄의 출발점이며, 입하는 양력 5월 5일쯤으로 여름의 시작점이다. 입추는 8월 6일 전후로 가을 결실의 출발점이고, 입동은 11월 6일 경으로 겨울이라는 계절의 시작점으로 본다. 이와 같이 사주명리에서는 입춘, 입하, 입추, 입동을 각 계절의 시작점으로 보고 사계를 인간 삶의 중요한 시간적 변화 기준으로 삼은 것이다.

그러나 필자는 천문학과 양자물리학적 내용을 근거로 하여, 사계(四季)를 중심으로 한 입춘의 중요성 뿐만 아니라, 사시(四時)의 기준이 되는 동지의 중요성을 강조하고자 한다.

첫 번째로, 천체물리학적 사실에 근거하여 설명해 보자.

사주(四柱)는 천간과 지지의 조합으로 이루어진 네 개의 기둥(柱)이다. 여기서 천간은 앞서 설명했던 음양오행이라는 에너지 파동이며 기운(氣)이다. 이것은 우주 은하계 영역에서의 에너지 순환을 나타낸 것이며, 천체물리학적으로는 태양과 지구를 포함한 1,000억 개 이상의 별들이 북극성을 중심으로 자전 공전하면서 발생하는 에너지 파동인 것이다. 반면에 지지는 태양계 내에서 지구의 자전 공전 운동에 때문에 발생하는 땅의 물질 변화를 나타낸 것이다. 따라서 천간과 지지 기둥으로 되어있는 사주는 95%의 에너지 기운을 나타내는 천간과 5%의 물질을 나타내는 지지 모두가 인간 삶의 현상으로 발현된다. 때문에 천간 지지 모두 중요한 의미를 갖지만, 천간의 기운이 더 크게 작용하므로 에너지 변화의 시점인 동지를 한 해의 시작점으로 보는 것이 타당하다고 본다.

둘째는, 인간이 고도의 지적 생명체라는 것이다.

21세기 현재, 뇌과학과 양자물리학의 놀라운 발전으로 인해서 인간 마음의 영역까지 들여다볼 수 있게 되었다. 즉 인간에게만 특별히 발달된 마음, 정신세계에 해당하는 기의 영역에 대한 본질이 밝혀지고 있다. 현대 입자물리학 이론으로 볼 때, 모든 물질이 갖고 있는 입자와 파동의 이중성 중에 인간은 특별히 파동의 영역인 氣가 발달되었음을 알게 되었다. 실제로 인간은 물질 이전의 상태인 에너지 파동을 느끼고 인지하고 통찰할 수 있는 존재라는 것이다. 좀 더 부연 설명하자면, 인간은 물질적 현상이 발생하기 전에 마음먹고 생각하면서 우주의 에너지 정보인 氣의 변화를 읽어내고 상호작용이 가능한 특별한 존재이다. 따라서 에너지 파동 변화의 출발점이 되는 동지가 인간 삶의 중요한 기준점이 되어야 한다고 필자는 생각한다.

2) 지구의 자전과 1일의 이해

지구는 태양을 중심으로 1년 동안 공전운동을 할 뿐만 아니라 매일 스스로 23.5° 기울어진 자전축을 중심으로 한 바퀴 회전한다. 이것을 지구의 자전운동이라 하며 하루 24시간의 순환 주기를 갖는다. 사주명리에서는 밤 11시 30분을 기준으로 하여 2시간마다 자시(子), 축시(丑), 인시(寅), 묘시(卯), 진시(辰), 사시(巳), 오시(午), 미시(未), 신시(申), 유시(酉), 술시(戌), 해시(亥)로 하여 12개의 시간으로 구분한다.

여기서 한 가지 궁금한 사항이 있다. 원래 子時는 밤 11시부터 1시까지인데, 왜 11시 30분을 기준으로 시작한다고 했을까? 실제 우리나라 중앙을 통과하는 경도는 동경 127.5°지만 과거 일제시대 때 우리나라 표준시를 동경 135° 기준으로 정했기 때문에 실제 시간과는 30분 차이가 있다. 따라서 현재 명리학계에서는 우리나라를 통과하는 동경 127.5°를 기준으로 한 자연시인 밤 11시 30분부터 1시 30분까지를 子시로 하여 亥시까지 12개 시간으로 구분한다.

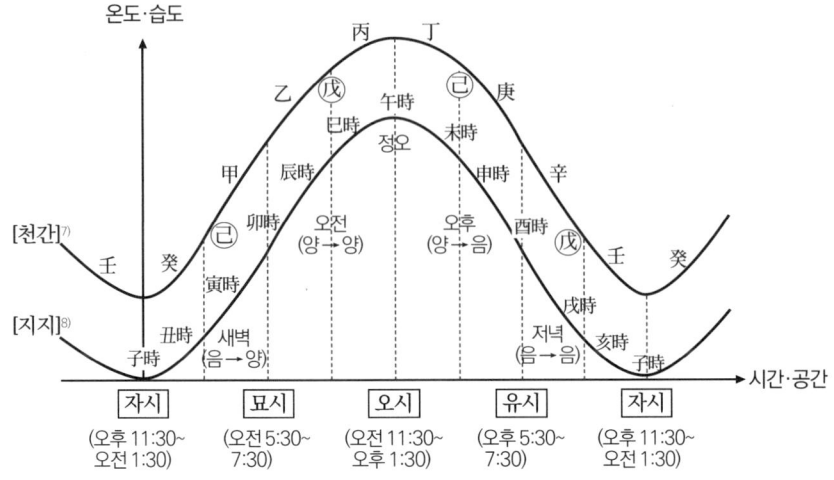

[지구의 공전과 1년 동안의 십행 에너지 파동 변화]

    앞의 그림은 지구의 자전운동에 의한 1일 12시간의 에너지 순환 모습을 진동 곡선으로 표현한 것인데, 지구의 공전운동에 따른 1년 12개월의 에너지 순환 과정과 같다.

    지구의 모든 물질과 생명체는 크게는 1년, 작게는 1일의 똑같은 에너지 순환 사이클 속에서 살아가게 된다. 예컨대 1년 중 午月(양력 6월)과 하루 중 午時는 시간, 공간적 스케일만 다를 뿐 같은 에너지 상태인 것이다. 가령 양력 6월에 만물의 운동성이 가장 왕성한 것과 하루 중 오시의 운동성이 활발한 정도가 거의 동일하다.

    또한 지구가 하루 주기로 자전운동을 하는 것은 인간에게 특별한 의미를

---

7) 천간은 우주 자연의 시간 질서에 따른 에너지 변화 과정이다.
8) 지지는 지구라는 땅의 공간에서의 물질 변화 과정이다.

지닌다. 우리는 지금 이 순간에도 가만히 정지하고 있는 것 같지만 지구 표면에 붙어서 자전운동을 하고 있다. 이것은 마치 우리가 몸을 움직이면 우리 몸 속의 세포도 똑같이 움직이는 것과 같다. 이러한 현상은 현대물리학에서 밝혀낸 지구의 자전 주기와 인간의 공진 주기가 일치한다는 사실로 설명될 수 있다. 즉 인간은 하루 동안 지구의 자전운동에 맞추어 주파수 공진을 일으키며 활동하게 되고, 1초 동안 움직이는 심장의 진동수도 지구의 자전운동과 긴밀하게 연결되어 있다는 사실로도 뒷받침된다.

이와 같은 지구의 자전운동으로 인해 밤낮의 변화와 온도 습도의 차이가 생기고, 인간의 생체리듬이 변화하며 하루의 활동 패턴이 결정된다. 요컨대 우리는 매일매일 하루 주기로 생활하면서 지구와 한 몸이 되어 우주자연의 에너지 변화를 경험하는 것이다. 좀 더 구체적으로 천체물리학적인 설명을 인용해 보자.

"세상을 이루는 가장 작은 원자와 거대한 천체의 운동이 모두 단진동으로 되어 있다. 우주의 모든 물질은 고요한 진동수를 갖는데, 사람의 고유진동수는 24시간, 1일이라는 의미다. 사실 이것은 지구의 자전이 만들어낸 진동이다."

- 『울림과 떨림』 p.238 ~ p.240, 김상욱 저

여기서 고유한 진동수란 각각의 물질마다 진동수의 차이가 있고 그 특정 진동수에 따라 물리적 특성을 알 수 있는데, 인간과 지구는 똑같은 특정 진동수를 갖는다는 의미이다. 즉 인간과 지구는 하나로 연결되어서 매일 주파수 공진을 일으킨다.

사주명리에서 일주(日柱)는 태어날 때 나의 마음과 몸을 의미하는데 지구

의 자전운동에 의해 에너지 상태가 정해진 것이며, 나의 모든 활동성에 대한 정보를 결정한다. 실제로 지구의 자전운동이 인간의 생체리듬에 영향을 주어, 낮에 태어난 사람은 동적이고 육체적 활동성이 왕성한 에너지를 갖게 되며 저녁에 태어난 사람은 정적이고 정신적 활동 에너지가 강하다.

3) 지구의 공전, 자전과 사주 네 기둥의 이해

사주는 네 개의 기둥으로 되어있다. 태어난 연, 월, 일, 시가 천간과 지지로 조합을 이룬 형태이다. 예를 들어 다음과 같은 사주가 있다고 하자.

(2021년 9월 18일, 16시생)

천간	壬	己	丁	辛
지지	申	巳	酉	丑
	시주	일주	월주	연주

아래쪽 지지 네 글자는 내가 태어난 땅인 지구에서의 시간, 공간상 에너지 좌표이다. 먼저 공간적으로 이해하자면 지지는 내가 태어날 때의 주소와 같다. 대한민국 대전시 유성구 OO 번지를 나타낸 것이다. 시간적으로는 丑년, 酉월, 巳일, 申시에 태어났다는 표시이다.

그러면 위쪽 천간 네 글자는 무엇인가? 천간은 눈으로 볼 수 있는 자연 물질계가 아니고, 볼 수도 만질 수도 없는 기운(氣)인 에너지 파동의 상태를 표시한 것이다. 동양철학에서는 氣라 했고 현대 양자물리학에서는 에너지 파동이라 하여 21세기 우주 자연의 본질을 연구하는 주요 대상이다.

천간과 지지에 대한 설명은 4장, 5장에서 자세하게 다루기로 하고, 이번에는 네 개의 기둥 각각에 대한 천문학적 설명과 사주명리에서 연구된 의미에 대하여 알아보자.

다음 그림을 보고 우주의 시공간 속에서 지구의 공전과 연, 월의 관계 그리고 지구의 자전과 일, 시의 관계를 연구하고 개인 사주 네 기둥 각각의 특성을 이해해 보자.

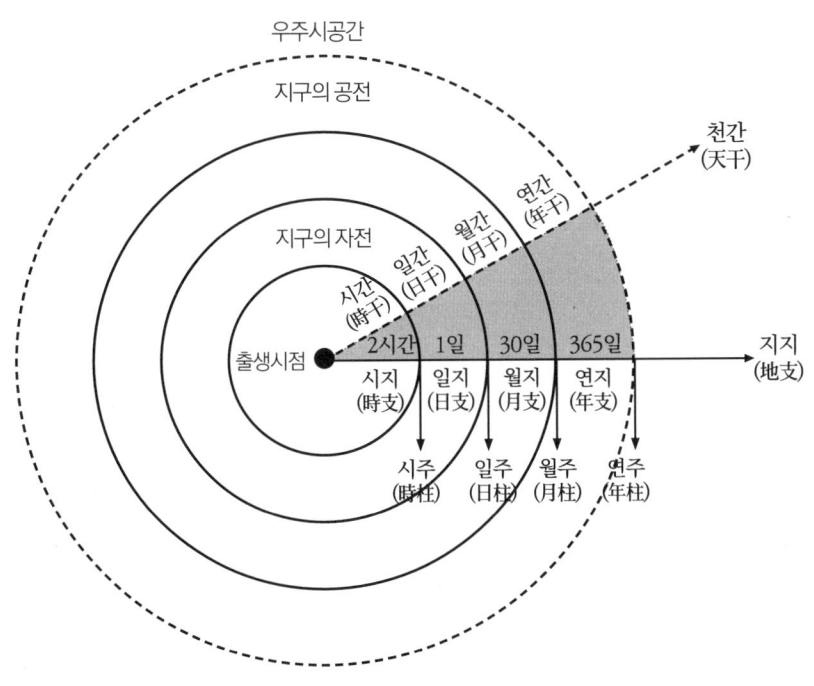

[사주 네 기둥(천간-지지)의 시공간적 구조]

필자는 독자들이 사주 네 기둥을 쉽게 이해할 수 있도록 그림으로 시각화하여 표현해 보았다. 위 그림은 지면 상 2차원 평면도로 그렸지만 4차원 입체 우주 시공간으로 보게 되면, 사주 네 기둥의 시간 공간적 에너지 크기와 일간인 나에게 작용하는 영향력 정도를 잘 이해할 수 있다.

인간은 태어나는 순간 시주가 2시간 단위로 결정되고 일주는 1일의 순환주기 속에서 정해진 시공간적 에너지 좌표이다. 이것은 지구의 자전운동 궤도상에서 특정 에너지 정보를 갖게 되며, 나의 활동영역 기준에서 볼 때 연주, 월주에 비해 상대적으로 작은 시공간적 범주이다. 따라서 사주를 해석할 때 일주와 시주 에너지 정보는 극히 사적인 일이거나, 개인적 가정적 인간관계에 대한 것이다.

월주는 지구 공전 궤도상의 12개월 중, 내가 태어난 특정한 월의 에너지 좌표이다. 월주는 태양을 중심으로 한 지구의 공전운동뿐 아니라 지구 주위를 돌고 있는 위성인 달의 자전 공전운동으로 인한 중력 작용과도 연관되어 있어서 태양-지구-달의 상호 영향력이 크게 작용하기 때문에 중요한 의미를 갖는다. 실제 개인 사주 해석에서도 월주는 자신의 직접적인 사회적 환경으로서, 직업에 대한 정보 및 가정 조직에 대한 정보를 모두 포함하기 때문에 최우선시 한다.

연주는 지구가 공전운동을 하면서 지구 공전궤도 바깥의 다른 태양계 행성들 및 우리 은하계의 다른 별들과 상호 중력 작용을 하면서 영향을 주고받는 시공간 에너지 표시이다. 따라서 개인 사주에서 연주는 일주인 나와는 먼 거리의 전체적 포괄적 영역이며 그 영향력도 간접적이다.

그러면 이제부터 사주 네 기둥에 대해 좀 더 구체적으로 이해하여 보자.

① 지구의 공전과 연주(年柱)의 이해

앞서 예시한 사주에서 2021년 태어난 사람은 연주에 辛丑년이라고 표기되었다. 여기서 천간 신금(辛金)은 음양오행의 기운인 십행(十行) 에너지 중의 하나이며, 우주의 에너지 순환 법칙에 따라 시간 질서에 맞게 변화하는 에너지 파동 부호이다. 그리고 지지의 축토(丑土)는 지구의 공전과 함께 12년 주기로 순환되는 지구의 시공간 물질 변화 과정 중 하나이다.

연지(年支)는 우리가 친숙하게 알고 있는 띠를 표현하며 12년마다 돌아온다. 예컨대 子년(쥐띠), 丑년(소띠), 寅년(호랑이띠), 卯년(토끼띠), 辰년(용띠), 巳년(뱀띠), 午년(말띠), 未년(양띠), 申년(원숭이띠), 酉년(닭띠), 戌년(개띠), 亥년(돼지띠)로 해서 12년의 순환 주기를 갖는다.

그러면 왜 연지는 12년 주기로 돌아오는 걸까?

기존 명리학 이론에서는 태양계 내에서 공전하고 있는 목성의 공전 주기가 11.7년이므로 지구 바깥쪽에서 목성이 지구에 미치는 영향력을 12등분하여 12년 주기로 바뀐다고 보았다. 그러나 이러한 설명은 필자에게 천문학적으로 설득력이 부족해 보인다. 태양계 내에 수성-금성-지구-화성-목성-토성 등 많은 행성들이 있는데 왜 목성만이 지구에 영향력을 끼칠까? 물론 목성이 태양과 아주 흡사하고 질량도 크기 때문이지만, 단지 목성과의 영향 관계로만 보는 것은 옳지 않다.

필자의 견해로는 지구가 태양을 중심으로 공전운동을 하면서 황도 12궁에 해당하는 12개의 별들과 상호작용하기 때문인 것으로 본다. 황도는 천구 상에서 태양이 지나가는 길을 말하고, 황도 12궁은 그 궤도 상에 있는 물고기자리, 염소자리, 천칭자리 등 12개의 별자리를 말한다. 태양은 실제 이 황도를 따라 도는 게 아니고 지구의 공전에 의해서 우리가 볼 수 있는 겉보기 운동이다.

결국 우주 시공간 차원에서 지구의 공전 운동으로 인하여 12별들과 지구 그리고 태양과의 상호 영향력이 달라지는 것이다. 이것은 별자리로 운을 보는 서양의 점성학과도 맞닿아 있는데, 서양에서는 이러한 별자리 연구와 함께 천문학이 발전해 왔다.

그러면 실제 사주 분석에서 연주는 어떤 의미인지 알아보자.

먼저 공간적 의미로는 세계, 국가, 해외 등 넓은 영역을 뜻한다. 예를 들어 국가 민족의 문화, 인류 공통의 기후 문제, 국가 세계적 환경 문제, 4차 산업 시대, 팬데믹 상황 등 국가 세계적인 광범위한 공간에서 일어나는 상황들이 해당된다. 따라서 개인인 나를 기준으로 볼 때에는 간접적이고 전체적인 상황이며 먼 거리에서 발생하는 사건이다. 왜냐하면 연주는 '나'라는 일주보다 더 거대한 스케일인 지구와 우주 공간에 있는 별들과의 영향력 관계이기 때문이다.

그러나 때로는 연주가 나의 개인적인 일에 직접적으로 작용하기도 한다. 사주원국이나 운에서 합충작용이 있어서 연주가 월주, 일주, 시주와 연결될 때는 연주의 사건이 직접적으로 나에게 발생된다. 예를 들어 내가 甲辰생 일 때 내 사주의 월지, 일지, 시지에 申이나 子가 있어서 申子辰 삼합이 되고, 운에서 申년이나 子년이 오면 삼합의 작용력이 생겨서 국가적으로 관계되는 사건, 일, 자격, 문서, 해외 이동 등의 일이 발생한다.

한편 시간적 의미는 먼 거리, 조부모, 가문, 혈통, 나의 어린 시절, 나의 뿌리, 근본을 나타낸다. 따라서 대운과 세운에서 연주와 합충작용이 발생하면 어릴 적 고향 사람들과의 인연이 생기거나, 집안 가문에 관계된 일들이 긍정적 부정적으로 현실에서 일어난다. 요컨대 개인 사주에서 연주는 시간 공간상으로 멀고 간접적이면서 전체적 범주이기 때문에 일간인 나 개인에게 직접적인 영향력은 작지만, 연주를 끌어오는 인자가 내 사주에 있거나 대운 세운에서 올 때는 연주에 관계된 사건이 발생한다.

② 지구의 공전과 월주(月柱)의 중요성

월주는 개인의 운명을 살피는 사주명리에서 매우 중요한 의미를 갖는다. 우선 천체물리학적인 이유를 살펴보자.

지구가 태양을 중심으로 12개월간 공전하는 동안 태어날 때 특정한 월의 시공간 에너지 좌표가 정해졌고 특정한 환경이 주어진 것이다. 만약 내가 만물이 소생하는 계절인 3월에 태어났다면 그 시공간 환경은 온도와 습도가 상승하고 만물이 성장하기에 좋은 에너지 조건인 것이다. 또한 월주는 지구 주위를 돌고 있는 달의 영향력과도 관계한다. 즉 달은 29.5일 주기로 지구 주위를 공전하는데 이때 생기는 지구와 달과의 상호 중력 작용으로 인해 지구 생명체들에게 큰 영향을 주게 되며, 바다에서는 조수간만의 차가 발생하게 된다. 이와 같이 월주의 에너지 조건은 태양-지구-달의 공전 자전 운동과 중력 작용에 의한 것이며, 인간을 비롯한 지구 생명체의 활동성과 직접적인 관계가 있다.

그러면 실제 사주명리에서 월주를 어떻게 해석하는지 살펴보자. 월주는 개인이 태어난 월을 표시하는 에너지 부호로서 월간(月干)과 월지(月支)의 기둥 조합이다. 먼저 월간은 연간의 시공간 영역 속에 포함된 하위 개념이다. 연간의 우주 에너지 파동 영역 안에서 월간은 내가 속한 월의 환경을 지배하는 에너지 파동이다. 월간의 에너지는 직접적인 나의 사회적 환경 조건에 대한 정보를 알려주며 연간의 에너지와 상호작용을 통해서 나의 사회적, 직업적 활동성을 결정한다. 또한 일간을 상생 혹은 상극함으로써 일간의 왕쇠강약(旺衰强弱)에 따라 긍정적 또는 부정적으로 작용한다.

다음 사주의 예를 들어서 설명해 보자.

사주 예) 1977년 3월 18일, 10시 생

	시주	일주	월주	연주
천간	己	甲	癸	丁
지지	巳	戌	卯	巳
	시주	일주	월주	연주

위 사주에서 월간은 계수(癸水)이고 일간은 갑목(甲木)이다. 월간의 환경은 비, 수증기와 같은 계수 때문에 만물을 키우는 적절한 습도가 주어졌고, 일간인 갑목의 성장을 잘 돕는다. 그런데 연간의 정화와는 상극의 관계로서 서로

반대 기운을 갖고 있다. 그러나 일간인 갑목을 기준해서 보면 癸-甲으로 수생목을 받고 甲-丁으로 목생화해서 전문성을 갖고 활발한 사회활동을 할 수 있다.

좀 더 구체적으로 명리의 꽃이라 불리우는 십신(十神)의 관계를 통하여 보다 실질적인 의미 해석을 해 보자. 갑목인 나에게 계수는 정인이라 하는데, 나를 어머니처럼 끝없이 상생해 주고 도와주는 사회적 환경을 가졌다는 의미이다. 또한 연간의 정화는 갑목에게 상관이라 하는데 나의 외부에 대한 표현 능력 및 언어 능력이 뛰어남을 말한다. 이 사주에서 연간과 월간의 에너지가 비록 상극하고 있으나, 일간인 갑목 기준으로 볼 때 연간의 정화 상관을 월간의 계수 정인이 잘 다스리고 적절한 극을 통해서 통제하고 있기 때문에, 개인 삶으로 볼 때 매우 적극적으로 사회 활동을 잘 할 수 있는 사주다.

이제 월지에 대해 알아보자.

월지는 내가 태어날 때 구체적으로 주어진 시간 공간의 물질적 환경이다. 개인적으로는 부모 형제 배우자를 포함한 가정 환경이며 내가 살고 있는 구체적 삶의 터전인 거주공간을 의미한다. 사회적으로는 내가 사회 활동을 하는 모든 영역을 말하며, 지역 학교 회사 등 사회적 환경이나 직업적 조직을 말한다. 연지가 좀 더 포괄적인 시공간 개념이라면 월지는 나에게 가장 가깝게 있는 구체적인 삶의 환경이 되는 것이다. 그래서 월지는 사회적 직업 활동을 분석할 때 가장 중요한 기준이 된다.

요컨대 월간과 비교하자면 월지는 지구, 땅이라는 실제적 물질세계에서의 환경 조건이다. 무형의 에너지 상태가 아니라 육체나 물질이 실제로 존재하는 현실적 시공간이기 때문에 천간의 마음이나 정신적 에너지가 구체적으로 땅에서 실현되는 곳이다.

이와 같이 월지는 환경으로서의 중요성 뿐만 아니라 나의 타고난 적성과 능력이 잠재되어 있으며, 평생 동안 내가 해야 할 일이나 임무가 내재되어 있다는 사실에 더욱 주목해야 한다.

이것은 월지의 지장간 속에 들어있는 에너지 특성으로 알 수 있는데, 이를 명리 용어로 용신(用神) 또는 월령용사지신(月令用事之神)이라 부른다. 월지의 지장간(地藏刊)에는 천간의 에너지가 3개 있는데, 이것은 내가 살고 있는 자연 물질계의 시공간에서 실제적인 입자, 물질, 현상으로 발현되어 나타난다. 또한 월지 지장간은 어떤 천간의 에너지가 내 환경속에서 흐르고 있는지도 알 수 있게 한다.

예를 들어 양력 2월생인 寅月에 태어난 사람이 있다고 하자. 寅이라는 지지의 지장간에는 戊, 丙, 甲이라는 세 개의 천간 에너지가 들어 있다. 戊土는 초기 에너지로서 봄에 새롭게 시작하는 丙과 甲의 기운을 조절하는 작용을 한다. 丙火는 중기라 부르며 봄이라는 시작점에서 木을 키우기 위해 새롭게 탄생한 미래의 에너지이다. 甲木은 본기로서 땅을 뚫고 나오는 수직 상승의 에너지이며 우리가 사는 자연 물질계에서 보면 겨울 동안 땅속에서 튼튼한 뿌리를 키운 나무가 땅 위로 솟아오르는 기운을 말한다.

이와 같이 월지 지장간 속에 들어있는 3개 용신의 기본 에너지 특성과 다른 오행들과의 배합을 통하여 그 사람의 자질, 적성, 타고난 직업적 능력 등을 파악할 수 있다. 이 부분은 최근 30년 동안 명리 학계에서 많은 임상을 통한 실증적 사례로 연구되어져서 청소년과 장년 층의 진로 및 직업적성 파악에 도움을 주고 있다.

이 책 5장에서는 태어난 월별로 월지 지장간의 에너지 특성과 천간으로 투간된 용신 배합을 통해 개인의 적성 및 직업 능력에 대하여 자세하게 설명하였다.

③ 지구의 자전과 일주(日柱)인 나의 중요성

일주는 자신이 태어난 날의 시간 공간적 에너지 좌표이고, 일간과 일지 조합의 기둥이다. 연주와 월주가 지구의 공전운동에 의한 에너지 좌표였다면, 일주와 시주는 지구의 자전운동에 의해 특정 날짜, 특정 시간의 에너지 좌표가 정해진 것이다. 따라서 년, 월이 나를 둘러싼 커다란 사회적 환경을 의미한다면 일주는 특정한 에너지 조건을 가진 개인적인 나를 말한다. 천간에 있는 일간은 나의 정신 의지이며 지지에 있는 일지는 나의 육체나 행동 성향을 의미한다. 즉 일주는 지구의 자전운동에 따른 1일 동안의 특정한 에너지 조건이기 때문에 개별적 특성을 나타내며 유일한 주체자로서의 나를 뜻한다.

천체물리학적으로 부연 설명하자면, 일주인 나는 가만히 정지해 있는 게 아니라 지구의 자전운동과 함께 매일 회전운동을 한다. 나라는 개체는 지구라는 큰 몸통에 붙어있는 세포와 같고 지구와 등속운동을 하기 때문에 느끼지 못할 뿐이다. 이러한 이유로 인간의 몸은 지구의 자전주기와 같은 진동수를 갖게 되며 매일 주파수 공진이 일어난다. 다시 말해서 나를 표시하는 일주는 지구와 똑같이 매일 우주 자연과 에너지 상호작용이 일어난다는 뜻이다.

지구의 자전과 나의 밀접한 연관성은 수리생물학 분야의 생체시계 연구를 통해서도 알 수 있다.

"우리 몸은 24시간을 주기로 끊임없이 변화하는데 뇌 속에 주기 시계(Circadian

Clock)가 있어서 하루 동안 활동성과 비활동성의 반복적인 생화학적 리듬 주기를 갖게 된다. 이것을 활동 일주기 또는 일주율(Circadian Rhythm)이라고 한다."

- 위키 백과

이런 현상은 지구의 자전운동과 함께 동일한 진동수를 갖는 인간의 주파수 공진 때문인 것이다.

그러면 실제 사주 간명에서 일주는 어떻게 해석하는가?

일주는 그 사주의 주인과도 같다. 특히 천간에 있는 일간은 다른 일곱 글자들과 상호 관계의 중심에서 상생상극의 기준점이 된다. 따라서 일간이 뿌리(根)가 있고 인성의 생조를 받아 튼튼해야 기본적으로 활동성도 좋고 실천력이 있는 사람으로 판단한다.

앞서도 언급했듯이 지지에 있는 일지는 나의 신체나 육체를 말하지만, 배우자 궁으로서 가정사를 보거나 배우자와의 관계, 궁합을 볼 때 중요한 부분이다. 여자의 사주에서 일지에 정재나 정관이 있으면 경제적으로 안정적이며 성실하고 바른 남편을 얻을 수 있다. 남자 사주에서도 일지에 정재가 있으면 꼼꼼하게 살림 잘하고 내조를 잘하는 부인을 얻는다. 또한 정인 편인 같은 인성이 있으면 어머니와 같이 잘 보살펴주는 아내를 얻을 수 있다. 결국 일지는 내 개인적 영역이며 일간인 나의 마음이나 의지가 어떻게 일지의 행동 특성으로 나타나는가를 판단하는 게 중요하다.

또 다른 일지의 해석으로는 인복이나 인간관계를 본다. 일지가 월지나 연지와 삼합 방합으로 연결되면 인복이 좋다고 판단하며, 다양한 인간관계를 맺어서 도움을 받을 수 있다. 그러나 다른 지지글자들과 충 형이 되거나, 운에서 충 형 원진 등이 오면, 인간관계의 변화나 이별 또는 조정할 일이 발생한다.

④ 지구의 자전과 시주(時柱)의 이해

시주는 자신이 태어난 날을 12마디의 시간으로 구분하여 천간의 시간(時干)과 지지의 시지(時支)로 조합을 이룬다. 이는 우리가 일상에서 사용하는 24시간이 아니다. 하루를 2시간 단위로 나누어 자시를 밤 11시 30분부터 1시 30분까지로 하여 해시까지 12단위의 시간으로 분류했다. 앞서 밝혔듯이 일주에 포함된 시주는 지구의 자전운동에 따른 에너지 변화 정보를 2시간마다 시공간적 좌표로 나타낸 부호이다. 따라서 시주는 일주라는 개인적 시공간 범위의 1/12에 해당하는 부분적 영역에 해당한다. 실제로 일주가 나의 마음과 몸 전체를 의미한다고 할 때, 시주는 나의 손이나 발, 팔다리 머리 등의 일부분을 말한다. 따라서 나로부터 생겨난 자식을 의미하기도 한다. 실제 사주 해석에서 나와 자식과의 관계를 살필 때 일주와 시주의 동태를 보고 파악한다.

예를 들어 일지와 시지가 방합이나 삼합 등의 합으로 되어 있으면 말년까지 자식과 좋은 관계를 유지할 수 있으며, 서로의 일에 긍정적으로 관여하게 된다. 또한 시지와 일지의 관계를 통하여 일지를 상징하는 배우자나 한 가족의 모습도 볼 수 있다. 만약 일지와 시지가 충이나 형 파 등으로 연결되어 있으면 대운 세운이 와서 에너지가 커질 때, 갈등과 조정 조절할 일이 생긴다. 한편 시간(時干)은 내가 추구하는 정신적인 지향점이나 가치관을 나타내는 에너지로서 중요한 의미를 지닌다.

현대 사회에서는 평균 수명이 점차 늘어나면서 시주의 중요성이 더욱 강조되고 있다. 왜냐하면 시주가 자식궁인 동시에 시간적으로는 미래 말년을 뜻하기 때문이다.

요약하자면 연주는 혈통이나 가문의 뿌리와 같으며 먼 과거와 국가 세계와 같은 넓은 공간을 의미하고, 월주는 부모 형제와 같은 가까운 과거와 나의 직접적인 가정 환경이나 사회적 환경을 뜻한다. 그리고 일주는 현재의 시간이고 나와 배우자를 중심으로 형성된 소가족이며, 사주는 미래의 시간이고 자식을 의미하는 것이다.

보통 연주, 월주, 일주, 시주가 삶에 미치는 작용력이나 영향력의 시기를 판단할 때, 60갑자를 한 사이클로 보고 15년씩 구분한다. 즉 초년, 청년, 중년, 말년을 각각 15세, 30세, 45세, 60세를 기준점으로 해서 본다. 이 네 단계 중에서 30세 이전의 시기는 연주, 월주의 영향력을 크게 받는다. 따라서 이때는 집안 가문이나 부모님의 배경, 선천적 유전 요인 등 내부적 환경 조건이 내 삶을 결정하게 된다. 그러나 30세 이후부터는 주체적인 나에 해당하는 일주가 나의 삶을 전적으로 이끌고 책임지고 운용해 나가는 시기가 된다. 이때는 대체적으로 결혼해서 독립된 가정을 이루고 있는 시기이도 하다. 물론 개인의 사주에 따라 조금씩 차이가 있고 특히 대운이나 세운이 언제 와서 작용하는가에 따라 조금씩 다르게 나타난다.

그러면 시주의 영향력이 커지는 시기는 언제인가? 45세 이후 중노년 경이다. 이때는 고유한 '나'로서의 주관적인 가치관이 새롭게 형성되고 자신만의 자유로운 삶을 만들어가고자 하는 경향이 있다.

여기서 주목할 만한 사실은 45세 이후부터 60세 사이에는 모든 사주에서 여섯 번째 지지충(地支沖) 대운을 만나게 된다. 이것은 대운이 태어난 달을 기준점으로 하여 1개월마다 10년 주기로 바뀌므로, 일생 동안 12번의 대운을 만나게 되고 6번째 대운에 정반대 계절의 환경을 만나서 충을 하게 되는 것이다. 그래서 이 시기에 태어날 때와 정반대의 환경적 조건을 만나게 되면서 제2의 새로운 삶을 살게되는 경우가 많다. 물론 개인 사주에 따라서 가정적 사회적 변화의 정도가 다르고 부정적 혹은 긍정적 현상으로 다양하게 나타난다.

제4장

십천간의 에너지 특성 및 배합에 따른 직업적 의미

● 천간의 이해

천간의 오행은 각각 양과 음으로 나뉘어 열 개의 에너지가 있다. 甲 乙은 木의 양과 음이고, 丙 丁은 火의 양과 음이다. 戊 己는 土, 庚 辛은 金, 壬 癸는 水의 양과 음에너지 상태이다. 앞서 설명한 바와 같이 오행은 움직이는 기(氣)이며 현대물리학에서 밝혀낸 에너지 파동이다. 더 구체적으로는 고유진동수를 가진 열 개의 에너지 파동이 우주 자연에서 순환하고 있는 것이다. 각 오행의 고유 진동수는 온도와 습도 차이 때문에 생긴 에너지 특성으로 이해하면 된다.

이와 같은 열 개의 에너지 파동이 개인 사주의 연간, 월간, 일간, 시간이라는 시공간 좌표에서 어떤 특성이 있고, 인간 삶에서 어떻게 작용하는지를 살펴보자. 먼저 사주명리에서 천간의 오행은 인간의 마음, 의지, 성격을 나타낸다. 또한 에너지 파동이기 때문에 형체도 없고 수시로 변하며 볼 수도 없지만, 그 작용력은 모든 물질세계의 삼라만상을 만들어 내고 변화시킨다. 우주의 구성 비율로 보면 약 5%만이 우리가 사는 지지의 일반 물질이고, 나머지 밝혀지지 않은 95%가 천간의 에너지 파동 영역인 것이다.

앞서 아인슈타인이 밝힌 질량과 에너지의 비례관계, $E = mc^2$은 곧 천간의 에너지(E) 크기가 지지의 물질(m) 생성량을 결정짓는다는 사실을 증명해 준다.

이와 같이 사주에서 천간은 우주에 존재하는 거대한 기운인데, 고도의 정신 영역을 갖고 있는 인간만이 그 기운과 상호작용하는 능력이 있기 때문에, 두뇌를 활용하는 직업이나 광범위한 사회적 활동 능력으로 나타난다. 이러한 이유로 사주명리 통변을 할 때, 내가 속한 조직이나 사회에서 일의 성패 및 사회적 활동성은 천간의 글자를 살펴 판단한다. 또한 각 기운들이 어떤 상생상극의 배합을 이루어 삶의 현상으로 나타나는가를 분석함으로써 개인 삶의 다양한 사건들을 예측한다.

1. 갑(甲)

1) 에너지 특성

천간은 에너지 파동임을 누차 설명했지만 오행에 대한 독자의 이해를 쉽게 하기 위해서, 우리가 직접 볼 수 있는 자연의 물상에 비유해서 십천간을 설명하기로 한다. 또한 사주명리는 인간의 삶이 연구 대상이기 때문에, 자연의 상생상극 법칙을 인간 삶에 적용시켜 개인적, 직업적, 사회적 의미를 살펴보기로 한다.

甲의 에너지 특성은 수직적 상하 운동성이 강하다. 甲은 壬의 상생을 받아 겨울부터 아래로 하강 운동을 시작하여 뿌리를 튼튼히 하고, 봄이 되면 강한 수직적 상승 에너지로 변하여 땅 위로 뚫고 나오는 힘을 뜻한다. 천간 甲의 에너지는 입춘인 양력 2월 3일쯤 되면 지지에 내려와 자연 생명체를 싹트게 하고, 형체를 만들어 가며 수직적 성장 활동을 지속하게 한다.

이러한 천간의 甲 에너지가 실제 자연 물질계에서 생명체로서 나타난 모양은 지지의 寅이다. 甲과 寅의 차이는 천간 甲이 무형의 기운(氣)이라면, 지지 寅은 유형의 물질(質)이라는 점이다. 이것을 물리학적으로 이해하자면 아인슈타인이 설명한 에너지와 질량의 관계와 같고, 양자역학에서 관찰된 파동과 입자의 관계와 같다.

2) 개인 성격 및 성향

앞서 설명한 甲의 에너지 특성에 근거하여, 사주 천간에 甲이 있었을 때의 개인 성격과 성향에 대해 알아보자. 특히 사주 천간 네 글자 중에 甲이 일간 위치에 있을 때, 삶의 주체자로서 일간의 개인적 성향이 잘 나타난다.

기본적으로 甲 일간은 위로 상승하려는 의지가 강하게 내재되어 있으며, 타인과의 타협보다는 곧고 바른 마음으로 지속적인 자기 발전을 추구한다. 따라서 甲에 壬, 癸, 丙, 丁 등 水火가 잘 배합되면 대들보로 쓰이는 동량목(棟梁木)처럼 큰 인물이 될 수 있다. 또한 무언가를 새롭게 시작하려는 경향과 앞장서서 타인을 이끌어가는 리더의 기질이 있다. 다만 庚, 辛, 壬, 癸 등이 사주에 없을 경우, 직선적이고 융통성이 없는 것은 단점으로 지적될 수 있다.

한편 일간 甲의 마음이 현실적 특성으로 뚜렷하게 발현되려면 지지에 적합한 에너지 시공간이 있어야 한다. 예컨대 지지에 寅卯辰이라는 봄의 시공간이나 亥卯未라는 甲의 삼합 운동성을 지닌 시공간이 있다면, 일간의 의지대로 실천하는 행동력이 있고 실제 甲의 특성이 잘 드러난다.

3) 甲의 상생 상극 배합과 직업적 의미

모든 오행이 각각 본질적인 에너지 속성을 갖고 있지만 다른 오행들과의 상호 관계, 즉 배합을 살펴야 한다. 상생을 받는지, 상극을 받는지, 또는 다른 오행을 상생해 주는지, 다른 오행을 상극해서 제화하는지를 봐야 한다. 사주명리에서 상생의 의미는 때에 맞게 개인 실력을 준비해서 직업적 사회활동을 할 수 있다는 뜻이다. 그리고 상극의 의미는 사회에서 경쟁과 검증 과정을 거치는 것으로 개인의 경쟁력을 보는 것이다.

그러면 이제부터 甲木이 갖추어야 할 상생의 배합을 보면서 그 의미를 알아보자.

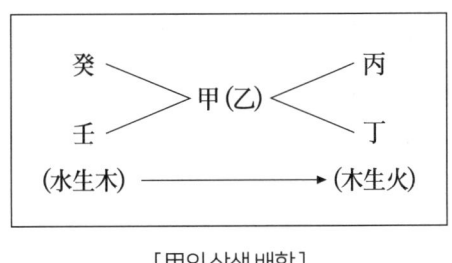

[甲의 상생 배합]

앞의 그림은 甲의 상생관계를 나타낸 것이다. 만약 사주 천간 네 글자가 고르게 위 배합을 갖추었다면, 사회적 직업 활동을 위한 재능과 능력을 잘 준비하고 활용할 수 있게 된다.

甲 기준에서 중요한 상생 조건은 우선 수생목을 받는 것이다. 壬癸 水는 甲이라는 생명체를 낳게 하고 성장시키는 생명수와 같다. 인간사로 비유할 때 어머니와 같은 존재가 있는 것이며, 지식과 지혜를 잘 갖춘 사람임을 뜻한다.

그런데 사주명리에서 壬-甲의 상생과 癸-甲의 상생은 그 의미가 다르게 해석된다. 壬-甲은 양-양의 상생관계로 포괄적이며 광범위한 상생 작용이고, 甲의 뿌리를 근본적으로 튼튼하게 해주는 역할을 한다. 壬-甲을 지식체계 관점에서 해석하면 壬은 외부에서 유입된 학문으로써 사회에서 유용하게 활용될 수 있는 과학기술, 금융, 경제학, 무역학 등의 공부를 말한다. 이와 같이 수생목 배합이 잘 될 경우, 甲의 에너지 특성상 절대적인 실력을 갖추게 되며 공적 사적인 자격증을 얻을 수 있는 능력을 갖춘다.

한편 癸-甲의 수생목은 음-양의 상생관계이다. 모든 자연법칙에서 음-양의 관계는 양-양, 음-음 보다 더 안정적으로 균형 있게 상생상극한다. 자연현상에 비유할 때 癸水는 壬水의 차가운 얼음 물이 따뜻한 온기를 얻어서 수증기가 된 상태이다. 따라서 癸는 甲의 줄기가 위로 크게 성장할 수 있도록 생명수로서의 작용을 하게 된다.

인간 삶 속에서 癸는 감성, 지혜, 도덕심을 나타내며 인간 중심의 깊은 내면적 사상과 지식을 뜻한다. 따라서 癸-甲이 사주에 있다면 고유한 인문학적 지식 체계를 갖추게 된다. 철학, 문학, 도덕, 역사, 종교 등 전통적 학문이나 내면세계를 중시하는 학문적 자질과 자격을 갖출 수 있다. 그러나 癸-甲의 지식이 직업적으로 사회에서 잘 활용되려면 지지라는 물질 공간에 뿌리가 있어서 적합한 환경조건을 갖추어야 한다. 태어난 달이 해, 자, 축, 인, 묘, 진월이면 실천 능력이 있고, 천간에 丙, 丁 같은 火 에너지가 있다면 잘 활용될 수 있다.

다음으로 甲-丙과 甲-丁의 목생화 의미를 살펴보자. 壬-甲과 癸-甲의 수생목으로 잘 준비된 지식을 사회에 나가 잘 활용하려면 甲-丙, 甲-丁의 목생화가 되어야 한다. 甲-丙의 관계는 丙이라는 온난한 빛에너지가 甲을 바르게 성장할 수 있게 하는 것이다. 이것을 인간사에 적용하면, 丙이라는 사회 조직에서 甲이라는 일간이 우수한 개인적 실력을 발휘하여 사회적 지위와 권한을 얻을 수 있음을 의미한다. 또한 신분적 상승과 귀함을 추구하는 성향으로 나타난다.

한편 甲-丁의 관계는 丁이라는 열에너지가 甲을 태우고 가공하여 새로운 물건을 만들어내는 것이다. 이때 甲은 생명체로서의 성장을 다 마친 후, 열에너지로 건조되어 인간에게 필요한 물건으로 거듭나는 것이다. 실제로 나무를 말려서 종이나 화폐, 가구 등을 제작하는 과정과 같다. 요컨대 甲-丁이 사주의 천간이 있는 사람은 사물의 본질을 탐구하고 응용하여 인간에게 유용한 물건을 생산할 수 있는 과학기술 계통의 전문가가 될 수 있다. 여기에 庚-辛 있으면 성공적인 결과를 얻어 책임자나 운영자가 될 수 있다.

甲-乙의 조합은 木이라는 하나의 오행이 둘로 나누어진 것으로 양-음의 짝이다. 甲은 시작하고 상승하려는 양의 에너지가 강하며, 乙은 확장하고 마무리해서 물질로 만드는 음의 에너지 특성을 갖는다. 乙에게 甲은 근원적이며 본질적 기운이므로, 만약 사주 천간에서 배합을 이루면 항상 든든하게 보호받을 수 있고 의지할 사람이 있다는 뜻이다. 반대로 甲 기준에서는 乙이 경쟁자로서 때로는 불편한 존재일 수 있다. 이것을 명리에서 비유적 표현으로 등라계갑(藤羅繫甲)이라 하는데 등나무 덩굴인 乙이 甲에 의존하여 타고 올라간다는 의미이다.

둘째로, 甲의 상극 배합에 대해 알아보자.

우선 상극은 어떤 의미이며 왜 필요한 것인지를 생각해 보자. 자연의 순환 원리를 큰 틀에서 보면 음양의 상생과 상극 관계라 볼 수 있다. 음이 커지면 양이 생겨나서 균형을 이루고, 반대로 양이 극에 달하면 음의 기운이 생겨 균형과 대칭을 이룬다. 우리가 매일 겪는 밤과 낮의 변화가 바로 음양의 상호작용 현상으로 볼 수 있다.

만약에 일 년 내내 양의 기운으로 낮과 여름만 계속된다면 모든 생명체가 지속될 수 있을까? 음의 기운으로 밤과 겨울이라는 시간이 있어야 새로운 양의 기운이 생겨서 생명의 순환이 이루어진다.

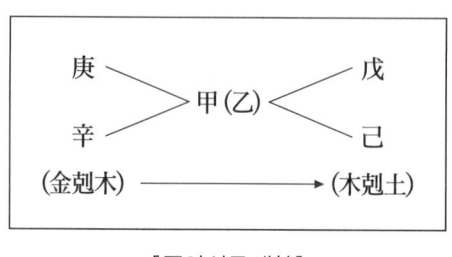

[甲의 상극 배합]

음양종시(陰陽終始)는 음이 끝나면 양이 되고 양이 극에 달하면 음이 시작된다는 이치인데, 큰 틀에서 우주 자연의 음양 상생상극 원리로 보면 될 것이다. 마찬가지로 오행에서는 甲이라는 木 생명체가 水나 火의 상생 기운만 받아 끝없이 성장만 한다면 자연의 대칭성과 균형은 깨지게 된다. 따라서 제어한다는 의미의 상극은 필수적 과정이라 볼 수 있겠다.

그러면 庚-甲과 辛-甲이라는 '금극목'은 어떤 의미일까?

甲의 기준으로 보면 상극을 당하는 것이다. 우리가 생각하기에 상극은 무조건 힘든 것이며 나쁜 의미로 받아들인다. 그러나 자연의 순환에서 보면 지극히 당연한 것이다. 丙의 따뜻한 기운으로 충분히 위로 성장한 甲이 더 이상 자라지 않고 쓸모 있는 재목이 되려면 가지치기를 해야만 한 단계 업그레이드가 된다. 이러한 과정을 명리 용어로 庚-甲은 '벽갑'이라 하고, 辛-甲은 '벽조'라고 한다. 벽갑은 큰 나무줄기를 잘라 외관상 바른 모양을 갖추게 하는 것이고, 벽조는 불필요한 세세한 가지들을 잘라내어 내부적인 변화를 만든다는 의미이다. 금극목이 인간에게 긍정적으로 작용한 경우에 생각, 사상, 의식의 변화와 함께 행동, 표정의 변화까지 생긴다.

그러면 이러한 개인적 변화 외에 사회적으로는 어떤 일이 생길까? 만약 사주에 甲과 庚辛이 있는데 대운이나 세운에서 庚辛이 와서 그 에너지가 커지면 경쟁과 검증을 받는 때가 온 것이다. 즉 시험을 봐서 검증을 받거나, 국가로부터 그동안 쌓아온 재산에 대해 세무 조사를 받을 수 있다. 이때 사주에 丙이나 丁 등의 火가 있으면 '화극금'으로 庚辛을 적절하게 조절할 능력이 있으므로 시험에서 합격하거나 경쟁에서 이겨서 더 높은 지위나 신분으로 업그레이드된다. 즉 상생을 통해 준비를 착실하게 잘 해온 경우에 상극은 위기를 기회로 바꾸어 더 좋은 결과를 낳게 된다. 반대로 水나 火가 없어서 상생을 하지 않았다면 좋은 결과를 얻기 어려우며 힘들고 고통의 시간이 되기도 한다. 이것은 봄에 씨를 뿌리고 가꾸어야 가을에 결실을 얻는다는 단순한 인과법칙과 같은 것이다.

다음은 甲-戊와 甲-己라는 '목극토'에 대해 알아보자. 명리 용어로 목극토는 소토라 하여 땅속에 있던 생명체의 씨앗이 봄에 밖으로 잘 나오고 땅속의 뿌리가 튼튼하게 자랄 수 있도록 땅을 일구고 고르게 한다는 의미다. 甲-戊의 목극토는 戊土가 딱딱하고 메마른 큰 산에 비유되므로, 甲이 땅속 깊은 곳까지 뿌리를 내리기 힘든 것으로 해석한다. 반면에 甲-己의 관계는 서로 극하는 것 같지만 양-음의 관계이므로, 甲-己합 작용으로 甲이 己土라는 윤택한 옥토에서 잘 뿌리내리고 땅 밖으로 나올 수 있는 좋은 환경을 만난 것이 된다.

목극토를 인간사에 적용하면 자기계발 과정으로 본다. 즉 자신의 재능이나 자질을 잘 계발하여 발전해가는 과정이다. 그러나 사주에서 甲-戊의 목극토가 있는 사람이 공부를 할 경우 시간이 오래 걸리고 잘 활용할 수 없는 힘겨움이 따른다. 이는 甲이 거대하고 건조한 戊土를 소토하기 어렵기 때문이다. 따라서 이런 경우에는 자신의 환경에 맞는 생존 방법을 찾아 의식주와 관련된 기술직을 선택한다. 요식업, 건설업 등의 직업으로 자신의 능력을 펼칠 수 있다.

한편 甲-己의 목극토는 지식 습득을 하기에 매우 적절한 己土의 환경을 만난 것이니, 말과 글로 잘 표현할 수 있는 지적 능력을 갖추게 된다. 따라서 육체적인 기술직이나 노동 직업이 아닌 지식 체계를 활용하는 정신적 직업을 갖게 된다. 예를 들어 작가, 교수, 또는 멘토 역할을 하는 상담사로 활동할 수 있다.

甲-己합은 중요한 천간 오합중의 하나로서, 인간관계에서 새로운 감정적 끌림이나 만남의 기회를 의미한다. 기본적으로 180도 반대의 음-양합으로 남녀 간의 호감이 생기게 된다. 또한 甲의 지식적 의미와 己의 적합한 공간적 의미가 합해져서 배움의 관계인 학생과 스승 및 수행자와 종교인의 만남도 이에 해당된다. 이러한 좋은 감정이나 기회가 현실적으로 발생되려면 사주 지지에 寅木, 卯木과 未土, 丑土라는 적절한 물질 시공간이 있어야 한다.

4) 甲의 요약

지금까지 천간 오행 중 木의 양간인 甲의 특성과 상생상극 관계를 살펴보았다. 그러면 甲 에너지의 핵심 키워드를 정리해 보자.

① 핵심 키워드

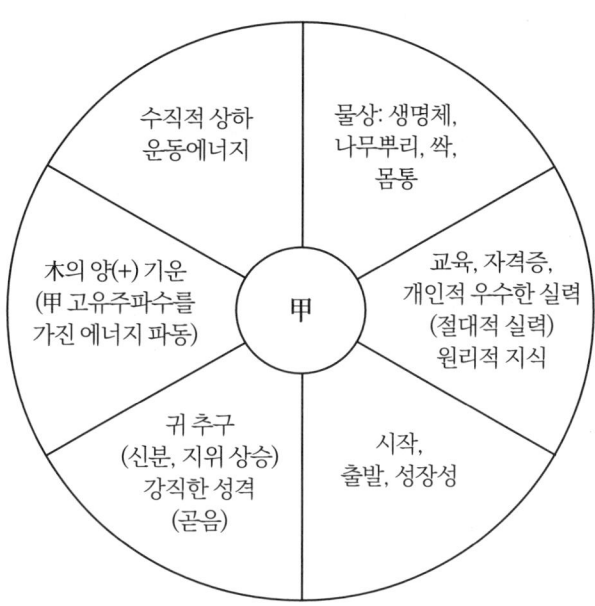

② 甲의 상생상극 배합과 직업적 의미

甲을 기준으로 한 오행 배합을 보면 상생 관계는 水生木生火이며 상극 관계는 金剋木剋土이다. 아래의 상생상극의 배합을 통해서 개인의 사회적 직업 유형을 살펴보자.

● 배합 A: 癸 - 甲 - 丙 - 戊 (己) - 庚

癸-甲으로 자신의 절대적 실력과 자격증을 갖추고 丙-戊-庚으로 사회 조직 안에서 운영자, 관리자가 될 수 있다.

- 배합B: 壬 - 甲 - 丁 - 己(戊) - 辛

甲-丁-己의 기술적 능력과 우수한 전문적 연구 능력으로 연구직 최고 책임자나 교수가 될 수 있다. 또한 辛-壬 배합까지 갖추면 완성된 물건을 판매, 관리하는 전문 경영인의 자질을 갖춘다.

위와 같은 오행 배합은 가장 이상적인 선배합으로서 개인 사주에서 모두 갖추기 어렵다. 2자 조합, 3자 조합만으로도 그에 맞는 삶을 살아간다. 또한 甲 일간 기준에서 지지에 根과 같은 물질 공간이 있을 때 현실적으로 발현된다. 예를 들어 甲은 寅卯辰이라는 봄의 시공간이나, 亥卯未라는 삼합이 있어서 甲과 에너지 운동성이 같은 시공간이 있을 때 실제 현상으로 나타난다.

2. 을(乙)

1) 에너지 특성

乙의 에너지 특성은 '수평적 좌우 확산 운동성'을 지닌다. 甲의 수직적 상하운동성과 대조적이다. 이 두 에너지 파동은 木이라는 같은 오행이지만 대조적이며 상보적 음양의 속성을 지녔다. 이해를 돕기 위해 그림으로 알아보자.

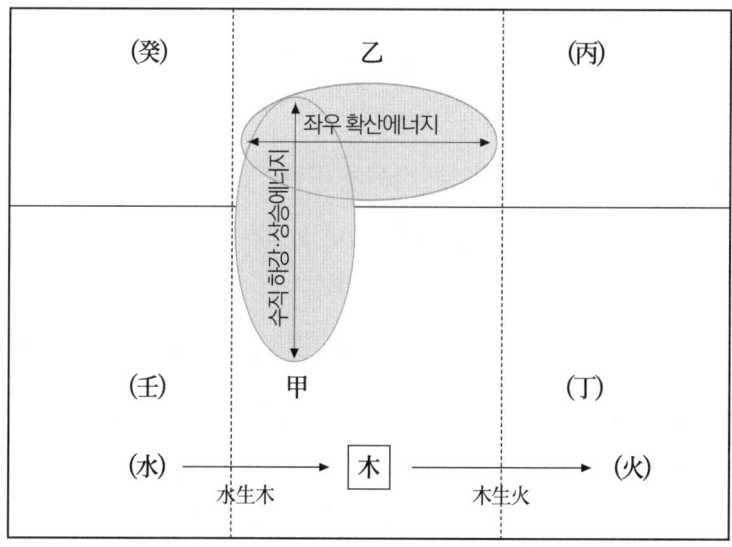

앞 그림에서 보듯이 乙 에너지는 양 기운인 甲 에너지로부터 발생한 음의 기운이다. 지구의 자연 물질계에서 볼 때, 입춘쯤에 땅을 뚫고 나온 甲의 줄기가 따뜻한 춘분(양력 3월 22일)이 되면 양옆으로 가지와 잎을 확장시키는 모양이다. 이러한 乙木 에너지가 지지에서 물질적으로 나타나면 卯木이라 하며, 양력 3월인 卯月에 형상을 갖추고 좌우로 확장한다. 모든 자연 물질계의 현상은 이와 같이 천간의 기운, 즉 에너지 파동의 변화로 발생하는 것이다. 물리학적 용어로 '고유 에너지 진동수(주파수)의 변화' 때문으로 보면 될 것이다.

2) 개인 성격 및 의지

사주 네 기둥은 천간과 지지로 짝을 이루고 있는데 천간의 기운은 인간의 마음, 의지, 성격을 나타낸다. 앞에서 乙의 운동에너지 특성은 수평적 좌우 확산성이라고 했다. 이러한 기본 에너지 특성에서 乙 일간의 개인적 성격과 사회적 인간관계를 유추하고 설명할 수 있다. 乙이 일간 위치가 아니고 월간, 시간에 있을 때도 비슷한 경향을 보인다.

乙이 사주 천간에 있는 사람은 나뭇가지처럼 부드럽고 섬세한 성격으로, 타인을 잘 배려하고 융통성 있게 행동하며 폭넓은 인간관계를 만들어 간다. 또한 사람을 중시하고 설득력도 있어 주변인들과 소통을 잘하고 인맥 쌓기를 잘 하는 장점을 갖는다. 그러나 천간에 乙이 두 개 이상이거나 지지에 卯가 두 개 있으면 대인관계에서 많은 스트레스를 받고, 경쟁 스트레스로 인해 마음의 상처나 우울감에 빠질 수도 있다.

乙이 음간이기 때문에, 연약한 면이 있고 예민함이 단점으로 작용하지만,

사주에 버팀목과 보호자가 되어줄 양간 甲이 있거나, 자신을 잘 키워줄 丙이 있으면 잘 극복할 수 있다. 이러한 乙은 항상 수평적으로 확장하려는 에너지 특성이 있기 때문에 지위보다는 재물을 선호하여 부를 추구하려는 경향이 있다. 이러한 성향이 실제 행동으로 잘 나타나려면 지지에 寅卯辰이나 巳午未의 시공간이 있어야 한다.

3) 乙의 상생상극 배합과 직업적 의미

앞에서도 설명했듯이 각각의 오행은 고유의 에너지 특성을 갖고 있지만, 실제 사주에서는 다른 오행 에너지와의 상생상극을 통해서 다양한 현상으로 나타난다. 이들 관계를 배합 또는 조합이라 지칭하며, 2자 조합, 3자 조합, 4자 조합, 5자 조합에 따라 더 구체적이고 실질적인 의미 해석이 가능하다.

그러면 우선 乙의 상생관계를 통한 개인적, 직업적, 사회적 활동성을 살펴보자.

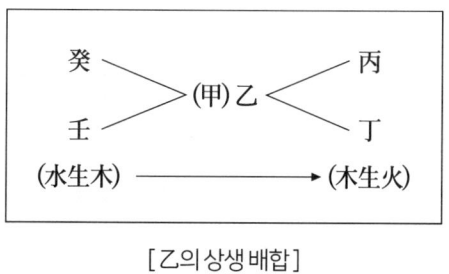

[乙의 상생 배합]

乙 일간이 사주에서 수생목 목생화의 상생을 잘하고 있으면 그 사람은 꾸

준한 준비 능력을 갖추고 때에 맞는 성장을 해 나가는 것이다. 때에 맞게 적절한 재능도 만들고 실력도 쌓아서 자신의 생존 능력을 키우며 가치를 상승시킬 수 있는 사람이다.

그러면 먼저 癸-乙의 수생목 의미를 살펴보자.

수생목은 본래 인성과 지식을 배우고 익히는 과정을 말한다. 癸-甲이 인간 본성에 근거한 도덕, 감성, 인성 교육으로써 절대적 실력을 쌓는 거라면, 癸-乙은 인간관계를 위한 설득과 소통의 수단으로 실용적 지식을 쌓는다. 직장에서는 타인과의 경쟁에서 이기기 위한 활용적 지식과 상대적 지식을 갖춤으로써 나의 활동 영역을 넓혀간다.

자연 현상에서는 초목에 생명수를 공급해 주는 모습과 같다. 즉 비나 수증기인 癸水가 나뭇가지나 꽃을 의미하는 乙木을 상생하는 것이므로 乙木에게 癸水는 필수적 요소라 할 수 있다.

그러면 壬-乙의 수생목은 어떤 의미일까?

자연현상으로 비춰볼 때 乙木이 차가운 바닷물과 같은 壬水에 부류되는 모습이며, 현실에서 부정적 현상으로 나타날 수 있다. 그러나 戊土가 있어서 물을 막아서 잘 조절한다면 乙木이 보호되며, 壬水가 용수로 쓰여 유용하게 상생할 수 있다.

사주에서 壬-乙의 수생목으로 학습 과정을 설명해 보면, 壬은 외부에서 들어온 실용적 학문을 뜻하고 乙은 타인과의 소통을 위한 활용적 지식이니, 현실 속에서 잘 쓰일 수 있는 실용적인 배움을 뜻한다. 요컨대 乙이 壬癸의 상생을 받는다는 것은 사회생활과 인간관계를 위해 배우고 익히는 학습과정을 뜻하며, 이러한 지적 준비과정을 통해 자신의 역량을 펼칠 수 있게 된다.

다음으로 乙-丙과 乙-丁의 목생화를 살펴보자.

乙木이 壬癸 水의 생을 받아서 지식과 실력을 잘 갖추었다면, 사회의 조직 속에서 소통력을 발휘하고 인간관계를 넓혀 자신의 지위와 신분을 높여나가기 위해서는 乙-丙의 상생이 필요하다. 丙은 사회조직을 의미하므로 乙이 능력 발휘를 잘할 수 있는 좋은 환경을 만난 것이다. 乙에게 丙이 있으면 자신의 재능을 잘 만들어 사회적 조직 속에서 충실히 역할을 수행할 수 있다. 庚까지 배합되면 자신의 가치를 더욱 높여 관리자까지 될 수 있다. 만약 乙 일간이 乙-丙-庚 배합을 갖추면 일생 동안 부와 귀를 갖고 살 수 있다.

그러면 乙-丁의 상생은 어떤 의미인가?

丙은 온난한 빛에너지로서 乙을 키워주고 성장시키는 역할을 하지만, 丁은 열에너지로서 乙을 말리고 태워서 庚이라는 결실을 만들려고 한다. 따라서 乙이 丁을 상생하는 것은, 자신이 과거에 쌓은 경험과 경력을 토대로 하여 丁의 과학적 지식과 기술적 능력을 이용하여 庚이라는 결과를 얻으려 하는 것이다.

사주에서 乙-丁이 있는 사람은 물질의 본질에 대한 탐구 및 실용적 기술을 바탕으로 하여 자신의 경험적 능력을 잘 발휘할 수 있다. 庚辛까지 있다면 결과나 성과를 얻는다.

다음은 乙의 상극 배합에 대하여 알아보자.

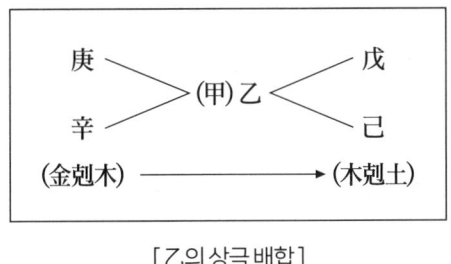

[乙의 상극 배합]

상극이란 자연의 순환원리에서 균형과 조화를 맞추기 위한 자연스러운 과정이라 하였다. 인간사에서도 상극은 무조건 나쁜 것이 아니며 나에게 경쟁할 상대가 생겼고 검증받을 때가 왔다는 의미다. 만약 내가 경쟁과 검증에서 이기려면 반드시 철저한 준비 과정, 즉 상생의 과정이 있어야 한다. 예를 들어 乙이 辛의 극을 받는 상황이 될 때, 壬癸 水의 상생을 받고 있거나 丙丁 火를 상생하고 있었다면 위기가 기회가 되어 물질적 소유, 취직, 합격, 승진 등 신분 상승이 가능하게 된다.

乙-庚의 금극목은 음-양적으로는 합의 관계이기 때문에 현실적인 어려움이 생기지 않으며, 오히려 乙에게는 안전한 조직이 있어 실질적 혜택을 받을 수 있다는 의미다. 조직 안에서 윗사람의 보호와 인정을 받고 신분 상승도 가능하다. 만약 丙丁이라는 火가 있으면 확실한 성과를 통해 물질적 풍요를 누릴 수 있다.

乙-辛의 금극목은 음-음의 상극 관계이기 때문에 아픔과 힘겨움이 따른다. 자연현상으로 볼 때 나무가 가지치기를 당하는 것과 같은 모습이다. 그러나 인간사에서 볼 때는 불필요한 것들과 비실용적인 것들을 제거하고, 구조조정을 통하여 몸통을 살리려는 노력의 과정이다. 사주의 다른 오행 중에 壬癸 水나 丙丁 火가 있으면 잘 극복하여 살아남게 되며, 나아가 구조조정의 전문가가 될 수도 있다.

사주명리는 이와 같이 어려움이 있을 때 어떻게 극복할 수 있는가의 방법을 연구하고 알려주는 것이며, 이러한 병에 대한 치료의 약 처방법을 병약용신이라 부른다.

乙-辛의 또 다른 의미는, 인간사에서 시대의 변화에 따라 과거의 것을 버리고 새로운 것을 받아들여야 하기 때문에, 우수한 것만 선택되는 상황을 말한다. 즉 물건으로 볼 때는 우수한 품질의 상품만 선별하는 것이고, 사람의 경우에는 우수한 인재를 선발하는 과정과 같다. 내 사주에 乙-辛과 함께 병약용신인 火나 水가 있다면 우수한 인재로 발탁되어 신분 상승의 기회가 되고 부를 얻게 된다.

그러면 乙-戊와 乙-己의 목극토를 알아보자.

앞서 상생을 받고 상극을 하는 경우에 경쟁과 검증을 거쳐서 오히려 발전의 기회가 될 수 있다고 했다. 乙-戊의 상극 의미는 좌우로 확장하여 부를 이루려는 乙이 넓은 땅에 해당하는 戊를 음-양 관계로 만났으므로 자기계발에 좋은 환경이다. 戊의 속성은 세상의 변화를 잘 인지하는 능력이 있어서 乙이 바른 처세를 갖추게 한다. 또한 丙이 너무 치열하여 염상 현상이 생기거나, 壬이 너무 넘쳐서 홍수가 나는 위험한 상황일 때, 戊가 있으면 햇빛을 가려주고 물을 막아줘서 乙을 보호해 준다. 乙과 戊의 상극은 서로 필요한 조합이다.

그런데 乙-己의 상극 관계는 어떤가?

己는 戊라는 커다란 지구 땅 중에서 부분적이고 기름진 옥토와 같은 것이다. 따라서 좌우로 넓게 확장하려는 乙의 에너지 특성과는 맞지 않다. 오히려 己는 깊이 뿌리를 내리려는 속성을 지닌 甲과 음-양으로 합을 한다. 만약에 사주 천간에 乙 일간이 己가 있다면, 乙이 마음껏 확장하기에 좁은 공간이므로 불만스럽고 부족하다. 그러나 己는 옥토와 같으니 자신의 재능이나 능력을 잘 인식하고 계발하여 부의 목적을 이룰 수 있다.

4) 乙의 요약

천간 乙 에너지의 핵심 키워드를 정리해 보자.

① 핵심 키워드

② 배합과 직업적 의미 해석

甲과 같이 乙의 상생관계는 水生木生火이며 상극 관계는 金剋木剋土이다.

- 배합 A: 癸 - ㄴ乙 - 丙 - 戊(己) - 庚
- 배합 B: 壬 - ㄴ乙 - 丁 - 己(戊) - 辛

乙을 기준으로 한 오행 배합의 직업적 의미는 다음과 같다.

배합 A는 乙이 丙이라는 사회조직 안에서 癸의 실용적 지식과 戊의 환경 인식으로 庚이라는 성과를 얻는 모습이다. 실무직이나 영업직에서 인간관계를 바탕으로 하여 관리자나 경영자까지 될 수 있다. 배합 B의 의미는 乙의 경력과 경험이 丁-己라는 과학 기술적 능력으로 발현되고, 辛-壬으로 완성된 상품을 판매하는 조직운영자가 될 수 있다.

이러한 천간의 직업 및 사회적 활동성이 현실로 나타나려면, 지지에 乙의 뿌리가 될 수 있는 물질 시공간인 寅卯辰 巳午未가 있고, 대운 세운이 와서 그 에너지가 움직일 때 발현된다.

3. 병(丙)

1) 에너지 특성

천간 오행 열 개 에너지 중에서 水(壬癸)와 火(丙丁)는, 木(甲乙)과 金(庚辛)이라는 물질을 만들어내는 근원적 바탕 에너지이다. 여기에 土(戊己)라는 중화 에너지가 있으면 음양이 조절되고 균형을 이룬다.

丙의 기운은 빛에너지로서 온도를 높이고 습도를 유발해 만물을 탄생시키고 키워간다. 우리가 사는 자연 물질계는 丙과 壬의 온도 습도 변화 의해서 생장성멸 생명의 순환과정이 일어나는 것이다.

丙은 확산, 발산 에너지로서 따뜻한 기운을 만들어 생명체의 세포들을 분열시켜서 크기를 확장시키고 그 활동성을 돕는다. 즉 丙의 주된 역할은 생명체인 甲과 乙을 낳게 하고 그들의 운동성을 활발하게 돕는 일이다.

물리학적 관점으로 볼 때 丙의 고유 에너지 파동 특성은 진동수가 가장 많고 진동폭이 가장 큰 상태라고 할 수 있다.

이러한 천간 丙이 지지의 물질 시공간에서는 양력 2월 3일 경인 입춘, 寅月에 나타나서 甲을 위로 성장시키고, 춘분 이후 卯月이 되면 乙의 가지나 꽃을 좌우로 크게 확장시킨다. 그리고 5월 입하가 지나서 巳月이 되면 온난한 기운의 극점인 육양(六陽)의 상태가 되었다가, 6월 22일경 하지 때를 기준으로 丁의 음기운으로 바뀌게 된다.

2) 개인 성격 및 마음

사주 천간 네 글자 중에 丙이 있거나 특히 일간인 나의 위치에 丙이 있을 때, 그 사람의 성격이나 정신, 마음을 알 수 있다.

丙은 태양과 같이 밝고 온난한 기운이니 항상 긍정적이고 적극적인 성격의 소유자이다. 또한 甲 乙과 같은 생명체를 키우는 에너지로서, 타인에게도 늘 희망을 주고 사람과의 관계성을 매우 중요하게 생각한다. 사회조직에서는 사람들을 잘 이끌고 관리할 수 있으며 대단히 활동적이고 열정적인 성향을 보인다.

만약 사주에 癸가 있으면 사회조직 생활에 필요한 도덕성과 예의를 갖추게 되고, 庚이 있으면 스스로 능력을 갖추어 조직을 통솔하는 지도자로서의 대범함이 있다. 그러나 사주에 甲과 乙이 없어서 지속적으로 丙을 상생하지 못하거나, 水나 土가 없으면 너무 과열되어 염상(炎上)이 조절되지 않기 때문에 지나친 자만심이나 불안감이 생길 수 있다.

3) 丙의 상생상극 배합과 직업적 의미

丙의 상생 조합을 알아보고, 서로의 상호 관계를 통해 개인적 사회적 활동성을 알아보자.

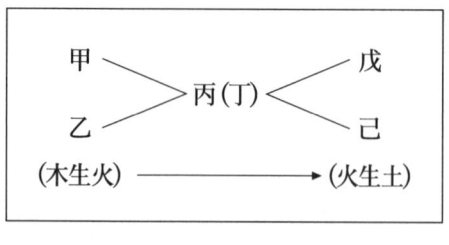

[丙의 상생 배합]

앞서 甲乙 기준으로 목생화의 의미를 알아봤지만 이번에는 丙 기준으로 살펴보자. 같은 내용일 것 같지만, 일간 기준으로 내가 乙인지 丙인지에 따라 상대적 의미가 다르다. 乙 일간 기준일 경우는 丙을 상생해서 사회조직을 통해 내 능력과 재능을 발휘하는 행동적 표현 능력을 말한다. 丙 일간 기준일 경우는 乙이라는 사람들 속에서 지도력을 발휘하고 실용적 학습을 통해 준비하고 경력을 쌓는다는 의미이다. 즉 乙의 상생을 지속적으로 받음으로써 丙은 에너지가 계속 유지되고 성장 동력이 되는 것이다.

한편 丙 기준에서는 甲의 목생화는 어떤 의미인가?

甲은 개인적 자격증이나 절대적 실력을 의미하므로, 甲의 생화를 받는 丙은 자신의 우월한 실력을 바탕으로 라이센스를 따서 경쟁적 우위를 갖는 것이다. 즉 乙처럼 경력과 인간관계를 바탕으로 한 경험보다는 개인의 학력이나 스펙, 자격증 등 절대적 실력을 바탕으로 하여 조직에서 성장하고 발전한다.

그러면 화생토의 과정인 丙-戊와 丙-己의 의미는 무엇인가?

화생토는 수생목 목생화의 과정을 거치면서 지적 준비와 경험적 성장을 거친 뒤, 세상과 자신에 대한 정확한 인지력을 갖는 것이다. 丙-戊는 시대의 변화, 사회제도의 변화, 사람의 변화를 인지하는 능력이며, 丙-己는 자신의 개인적 능력을 만들어서 자신에게 적합한 능력을 내놓은 것이다. 따라서 丙-戊는 사회 전체적인 이슈에 맞게 자신의 능력을 내놓는 현명함이 있고, 丙-己는 개인적 능력으로 丙이라는 사회조직 전체의 문제를 대처하는 것이니 그 효과가 오래가지 못하고 이동해야 한다.

한편 화생토를 시간적 공간적 변화 과정의 관점으로 볼 때, 성장과정을 마치고 정착한다는 의미다. 인생에서는 결혼하는 시기로 보면 된다. 그동안의 일들을 잘 마무리하고 새로운 삶과 결실을 위해 정착하는 것이다.

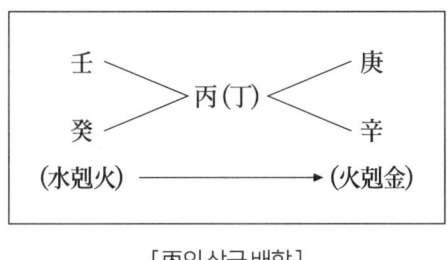

[丙의 상극 배합]

壬-丙과 癸-丙의 수극화를 살펴보자.

水(壬癸)와 火(丙丁)는 우주 자연의 근본 에너지다. 水와 火 에너지로 인해서 온도와 습도 변화가 생겨 만물이 생장성멸한다.

우주 자연의 순환에서 水와 火의 조화와 균형을 수화기제(水火旣濟)라 한다. 즉 水와 火가 만나면 모든 것이 다 이루어진다는 뜻이다. 그중에 음양이 교차된 癸-丙과 丁-壬의 조합은 유력한 수극화라 하며, 인간 삶에서 수화기제의 긍정적 효과로 발현되므로 중요하게 다룬다.

그러면 癸-丙의 수극화는 인간 삶에서 어떤 의미일까?

癸는 인간 내면의 감성이나 지혜, 지식을 의미하고 丙은 사회조직 속에서 사람을 키우고 인도하는 능력을 말한다. 癸-丙은 근본적인 음양의 만남으로서 癸의 지식과 지혜로 丙의 사회조직 사람들을 이끌고 잘 다스린다는 의미가 있다. 자연계에서 癸-(甲乙)-丙의 상생관계를 살펴보면, 癸의 생명수가 甲乙이라는 생명체에게 공급되고 丙의 온난한 기운으로 성장을 완성하는 과정과 같다. 상극 속에는 상생의 과정이 함께 들어있는 것이다.

壬-丙의 수극화는 우주라는 전체 기준으로 보면 음-양의 대표지만, 오행적 기준으로는 양-양의 관계다. 이 둘을 자연 물상적으로 보면 壬水라는 넓은 바다에 丙火라는 태양이 아름답게 비추는 모습으로 비유되지만, 서로 독립적인 양-양의 관계이므로 합은 하지 못한다.

사주명리에서 壬은 庚辛이라는 물건의 쓰임을 알고 丙은 甲乙이라는 사람의 쓰임을 알기 때문에, 壬-丙의 상극 배합이 있다면 물건과 사람 모두를 잘 다루고 활용할 수 있는 능력의 소유자가 될 수 있다. 이는 사물과 사람의 이치를 이미 직관적으로 통찰할 수 있다는 의미이기도 하다.

그러나 사주에 庚辛이라는 물건이나 물질도 없고, 甲乙이 없어서 다스릴 사람이 없다면, 현실 세계에서 할 일이 없는 실업자가 될 수도 있다. 즉 인간 삶의 관점에서 보면, 木과 金의 갖춤 여부에 따라 조직이나 단체를 다스리는 총괄자가 될 수도 있고 실업자가 될 수도 있다는 것이다.

丙-庚과 丙-辛의 화극금 의미를 알아보자.

甲乙이라는 생명체를 키워 만물을 확산시키고 사람을 인도하고 다스릴 줄 아는 丙이 물질이나 결실을 의미하는 庚辛을 만났으니 어떤 의미일까?

庚의 화극금은 丙 기준에서 보면, 그동안 키워온 甲乙이 잘려나가지 못하도록 庚을 조절하는 것이다. 이렇게 보호된 甲乙의 상생을 지속적으로 받은

丙이 자신의 궁극적 목적인 庚이라는 결실이나 성과로 바뀌는 과정을 말한다. 인간사로 비추어 보면, 丙이 사람들을 잘 관리하고 다스려서 庚이라는 결과물을 이루어내는 훈련이나 경험 과정이다. 따라서 사주 천간에 甲乙-丙-庚의 배합을 이루면 사회조직에서 능력과 성과를 인정받는 지도자나 리더가 될 수 있다. 물론 수화기제가 되고 지지에서 巳午未, 申酉 등 천간의 에너지가 물리적 실제 현상으로 발현되기 적합한 시공간이 있어야 한다.

丙-辛의 화극금은 양-음의 천간합이며 丙-辛합하여 水가 된다. 에너지 관계로 볼 때 양의 무한 팽창 에너지인 丙이 음의 수축 에너지 辛을 만나서 水라는 새로운 오행을 탄생시킨다. 이러한 원리는 丙이 양의 극점에서 음과 합하여 水를 생성하여 甲乙을 키우려는 우주의 신비로운 순환과정이다. 현대물리학에서 쌍생성, 쌍소멸을 통한 에너지의 창조적 발현 과정과 같다. 이러한 현상은 인간사에도 똑같이 발현된다.

사주에 甲乙-丙-辛의 조합이 있다면, 丙이 조직에서 적응을 못하거나 새로운 지식이 필요한 사람들을 컨설팅해 주거나 재교육을 시키는 관리자가 된다. 또한 개인적 의미로는 丙-辛 합이 있고 甲-乙이 있을 경우에, 운에서 辛이 오면 辛을 합화함으로써 기존의 일을 정리하고 발전적인 새로운 출발을 한다.

4) 丙의 요약

천간 丙 에너지의 핵심 키워드를 정리해 보자.

① 핵심 키워드

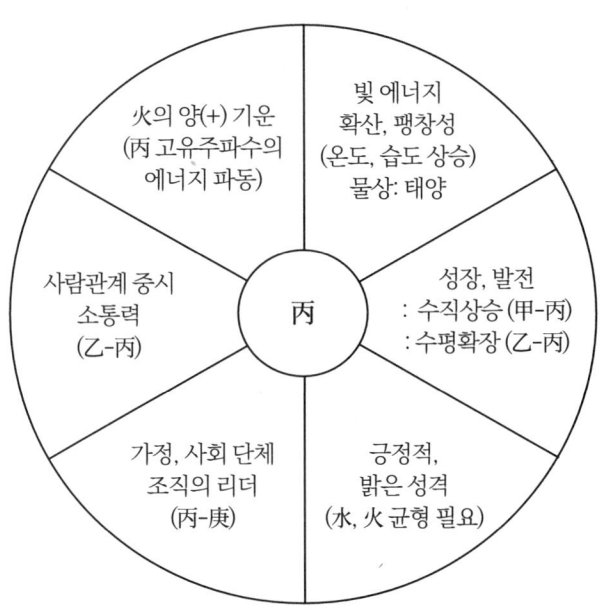

② 배합과 직업적 의미 해석

丙의 상생 관계는 木生火生土이고 상극 관계는 水剋火剋金이다.

- 배합 A: 壬 – 甲 – 丙 – 戊(己) – 辛
- 배합 B: 癸 – 乙 – 丙 – 戊(己) – 庚

丙을 기준으로 하여 오행의 선배합과 그 의미를 요약해 보자.

참고로 戊己는 水火를 기준으로 우선적 배합을 하는데, 壬丙-戊와 癸丁-己와의 조합을 적합한 선배합으로 본다. 그러나 壬丙-己, 癸丁-戊의 조합도 각각 그 의미가 다를 뿐 사주에서 다양한 삶의 모습으로 나타난다.

배합 A의 의미는 壬-甲으로 외부에서 들어온 실용적 학문을 배워서 자격증이나 스펙을 쌓고, 戊로 세상과 시대 변화를 인지할 수 있다. 또한 辛으로 丙-辛 합하여 조직원들에게 컨설팅 및 조직 적응에 필요한 재교육을 시키는 관리자가 될 수 있다.

배합 B는 癸-乙로 사람을 잘 이끌고 다스릴 수 있는 지혜와 지식을 갖추고, 丙-庚으로 결실과 성과를 내어 조직의 리더가 될 수 있는 좋은 배합이다. 이때 戊는 세상의 변화를 인식함과 동시에 丙의 빛이 지나칠 경우 乙이 시들지 않도록 막아준다. 즉 戊의 현명함으로 사람들을 보호해 준다는 의미다.

이러한 천간의 조합이 실제 현실로 나타나려면 각 오행마다 같은 에너지 시공간인 뿌리(根)가 있으면 된다. 만약 이러한 조건이 갖추어지지 않았다면 대운 세운에서 근이 올 때 실행된다. 특히 일간 위치에 있는 丙 기준으로 본다면, 지지에 寅卯辰, 巳午未 등이 있어서 일간이 힘이 있어야 현실적으로 실천력이 있다.

4. 정(丁)

1) 에너지 특성

丙이 양화의 기운으로 무한 팽창 에너지 특성을 지녔다면, 丁은 음화의 기운으로 빛을 모으는 수렴 에너지적 속성을 갖는다. 또한 丙이 빛에너지로 온도를 높이고 습도를 발생시켜 만물을 키운다면, 丁은 열에너지이며 습기를 제거하고 건조시켜 인공적인 물건을 만들어낸다. 따라서 丙은 甲乙 에너지와의 상생이 우선적이며, 丁은 庚辛 에너지와의 상극작용이 더 우선이다. 둘은 같은 火 오행이면서도 이와 같이 음양의 상보적 특성을 보여준다.

다음 그림으로 앞에서 설명한 丙丁의 에너지 관계를 이해하여 보자.

여기서 戊己 土는 음양의 중화와 균형을 맞추는 중성자와 같은 역할을 한다. 丙은 戊에 의해서 적절하게 조절되고, 丁은 己에 의해서 중화되고 조절된다.

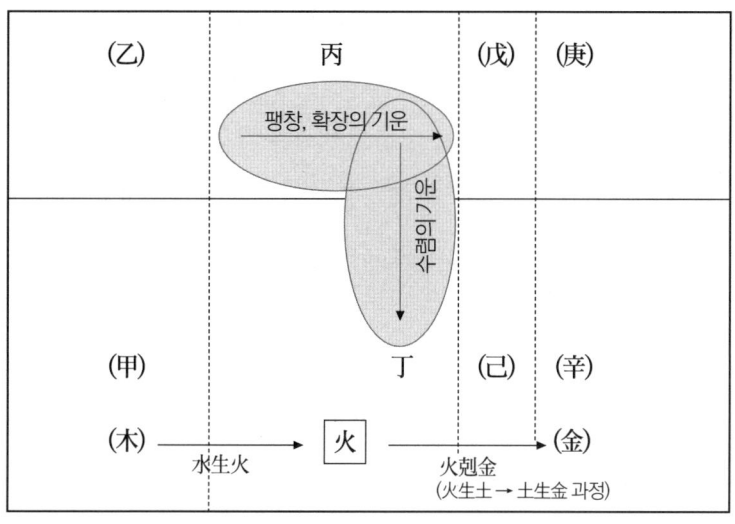

2) 개인 성격 및 가치관

사주의 천간에 丁이 있거나 일간이 丁인 경우 자존심이 강하고 열정적이다. 丁은 丙의 빛이 모여진 열에너지로서 庚辛이라는 물건을 생산하는데 쓰이므로 현실적 사고와 물질적 부를 추구하는 데 가치를 둔다. 또한 한 가지 일에 전념하는 집중력이 강해서 과학 기술적 연구 개발 및 신체를 활용하는 예체능 분야의 연극과 시각적 예술에서 뛰어난 재능을 발휘할 수 있다. 지지 공간에 午未戌 등이 있으면, 실제로 몸이나 행동으로 표현하는 예능 체육 분야나 기술적 재능을 활용하는 직업을 선호한다.

일간 丁의 정신적 특징은 물질, 사물, 금융에 대한 관심과 분석력이 뛰어나서 과학 기술 분야의 연구원 및 금융 전문가와 같은 직업을 추구한다. 丙이 甲乙을 키워서 인맥으로 활용한다면, 丁은 甲乙을 말리고 태워서 인공 생산

품의 재료로 쓰려는 마인드를 가졌기 때문에, 물질 중심 사고와 가치관을 갖게 되는 것이다.

그러나 지지 시공간이 亥子丑 등 춥고 어두운 겨울이거나, 밤 시간에 태어난 사람은, 자신의 기술적 육체적 재능을 타인을 위해 봉사하고 사회적으로 어려운 환경에 기여하려는 마인드로 나타난다.

3) 丁의 상생상극 배합과 직업적 의미

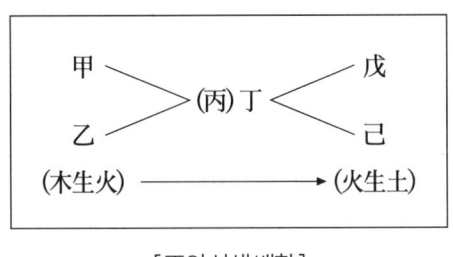

[丁의 상생 배합]

우선 丁을 기준으로 한 甲-丁의 목생화를 살펴보자.

丁은 甲으로부터 음양 관계로 상생을 받아 끊임없이 에너지를 제공받는다. 甲은 인간 삶에서 丁에게 어머니와 같은 존재다. 사주에 甲-丁 조합이 있으면, 직업적 사회적으로는 나의 전문적인 절대적 실력을 갖추는 준비 과정과 같다. 명리 용어로 인화(引火)라 하여 중요하게 다루며, 학력과 자격 및 깊은 실력을 갖춘 뛰어난 전문가적 자질을 의미한다.

乙-丁의 목생화는 어떤 의미인가?

甲이 절대적 실력이라면 乙은 상대에 맞춘 상대적 실력 또는 경험적 능력을 말한다. 즉 경쟁 사회 속에서 지식뿐 아니라 경험이나 경력을 통해서 직업적 준비 과정을 갖춘 것이다. 그러나 乙-丁의 관계는 음-음의 관계이기 때문에 뜨거운 丁이 乙을 태워버리면 그동안 쌓은 경력과 경험이 사라질 수 있다. 따라서 음간인 丁은 지지에 자신의 생존환경인 寅卯辰의 시공간이 있으면 오랫동안 자신의 체를 유지할 수 있고 경력도 유지된다.

이제 丁-戊와 丁-己의 화생토를 알아보자.

丁 기준에서 戊己는 자신이 쌓아온 실력과 경험을 잘 갈무리해서 庚辛이라는 결실과 물건을 생산하는 현실적 과정이다. 이것은 木火라는 양 에너지의 시공간에서 金水라는 음에너지의 시공간으로 가는 시간적 경과이며 조정, 조절의 과정이다. 즉 양의 물질적 세계에서 쌓아온 모든 내용물을 戊己에 담아서 검증 과정을 거쳐야 庚辛이라는 결과가 나올 수 있다는 것이다.

丁은 그동안 쌓아온 실력과 경력을 발휘할 수 있는 적합한 환경을 찾는데, 戊는 아직 개간되지 않은 높은 산 전체를 의미하는 것으로 전문적인 실력과 개인적 경험을 갖고 있는 丁에게는 적절한 환경이 못된다. 즉 丁에게는 옥토와 같은 환경인 己가 더 적합하다. 나의 전문성을 발휘하기에 적당한 공간인 연구실이나 사무실 등 특화된 곳이 더 유리하다는 뜻이다. 따라서 丁-己의 상생 의미는 그동안 준비해 온 우수한 전문적 실력인 丁이 습토인 己를 말려서 庚辛의 생산제품이 나오게 되는 적합한 현장 환경 조건이며 경험 능력이 된다.

己는 나 자신의 실력과 경험을 인지하는 능력도 되며 戊는 사회와 조직 전체의 환경을 인식하는 능력이다.

다음은 丁의 상극 배합을 살펴보자

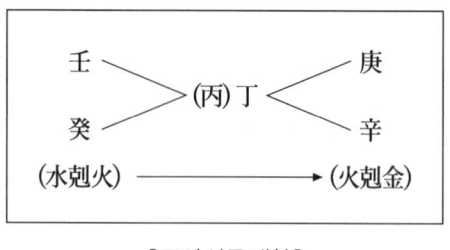

[丁의 상극배합]

壬-丁의 수극화는 무슨 의미인가?

丁 기준에서 보면 壬은 최종 목적과 같다. 이들은 음양적으로 천간합의 관계이며, 수화기제가 된 것으로서 정신적 물질적인 완성의 의미다. 甲乙로써 능력을 쌓고, 戊己의 환경에서 庚辛의 물건을 만든 뒤에 壬이라는 시장에 판매까지 한 것이다. 그러니 완성을 의미하지만 사주에서 甲乙이 없으면 실력과 경험이 부족한 것이고, 戊己가 없으면 적합한 환경을 만나지 못한 것이다. 또한 庚辛이 없으면 판매할 상품이 없는 것이니 오행을 골고루 갖추어야 한다.

그러나 실제 사주에서 오행을 다 갖추기 어려우므로 자신이 타고난 오행에 적합한 활동만 해도 생존에 지장이 없고, 운에서 없는 오행이 올 때 주변의 도움으로 활용할 수 있다. 그러나 유의할 점은 壬癸가 너무 지나쳐 상극이 심하면 음간인 丁이 정신적으로 지치고 힘들 수 있다. 이때는 丁을 생화해 주는 甲이 있거나 또는 지지에 寅卯辰 환경, 그리고 뿌리가 되는 巳午未 등의 환경이 있으면 이겨낼 수 있다.

癸-丁의 수극화는 음-음의 상극 관계로 丁 기준에서는 정신적 스트레스일 수 있으나, 사회적 능력 면에서 보면 丁의 물질에 대한 탐구력이나 기술력과

癸의 감성적 지혜를 함께 갖춘 인물이 된다. 癸가 천간에 2개 이상일 경우 걱정이나 우울증 등 심리적 불안을 느낄 수 있지만, 丁-癸의 세기가 균형을 이루면 반짝이는 아이디어나 풍부한 창의력, 지혜로 예술 분야나 과학기술 분야에서 뛰어난 인재가 될 수 있다.

다음은 丁-庚, 丁-辛의 화극금을 알아보자.

丁-庚은 명리 용어로 제련(製鍊)이라 하며, 원초적 의미는 丁의 뜨거운 열로 투박한 쇠를 녹여서 도구를 만든다는 뜻이다. 이것을 현대 산업사회에 맞게 풀이하면 丁의 제품 기획력과 기술력을 바탕으로 상품을 개발, 생산한다는 의미다. 성공적인 제품 생산이 되려면 앞서 말한 己의 적합한 환경과 甲-丁, 乙-丁의 실력과 경험이 갖추어져야 한다. 이럴 때 생산 전문가나 명장의 반열에 오를 수 있다.

丁-辛의 상극 관계는 丁-庚의 제품 생산과는 조금 다르다. 이미 완성품인 辛을 화극금하는 것이니 제품을 다루는 능력이 뛰어나다. 또한 재생산이나 재활용의 의미이며, 기존 제품을 업그레이드하거나 애프터서비스하는 것이다. 예컨대 못쓰는 물건을 다시 복구하여 활용하는 것으로 옷 수선 또는 헌 집을 리모델링하는 것도 포함된다. 이런 경우에 壬이 배합되면 물건이 고품질의 상품성을 갖게 되고, 내 능력 가치도 인정받아 경제적 효용성을 갖게 된다.

4) 丁의 요약

천간 丁 에너지의 핵심 키워드를 정리해 보자.

① 핵심 키워드

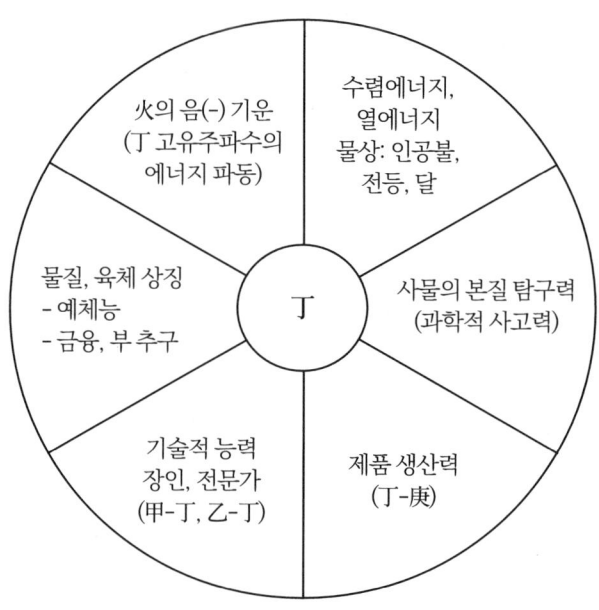

② 배합과 직업적 의미 해석

丁의 상생 관계는 木生火生土이고 상극 관계는 水剋火剋金이다.

丁을 기준으로 두 유형의 오행 배합을 분류하고 그 의미를 정리해 보자.

- 배합 A: 壬 - 甲 - 丁 - 己(戊) - 庚
- 배합 B: 癸 - 乙 - 丁 - 己(戊) - 辛

배합 A에서 壬-甲 조합은 외부에서 들어온 물질문명에 관계된 실용적 학문으로 실력을 쌓아, 甲-丁으로 전문적 지식을 활용할 수 있음을 의미한다. 여기에 丁-己-庚 조합이 되면 최적의 환경조건을 만나 기술적 능력을 발휘하여 실용적 제품 생산을 할 수 있다. 즉 물질문명 사회에 필요한 도구나 물건을 만들어 새로운 가치 창출을 하며, 최고의 전문가나 명인이 될 수 있다.

배합 B의 의미는 癸-乙 조합으로 사람 관계에 필요한 인문학적 지식을 쌓아서 乙-丁-己로 자신의 전문 분야에 대한 경험적 숙련 과정과 검증을 거치고, 己-辛으로 개인적 성과를 이루어 가치를 상승시킨다.

5. 무(戊), 기(己)

1) 에너지 특성

戊己 土는 십천간 중에 음양을 조절하여 균형을 맞추는 중화 에너지이다. 우주 공간을 壬癸 水와 丙丁 火의 에너지 장(Energy Field)으로 볼 때, 戊己 土는 마찰 에너지 같은 것으로써 水火라는 큰 틀의 음양을 조절, 중화하여 木金이라는 물질을 만드는 바탕이 된다. 따라서 戊己는 일차적으로 水火와 상호작용을 하며, 그 결과로 木金이라는 물질 생성 에너지가 발생한다.

戊己 에너지를 이해하기 위하여 다음 그림을 살펴보자.

필자는 戊己 土 에너지를 설명하기 위해, 다음 그림에서 지면상 2차원 평면도로 십천간 에너지를 표시했지만, 우주 시공간에서의 입체적 에너지 순환 모습으로 이해하길 바란다.

그림의 가장 바깥 원에 있는 1년 동안의 우주 에너지 변화를 살펴보면, 壬水와 丙火라는 커다란 음양 에너지의 순환으로 시작된다. 동지에서 하지까지 180일 동안은 丙火 에너지, 하지에서 동지까지 180일은 壬水 에너지가 두 축을 이루어 순환한다. 여기에 중화 에너지인 戊土가 있어서 壬水와 丙火라는 큰 틀의 음양을 조절하게 된다.

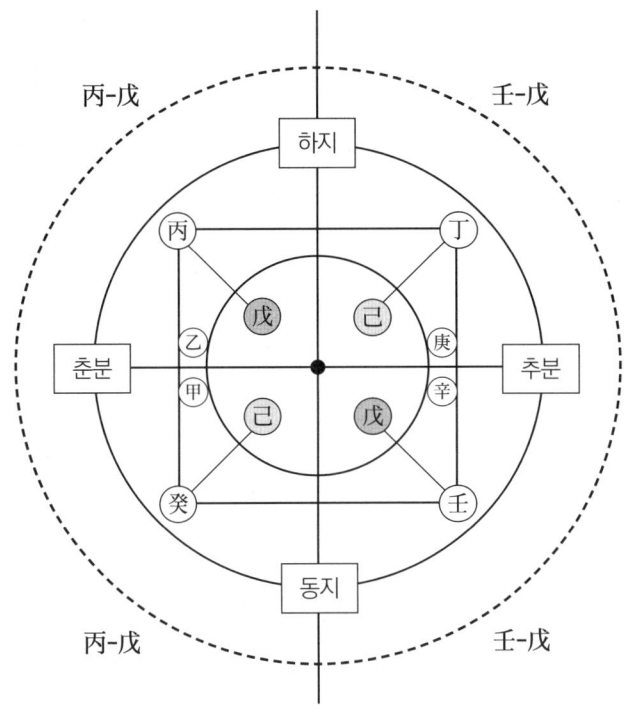

　가령 丙의 온도 상승과 팽창의 기운이 너무 극에 달하면 이를 戊가 흡수하여 온도를 낮추고, 반대로 壬의 온도 하강과 응축의 기운이 극에 달하면 丙으로부터 흡수한 따뜻한 온기를 戊가 壬에게 전달하여 새로운 양의 기운을 만들어낸다. 이런 과정에 음양이 교차하면서 丙은 丁을 만들고, 壬은 癸라는 음에너지를 발생하게 하여 삼라만상의 근원인 온도와 습도가 변한다. 이때 음에너지인 丁火나 癸水는 己土라는 음의 중화 에너지에 의해서 丁의 건조함과 癸의 다습함이 조절된다.
　요약하자면 壬癸, 丙丁이라는 水火의 에너지 순환과 戊己라는 土의 에너지가 상호작용하여 물질 생성 에너지인 甲乙, 庚辛이 생겨난다. 결국 戊己는 모든 천간 에너지의 중심에서 壬癸, 丙丁과 일차적으로 상호작용하여 만물을 탄생시키는 바탕이 된다. 이것이 戊己를 기준으로 본 십천간 에너지의 순환 원리다.

2) 개인 성격 및 성향

사주 천간에 戊가 있거나 戊 일간인 경우의 개인적 성격이나 성향을 알아보자.

戊는 음과 양을 조절하고 중화하는 속성이 있기 때문에 침착하고 안정적이며 균형감 있는 사고를 갖고 있다. 또한 세상의 변화나 시대의 변화를 인지하고 자신의 환경에 맞게 적응하려 한다. 그리고 뜨거운 丙火나 차가운 壬水를 방어할 만큼 인내심이나 자제력도 있다. 이것은 자기조절 능력이나 자기보호 능력으로 이어지며 적절함을 알아차리는 현명함도 있다. 그러나 戊가 2개 이상으로 태과하면, 오히려 음양을 소통하지 못하게 막아서 세상 일들에 민첩하게 대응하지 못하고, 요령이 없어 소통력 부재로 나타날 수 있다.

그러면 己 일간인 경우에 성격 성향은 어떠한가?

음간인 己는 나 자신을 인지하는 능력과 현실 인식이 뛰어나다. 또한 물질에 대한 관심도 강한 편이어서 자신의 고유한 전문적 능력을 기르는데 게을리하지 않는다. 癸의 습함과 丁의 건조함을 조절하는 능력이 있기에 인간관계에서 적당한 거리 조절을 할 줄 알고, 함부로 화내거나 지나치게 냉정하지도 않아서 온화하고 안정적인 성품을 갖게 된다. 10개의 일간 중에서 가장 원만한 성격의 소유자로 인정받기도 한다.

3) 戊, 己의 상생상극 배합과 직업적 의미

우선 戊己의 상생 배합에 대하여 알아보자.

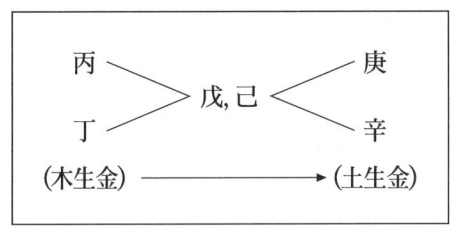

[戊, 己의 상생 배합]

戊 기준에서 丙-戊와 丁-戊의 상생 의미를 살펴보자.

戊는 그동안 丙이 키워온 조직과 甲乙 木이라는 사람들을 잘 활용하여 庚辛의 결과를 내야 한다. 戊는 전체적인 환경 인식 능력과 사람들의 동향을 파악하는 통찰력이 있기 때문에, 丙과 甲乙의 준비과정만 잘 해왔다면 좋은 성과를 얻을 수 있다. 丙-戊는 양-양의 관계로 사회나 조직 전체를 인식하는 능력이 탁월하다. 따라서 사주에 丙-戊가 있으면 사회적 리더나 명망 있는 인기인이 될 수 있다.

한편 丁-戊는 음-양의 관계로 화생토의 상생은 잘 받지만, 戊 기준에서 볼 때 丁의 개인적인 기술 능력을 발휘하기에 특화된 공간이 아니다. 또한 戊가 2개 이상일 경우 丁을 매광시켜서 능력 발휘를 잘 할 수 없게 한다. 따라서 丁-己의 배합이 더 유용한 관계이며, 己가 丁의 기술적 능력이나 탐구능력을 잘 활용하여 庚辛의 제품을 생산하는 적절한 환경이 된다.

己는 자신의 전문적 실력에 대한 인식능력이 있고, 丁의 전문적 기술이 실제로 경쟁과 검증을 거치는 경험의 장이기 때문에, 庚辛이 사주에 있다면 실용성 높은 제품을 만들어낼 수 있다. 丁-己는 과학기술뿐 아니라 금융, 법률, 예술 등 물질이나 육체와 관련된 경험 쌓기의 적합한 환경 조건이 된다.

그러면 丙-己는 어떤 조합일까?

己는 丙이라는 사회조직과 사람들 전체를 커버할 환경조건은 못된다. 己는 전문화된 자기 능력을 발휘할 수 있는 특화된 환경이거나 나를 인식하는 능력인데, 丙의 무한 확장성 및 사회 전체를 다 인식할 능력은 없는 것이다. 따라서 丙-己 조합일 경우 부분적 목적을 달성한 후에 다른 곳으로 이동해야 한다. 戊가 己와 함께 있을 경우는, 사람 사물 및 시대적 변화 등 전체에 대한 인식능력이 있어서 丙-戊 배합은 오래 유지될 수 있다. 또한 戊는 己가 위기상황이나 어려운 난관이 있을 때, 己에게 보호자와 같은 역할을 할 수 있다.

그러면 戊 기준에서 戊-庚과 戊-辛의 상생 의미를 알아보자.

戊-庚의 토생금은 사회적으로는 세상의 규범에 맞게 주어진 임무를 잘 수행할 수 있음을 의미한다. 개인적으로는 성장을 마치고 결혼을 해서 정착하고 자녀를 낳는 것을 뜻한다. 戊-庚은 자신이 만든 결과이며, 그동안 쌓아온 경험과 전문성을 발휘하여 가치를 창출하는 과정이다. 사주에 丙이 함께 있으면 능력 있는 경영자가 될 수 있으며, 丁이 있으면 전문적 관리자가 될 수 있다.

戊-辛의 토생금 의미는 이미 가치가 완성된 상품인 辛을 戊가 보관하고 저장하는 것과 같다. 보석과 같은 귀한 상품인 辛이 두터운 戊土에 묻혀버릴 수 있으니 보관을 잘하는 운용능력이 필요하다. 만약 사주에 壬이 있으면 상품성이 잘 유지되어 높은 가격에 팔릴 수 있다. 이러한 직업으로는 창고업 관리자, 법인장, 박물관장 등 공간을 책임지고 관리하는 일을 맡는다.

己-庚의 토생금은 어떤 의미인가?

己-庚의 토생금은 자신이 쌓아온 실력과 경험을 적합한 환경에서 검증받아 결과를 이루는 과정이다. 따라서 반드시 丙丁의 火가 있어야 한다. 만약에 사주에 丙丁이 없으면 경력이나 내용이 없는 것이다. 씨를 뿌리지 않고 열매를 얻을 수 없는 이치와 같다. 己-庚에 丁이 없으면 단순한 노동자로 일하고, 丁이 있으면 전문직 의사, 간호사, 장인이 될 수 있다. 丙이 있으면 그들을 관리하는 책임자로서 연구소장이나 병원장이 가능하다.

己-辛의 토생금은 완성 상품인 辛을 분류하고 포장하여 상품 가치를 높이는 과정이다. 丁이 있으면 새로운 기술로 더 업그레이드해 그 가치를 높일 수 있고, 壬이 있으면 인기상품이 되어 잘 판매될 수 있다. 만약 사주에 癸甲이 있으면 그동안 쌓아온 지식과 실력을 잘 마무리하며 글로 기록하여 책으로 결과물을 내놓게 된다. 辛이 천간에 없어도 대운이나 세운에서 辛이 올 때 가능하다.

다음으로 土의 상극 배합에 대해 알아보자.

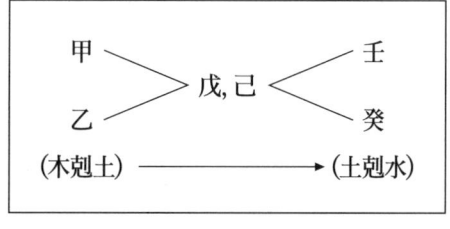

[戊, 己의 상극 배합]

목극토는 명리 용어로 소토(疏土)라 하며 인간사에서 자기계발의 과정이다.

甲-戊의 목극토는 戊가 높고 두터운 땅이기 때문에 甲이 깊이 뿌리고 성장하기에 좋은 환경이 못된다. 따라서 戊 기준으로 해석할 때, 甲을 잘 키우기 힘든 환경이므로 甲의 절대적 실력을 쌓기가 어렵다. 오히려 乙-戊의 목극토로 자기계발을 하면 성공할 수 있다. 乙은 많은 사람들에게 맞추는 실용적 실력을 갖추는 것으로써 戊의 넓은 환경이 적합하다. 만약 사주에 丙이 있다면 사회 전체적인 이슈에 내가 개입하고 자기계발을 할 수 있는 조직이 있다는 뜻이다. 甲-戊 배합에서도 壬이 있다면 외부에서 들어온 실용적 지식을 내가 잘 활용하여 조직의 리더가 될 수 있다.

그러면 甲-己와 乙-己의 목극토 의미를 살펴보자.

己는 개인적인 나의 자질 계발에 적합한 환경인데, 甲의 깊은 지식과 절대적 실력을 만난 것이니 甲-己는 완전한 조합이다. 만약에 己 일간이 사주에 甲이 있다면 나의 우수한 실력을 발휘할 조직이 있다는 의미도 된다. 여기에 庚辛과 癸가 있어서 금생수, 수생목까지 잘 된다면 끊임없이 샘솟는 지혜와 아이디어로 교수나 학자도 될 수 있다.

乙-己 배합은 己 기준에서 볼 때, 癸-己로 적합한 환경에서 개인적 실력을 쌓은 후에 乙이라는 조직의 사람들과 맞추는 실용적 지식도 갖추어야 함을 의미한다. 현대 물질 사회에서 중시되는 실용적 능력의 소유자일 수 있다. 만약에 사주에 丁이 있어서 乙-丁-己 조합이 되면 丁이 乙의 실용적 지식을 바탕으로 경험을 쌓게 되므로, 丁의 금융, 과학, 물질 탐구력과 예술적 재능을 己의 환경 조건에서 잘 발휘할 수 있다.

이제 戊의 토극수인 戊-壬, 戊-癸를 알아보자.

명리에서 壬은 아무것도 없는 무(無)나 공(空)의 상태로 보며, 물상적으로는 큰 바다나 강을 의미한다. 여기에 두터운 땅을 상징하는 戊가 水를 상극하여 戊-壬 조합이 되면 흐르는 물을 잘 막아서 유용하게 사용할 수 있는 것으로 해석한다. 이러한 현상을 인간사에 적용해 보면, 壬은 庚辛이라는 이 세상의 모든 상품이나 지식적 성과물들까지 담을 수 있는 유통시장이나 백화점 같은 공간이 된다. 여기서 戊는 백화점과 같은 제한된 공간을 구성하는 건물벽과 같은 것이다. 흘러가는 물을 가두어 제한된 영역을 만드는 역할이 戊인 것이다.

또한 정신적 관점에서도 戊는 세상의 변화를 읽을 줄 알고 사물과 사람의 변화를 인지하는 능력을 갖고 있다. 요컨대 戊-壬의 상극은 외부의 실용적 학문을 배우고 익혀서 물질문명 사회에서 잘 활용할 수 있는 환경을 갖는 것이다.

戊-癸의 토극수는 癸의 내적인 인문학적 지혜와 戊의 세상을 인지하는 통찰력의 조합이다. 戊-癸는 천간 오합 중의 하나로서 戊癸합 하여 火라는 새로운 오행을 만들어 순환을 이어간다. 이 의미는 세상을 통찰하는 지혜를 통하여 물질문명 세계인 火의 사회에 적합한 지식을 내놓는 능력이 되는 것이다. 따라서 실용적 지식을 쌓아서 기술적 직업으로 전향할 수 있다.

이에 반해서 己-癸의 토극수는 癸의 선천적 감성, 사상, 철학 등 내적으로 타고난 개인적 자질에 己의 적합한 환경이 배합된 것이다. 이것은 개인적 지식 계발을 위해 특화된 환경 조건을 갖춘 것이고, 庚辛까지 배합되면 남에게 가르칠 정도의 깊고 넓은 지식체계를 쌓은 것이다.

반면에 己-壬의 토극수는 외부의 실용적 학문을 배워서 넓게 활용하려는 壬에게 己라는 환경조건이 좁고 적당하지 못하다. 반대로 己 기준에서 보면 壬이라는 외부의 다양하고 포괄적인 지식체계에 부적합한 환경이므로 옛 고서에서는 기임탁수(己壬濁水)라 하여 부정적으로 해석하였다. 작은 옥토와 같은 己가 큰 강물을 막을 수 없어 홍수가 날 위험이 있기 때문이다. 이때 戊가 있으면 부모나 보호자처럼 튼튼한 배경이 있는 것이므로 환경적 도움을 받아 어려움을 해결할 수 있다. 그러나 현대사회에서는 己-壬이 자신의 전문적인 능력을 큰 시장에 여러 갈래로 나누어 내놓는다는 긍정적 의미로 해석하며, 프랜차이즈 경영 등을 말한다.

4) 戊, 己의 요약

① 戊의 핵심 키워드는 다음과 같다.

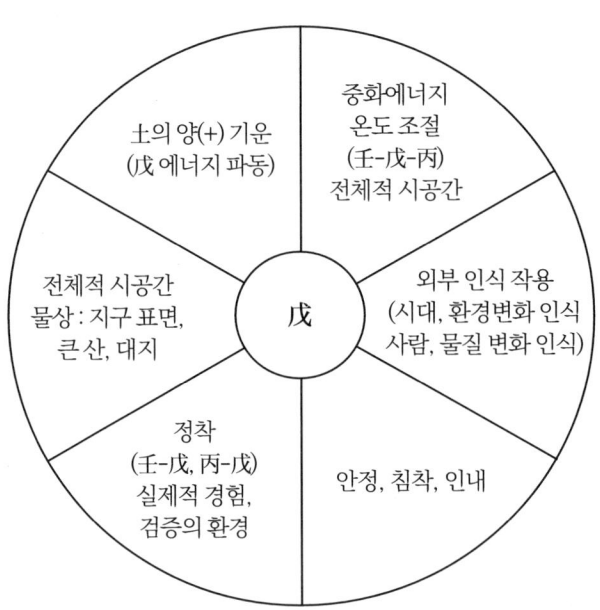

② 己의 핵심 키워드는 다음과 같다.

③ 배합과 직업적 의미 해석

戊, 己의 상생 관계는 火生土生金이고 상극 관계는 木剋土剋水이다.

戊, 己를 기준으로 상생상극의 배합과 의미를 정리해 보자.

- 배합 A: 壬 - 乙 - 丙 - 戊(己) - 庚
- 배합 B: 癸 - 甲 - 丁 - 己(戊) - 辛

배합 A에서 戊가 일차적으로 壬이나 丙과 배합이 되면, 음양을 조절하고 사회 변화를 인지하는 능력이 있어서 조직의 관리자가 될 수 있다. 그런데 乙이 있어야 관리할 사람들이 있는 것이고, 庚이 있으면 좋은 성과를 거두어 전문적 경영자나 운영자가 될 수 있다. 만약에 己가 있다면 전체를 인식하지 못하고 부분적인 성과만 거두어 지속되지 못하고 이동하게 된다.

배합 B는 己가 일차적으로 癸나 丁과 배합하여 습도를 조절하고 음양의 균형을 맞춘다. 癸-甲-丁 조합으로 기술적 전문가로서의 최고의 실력을 갖추고, 丁-己-辛 조합이면 실제 특정 분야에서 경험과 숙련 과정을 거쳐 최고의 상품적 가치를 만들어 낸다.

6. 경(庚)

1) 에너지 특성

천간 庚은 음양의 큰 틀에서 볼 때, 음의 시작이며 물질 생성 에너지다. 음양을 조절하는 戊己라는 중화 에너지 중심에서 볼 때, 甲乙丙丁은 양 에너지 영역이고 庚辛壬癸는 음 에너지 영역이 된다. 자연 물질계에서는 전자가 인간을 비롯한 자연 생명체의 시공간이라면, 후자는 그것이 변형된 무생물이나 물질의 시공간이다. 즉 庚은 만물의 형체를 단단하게 완성시키는 기운으로서 戊己의 시간·공간 변화 과정을 거쳐 열매와 결실을 맺게 한다. 결국 庚 에너지는 甲乙이라는 木의 생명 에너지를 소멸시켜서 물질이나 물건으로 전환된 멸화의 기운인 것이다.

2) 개인 성격 및 성향

일간이 庚이거나 사주 천간 네 글자 중에 庚이 있으면, 가을의 서늘한 기운처럼 곧고 강직한 성격이다. 예외적으로 부드러움의 상징인 乙이 함께 있어서 乙庚합이 된 경우는, 겉으로 유순해 보이지만 내면적으로 자기 주체성이 강한 외유내강형이다.

庚金은 생명의 순환 사이클로 볼 때, 木火土의 과정을 모두 거친 완성과 결실의 단계이기 때문에 성숙된 인간형이며, 인내력과 흔들림 없는 꿋꿋함을 갖고 있다. 사주에 丙丁이 함께 있으면, 항상 끝없는 노력을 통하여 자신을 발전시키고 업그레이드하려는 의지가 강하다.

또한 戊己가 있으면 자신의 지적 능력을 쌓는데 힘쓰고, 사회적 제도나 규칙에 맞게 임무나 역할 수행을 충실히 할 수 있는 사람이다. 이러한 성향이 실제 행동으로 잘 드러나려면, 사주 지지에 같은 金의 시공간에 해당하는 申酉戌丑 등이 있을 때이다.

3) 庚의 상생상극 배합과 직업적 의미

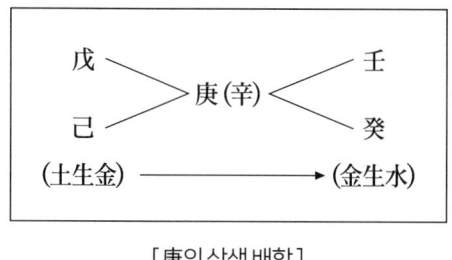

[庚의 상생 배합]

庚 기준으로 戊-庚의 토생금 의미를 이해하여 보자.

戊는 丙의 에너지를 조절하고 수렴하며 庚이라는 결실로 가기 위한 중화

에너지이다. 이러한 戊의 상생을 받은 庚은 지금까지 양의 세계에서 존재했던 모든 에너지를 바탕으로 하여 결과를 만들어낸다. 개인적 인간사로 비유하면 성장 후 가정을 이루어 자녀를 낳는다는 의미이고, 직업적으로는 사회적 경쟁과 경험을 통해 검증을 거친 후 성과를 이룬다는 뜻이다.

또한 庚의 제도나 규칙이 갖추어진 사회적 시스템 안에서 자신의 임무를 성실하게 수행하는 과정이기도 하다. 만약 사주 천간에 丙-戊-庚 배합이 있다면 조직의 관리자나 제조 기업의 경영자가 될 수 있다.

己-庚의 토생금은 丁을 수렴하여 경험을 쌓아온 己가 庚이라는 목적이나 결과를 성취하는 것이다. 己는 戊의 전체성과는 달리 부분적이고 특화된 환경이며, 개인적 전문성을 쌓아온 경험 능력이기도 하다. 따라서 己의 상생을 받는 庚의 의미는 현대 물질사회에서 유용한 도구나 시스템과 같은 결과물이 된다. 만약 사주 천간이 丁-己-庚의 조합이 있다면 특화된 기술을 가진 명장이나 제품 생산 전문가가 될 수 있다.

다음으로 庚-壬의 금생수를 알아보자.

인간사에서 볼 때 庚이라는 생산 능력이나 제품이 壬이라는 넓은 시장에 판매된다는 의미이다. 庚이라는 결과물이 실용성과 활용성을 갖춘 유용한 물건으로써 수요자가 많이 있는 시장에 공급된다는 의미다. 현대사회에서 壬은 시장이나 백화점 뿐만 아니라 온라인 쇼핑몰과 같은 잘 갖추어진 플랫폼도 의미한다. 따라서 사주에 戊-庚-壬 배합을 갖추었다면, 시대 변화나 유행 변화에 맞추어 자신의 기술력이나 제품을 판매하는 경영 사장이 될 수 있다.

庚-癸의 금생수 의미는 庚-壬과는 완전히 다르다. 壬이 庚이라는 물건을 유통하고 판매하는 넓은 시장과 같다면, 癸는 甲乙이라는 생명체를 키우는 수증기나 물과 같고, 근원적 지식이나 지혜를 뜻한다. 따라서 庚-癸의 의미는 癸의 지혜를 더욱 맑고 밝게 해서 甲乙이라는 인간의 지적 성장을 돕는 역할을 한다.

예를 들어 사주에 己-庚-癸 조합이 있다면 자신의 활용 가능한 지식을 제자나 후배에게 교육하고 전수하는 능력과 컨설팅하는 업무를 맡게 된다. 사주 천간 네 글자에 없어도 지지에 사유축(巳酉丑) 삼합과 신자진(申子辰) 삼합이 있으면 비슷한 효과가 있다.

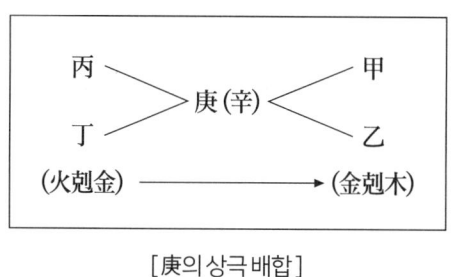

[庚의 상극 배합]

庚 기준의 丙-庚과 丁-庚의 화극금을 알아보자.

庚은 완성된 결과물을 의미하지만, 甲乙을 키운 丙이 없다면 그 결실을 얻지 못한다. 즉 씨를 뿌려서 키우는 노력의 과정이 없으면 결실을 얻지 못하는 이치와 같은 것이다. 이것을 인간의 삶에서 보면, 丙의 사회조직 속에서 충분한 경험과 훈련과정을 거쳐야만 성과를 얻는다는 의미다. 이것은 경쟁 사회 속에서 치열한 자기 극기의 과정과 타인에 대한 지도력을 통해서 조직의 리더가 되는 과정을 말한다.

丁-庚의 화극금은 전문적 기술을 바탕으로 하여 제품을 만들어내는 능력이므로, 개인적 능력 발휘를 통해 최고의 노하우를 지닌 생산 전문가나 책임자가 되는 과정이다. 丁-庚은 자신과 조직의 사람들을 잘 훈련시키는 丙-庚과는 다르게, 물건의 본질을 파악하여 제품을 효율적으로 만드는 능력이다. 따라서 己의 특화된 환경을 만나 丁-己-庚의 조합을 이루면 전문가의 지식과 노하우를 가지고 오랫동안 직업을 유지할 수 있다.

다음은 庚-甲, 庚-乙의 금극목을 알아보자.

자연 물질계에서 금극목은 무한 성장하는 목을 금이 통제하여 음양의 균형을 맞추는 과정이다. 그러나 인간사에서는 인간관계의 단절 및 사회조직 내에서 인력 구조조정 현상을 의미하므로 어려움이 따른다. 실제로 庚은 숙살지기라 하여 살벌한 기운을 뜻하며, 甲의 뿌리를 자른다는 의미로 개인적으로는 건강 문제나 사고 등의 위험이 있다. 그러나 상극 관계라 하여 꼭 부정적 사건을 일으키는 것이 아니고, 사주에 水火의 배합이 갖추어져 있으면, 개인적으로 잘못된 것들을 바로잡아 지위가 상승하는 등 긍정적 효과가 있다. 이와 같은 甲-庚 배합을 명리 용어로 벽갑(劈甲)이라 하는데, 이는 庚의 엄격한 법과 제도 안에서 선악을 구분하는 판단력을 의미하며, 甲의 무분별한 성장을 통제하여 사회적 안정을 유지시키는 지도력을 뜻하기도 한다.

庚-乙의 금극목은 양음의 상극 관계이다. 이는 乙의 확장성을 庚이 통제하기는 하지만, 오히려 乙-庚 합의 작용으로 생산적인 결과를 만들며, 庚이 본연의 속성을 상실하고 유연해진다. 직업적으로 볼 때 庚에게 乙은 사회적 경험 능력이 되며, 결실의 바탕이 되는 씨앗과 같은 것이다.

4) 庚의 요약

① 庚의 핵심 키워드는 다음과 같다.

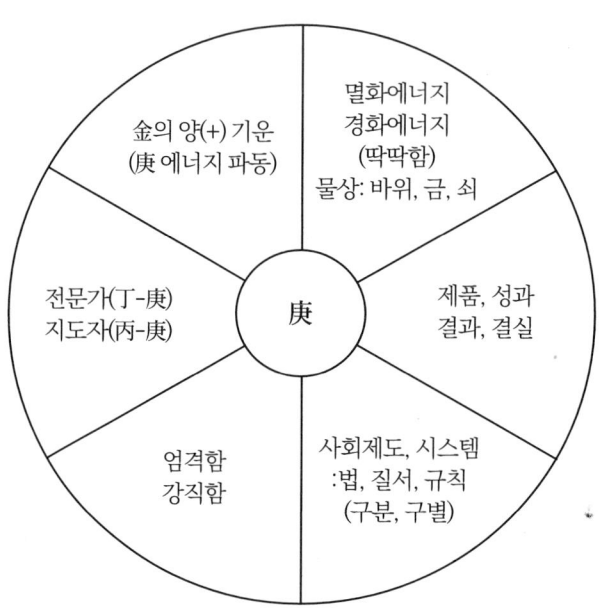

② 배합과 직업적 의미 해석

庚의 상생 관계는 土生金生水이고 상극 관계는 火剋金剋木이다. 水, 火를 바탕으로 庚의 선배합은 아래와 같다.

- 배합 A: 乙 – 丙 – 戊(己) – 庚 – 癸

- 배합 B: 甲 – 丁 – 己(戊) – 庚 – 壬

　배합 A의 의미는 乙-丙으로 조직 사회에서 인간관계를 통한 경험을 쌓고, 丙-戊-庚으로 조직의 리더로서의 충분한 훈련과 숙련 과정을 거쳤음을 뜻한다. 또한 庚-癸-乙은 실용적인 지식과 지혜를 갖추어 乙이라는 사람을 다스리는 지도자가 될 수 있다.

　배합 B의 의미는 甲-丁의 전문적 지식으로 절대적 실력을 쌓고, 丁-己-庚으로 적합한 환경에서 실제적 경험과 훈련을 통해 유용한 제품을 개발하는 책임자가 될 수 있다. 또한 庚-壬의 의미는 상품의 유통과 판매까지 담당하는 조직의 운영자나 관리자가 될 수 있다.

7. 신(辛)

1) 에너지 특성

앞서 설명한 庚은 金의 양(+) 에너지이고 辛은 음(-) 에너지로서 서로 상보적 특성을 갖는다. 辛은 庚 에너지에 의해 생성된 물질을 건조, 압축시키는 기운으로서, 질적인 완성도를 높이는 에너지이다. 자연 물상적으로 비유해 보면 庚은 나무에서 외형적으로 성장해가는 과일이라면, 辛은 맛과 크기가 완성되어 개별 포장까지 마친 상품성이 높은 과일이다.

천간의 에너지 특징으로 볼 때, 辛은 극히 건조한 기운으로서 물질의 습한 기운을 제거하여 더 이상 확장하지 못하도록 하며, 분리 수축을 통해 개별적 완성도를 높이는 기운이다.

다음 그림으로 庚과 辛을 기준으로 한 십천간 오행의 에너지 흐름을 이해하여 보자.

그림과 같이 庚辛 에너지는 丙丁과 戊己의 상극과 상생 속에서 결실과 물질의 완성을 이루며 壬癸로 전달된다.

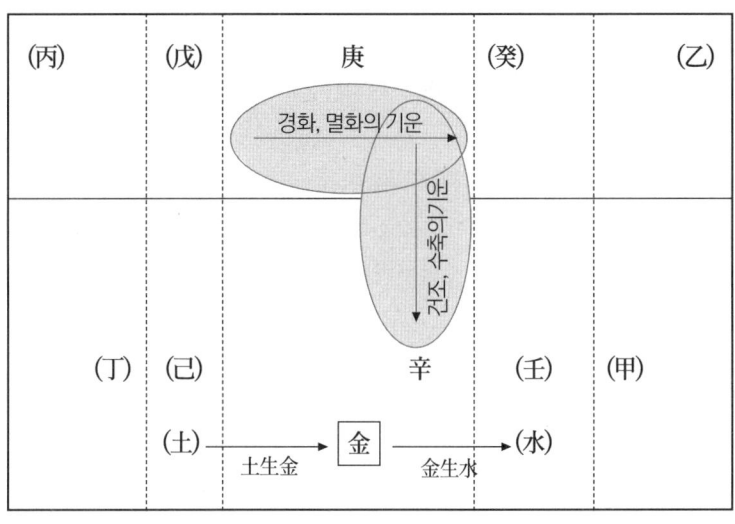

2) 개인 성격 및 성향

사주 천간의 네 글자 중 辛이 일간이나 시간 위치에 있을 때는 개인적 성격이 잘 드러나고, 연간이나 월간에 있을 때는 사회적 성향이나 태도로 나타난다. 辛은 물상적으로 비유할 때 완성품, 보석, 날카로운 칼 등이다. 천간의 에너지 특성으로 보면 차갑고 분리하는 속성이 있기 때문에 완벽한 사람으로서 독립하려는 성향이 강하다. 따라서 辛 일간의 경우 기본적으로 완벽을 추구하는 성격의 소유자이며 냉철하고 이성적이다. 그러나 사주 천간에 丙丁이 있거나 지지에 巳午未 등 火가 있어서 화극금을 받으면, 辛의 속성이 중화되어 잘 드러나지 않는다. 또한 火를 일간 중심의 십신으로 보면, 관성에 해당하기 때문에 오히려 가정이나 사회에서 자신이 봉사하거나 희생하는 성격으로 나타난다.

3) 辛의 상생상극 배합과 직업적 의미

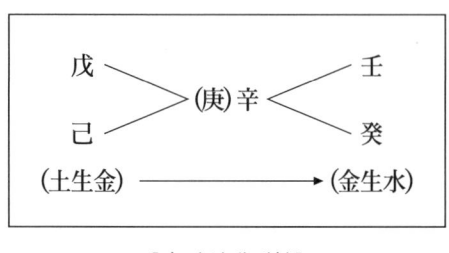

[辛의 상생 배합]

戊-辛의 토생금 의미를 辛 기준에서 살펴보자.

戊-庚이 사회적 제도와 시스템 속에서 물건을 만들어내는 총괄적 능력의 소유자라면, 戊-辛은 시대적 변화에 맞게 상품 가치를 더 업그레이드해서 완성시키는 능력으로 나타난다. 예를 들어 공장에서 만들어진 제품을 분류하고 개별 포장하여 상품성을 더 높이는 역할을 잘 할 수 있다. 여기서 戊는 세상 변화 및 유행 변화에 대한 총체적 인식 능력이지만, 戊가 2개 이상이면 辛이 매금되어 능력 발휘를 못한다.

반면에 己-辛 배합에서 己는 물건에 대한 개별적인 인지능력이다. 따라서 나의 경험적, 지적 실력을 바탕으로 물건을 선별하고 보존, 유지하는 능력으로 나타난다. 여기에 丁이 배합을 이루면 중고 상품을 재가공하여 업그레이드하는 것이며, 壬이 있으면 상품의 유통과 판매 능력을 말한다. 만약에 壬이 없으면 자신의 능력이 빛을 못 보고 사라질 수 있다. 또한 辛은 완벽하고 예민한 음간으로서 외부 여건에 민감하게 작용하고 쉽게 손상되므로, 수다금침, 화다금소, 토다금박 등 태과불급(太過不及)으로 인한 지나침의 피해를 주의해야 한다.

그러면 辛-壬의 금생수 의미를 살펴보자.

이 배합의 의미는 완성 상품인 辛이 壬이라는 큰 시장을 만난 것과 같다. 辛은 壬이라는 유통 공간을 만나야 자신의 상품 가치가 검증되고 인정을 받을 수 있다. 이것을 명리 용어로 도세(淘洗)라고 한다. 그래서 辛이 있는 사주가 壬을 갖추면 완성품과 같은 자신의 능력도 높은 가격으로 세상에 펼칠 수 있다. 辛에게 壬은 오랫동안 쌓아온 자신의 가치를 보존하고 발휘할 수 있는 유통 영역인 것이다.

辛-癸의 금생수는 의미가 좀 다르다.

본래 癸는 수생목을 해서 甲乙을 키우는 에너지이다. 즉 지식과 지혜를 의미하는 癸를 辛이 상생하는 것이니, 이는 후세에 전수할 만한 깊은 지식을 갖추는 것이다. 이를 명리 용어로 수원(水源)이라 한다. 생명수나 영양수처럼 끊임없이 지혜를 제공한다는 의미가 辛-癸의 금생수에 들어있다. 만약 사주에서 甲-丙의 목생화까지 된다면, 깊은 지식 체계를 갖추어 세상에 전파하는 직업을 갖게 된다.

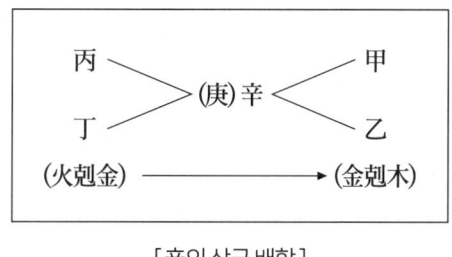

[辛의 상극 배합]

丙-辛과 丁-辛의 화극금은 어떤 의미인가?

丙-辛은 오행으로는 상극 관계지만 음양합을 하여 水라는 새로운 에너지로 발현된다. 이것을 辛 기준에서 인간사에 적용하여 의미를 살펴보면, 완성된 상품인 辛이 모든 것을 확장시키려는 속성의 丙을 만났으니, 다시 한번 상품가치가 재조명되고 상승함을 의미한다. 즉 유리한 조건의 사회조직을 만나 효율성 높은 상품으로 거듭나서 가치가 높아지게 된다.

한편 丁-辛은 丁의 열에너지가 이미 완성품이 된 辛을 다시 고치고 변형하여 재개발하는 것과 같다. 따라서 그동안 있었던 물건이나 제품뿐 아니라 지식이나 기술도 재조명되고 업그레이드됨을 의미한다. 예를 들어 기존에 있던 한옥집을 개량하여 편의성을 갖춘 집으로 만든다든가, 옛 학문을 시대적 환경적 변화에 맞게 재해석하여 가치를 높이는 것을 말한다.

그러면 辛-甲과 辛-乙의 금극목을 알아보자.

우주의 순환과정으로 볼 때, 木은 金으로 바뀌지만, 金은 또다시 水에서 씨앗으로 저장되었다가 木으로 다시 태어난다. 따라서 금극목의 상극 관계도 자연의 균형과 대칭을 맞추려는 자연의 운동이다. 에너지 운동성 관점에서 볼 때 辛 에너지는 甲의 수직적 상승 에너지를 정밀하게 통제한다는 의미다. 庚이 외적이고 전체적인 제어 작용을 한다면, 辛은 내적이고 세부적 통제라고 이해하면 된다. 예를 들어 사주에 辛-甲이 있고 운에서 辛이나 甲이 와서 금극목 작용이 일어나면, 물질적 변화뿐만 아니라 정신적 내면적 변화도 생긴다. 즉 실제적인 행동이나 언어 그리고 생각의 변화까지 나타나게 된다.

한편 辛-乙은 물질 그 자체를 상징하는 음-음의 에너지 충돌이기 때문에 보다 구체적인 현상으로 발생되며, 신체적 수술이나 교정 등 건강 문제가 생길 수 있다. 물건 이동에 따른 손실이나 부동산 매매와 같은 재산 변동도 생긴다. 그러나 사주에 丙丁 등 火가 있거나 壬癸 등 水가 있으면, 오히려 긍정적으로 발현되며 질병이 치료되며 건강해지거나 재산 가치가 더 커진다.

4) 辛의 요약

① 辛의 핵심 키워드는 다음과 같다.

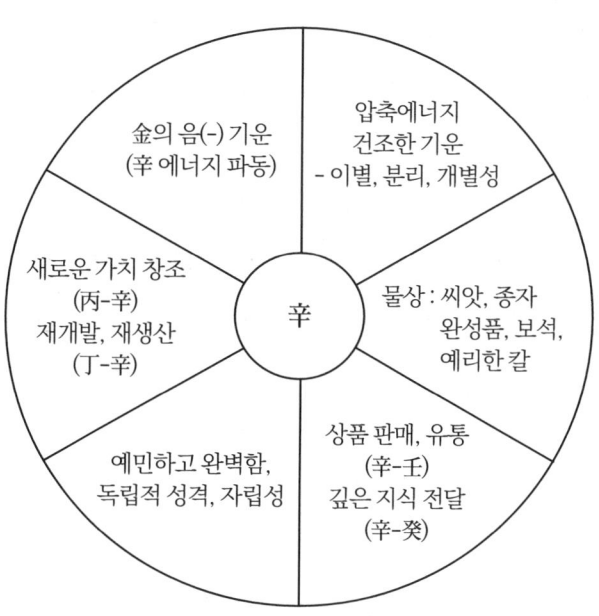

② 배합과 직업적 의미 해석

辛의 상생 관계는 土生金生水이고 상극 관계는 火剋金剋木이다.

- 배합 A: 乙(甲) – 丙 – 戊(己) – 辛 – 壬(癸)
- 배합 B: 甲(乙) – 丁 – 己(戊) – 辛 – 壬(癸)

위 배합은 에너지 특성에 맞는 완전한 선배합이며, 사주마다 2자 조합, 3자 조합, 4자 조합 등 다르게 갖출 수 있다. 실제 삶에서는 개인 사주에 있는 천간 오행뿐 아니라, 지장간 속의 오행이 대운과 세운에 의해서 발현되어 직업적 현상으로 나타난다.

배합 A 유형의 의미는 乙-丙으로 사회에서 경험을 쌓고, 丙-戊-辛으로 시대나 환경 변화에 맞추어 상품 가치를 더 높여서 辛-壬으로 유통, 판매하는 능력을 갖춘다.

배합 B 유형은 甲-丁으로 전문적 실력을 쌓아서 丁-己-辛으로 개인적인 기술 능력을 발휘하여 상품을 새롭게 재가공하고 업그레이드해서 辛-壬으로 판매하는 능력이다. 만약에 辛-癸-甲일 경우는 辛의 모든 전문적, 지적 실력을 후배나 제자에게 가르쳐서 전수함을 의미한다. 즉 미래까지 연결돼서 새로운 시작으로 이어짐을 뜻한다.

8. 임(壬)

1) 에너지 특성

壬은 동양 우주론적 관점에서 끝과 시작이 공존하는 어두운 시공간으로 무(無)나 공(空)의 상태이다. 壬을 현대 입자물리학 이론으로 설명하면 진공 상태의 힉스장이나 힉스 입자와 같은 개념이다. 입자물리학 이론에 따르면 우주에 존재하는 모든 것은 입자로 되어 있고, 힉스 입자는 우주 공간에 가득 차 있으며 소립자의 질량을 만들어내는 근원이고, 약 전하(weak charge) 상태라는 것이다. 이 내용은 바로 壬에 대한 본질적 이해를 돕는 과학적 설명이다. 동양 사상에서 사유와 통찰에 의해 이해된 壬이 21세기 현대물리학에서 과학적으로 설명되고 있다.

이 내용을 음양오행으로 설명하자면, 壬은 아무것도 없는 진공상태인 것 같지만 마찰 에너지와 같은 戊己가 상극하여 甲乙, 庚辛과 같은 소립자의 질량을 만들어 낸다고 본다. 즉 壬은 힉스장처럼 약 전하의 바다이며, 우주의 모든 에너지는 약한 핵력의 상호작용에서 시작된다고 보는 것이다. 壬이 자연 물질계에서 물상으로 드러나면 큰 바다, 강, 차가운 물로 비유되며, 빛이 없는 어둠의 세계로서 생명체가 살 수 없는 응결된 시공간을 의미한다.

2) 개인 성격 및 성향

壬 일간이거나 월간 또는 시간에 壬이 2개 이상 있을 때, 기본적으로 성격은 매우 신중하고 깊은 바다속처럼 그 내면을 가늠하기 어렵다. 사람 관계에서는 소극적이며 외부 환경과의 접촉을 꺼려 한다. 따라서 적극적 활동이나 다양한 사회 참여 의지가 부족하다. 이것은 현실에서의 적응력 부재로 나타날 수 있고 적극적으로 직업 활동에 참여하지 않을 수 있다.

그러나 실제 사주에서는 丙丁 戊己 등 다른 오행들과 배합을 이루고 있기 때문에 여러 가지 복합적인 성향을 갖는 경우가 많다. 만약에 壬 일간이 庚辛-壬의 금생수 배합이 있으면, 무엇이든 모으고 집중하는 성향을 지니며, 丙丁이 있어서 수극화하면 소유욕이 있고 경제적인 부를 이룰 수 있다.

3) 壬의 상생상극 배합과 직업적 의미

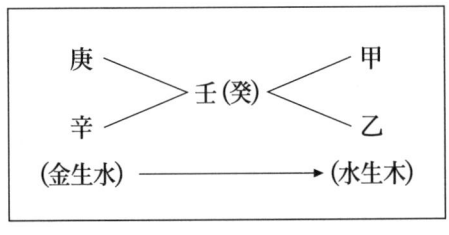

[壬의 상생 배합]

庚-壬과 辛-壬의 금생수는 인간의 삶에서 어떤 현상으로 나타날까?

壬은 그동안 만들어온 제품뿐 아니라 외부 지식이나 경력 등이 모여지고 판매되는 시공간 환경이다. 壬 기준에서 볼 때 庚은 자신의 전문적 지식이며 기술적 능력이다. 따라서 庚-壬의 상생관계는 한 분야에서 오랜 숙련 과정을 거쳐 전문성을 갖춘 능력을 의미한다.

반면에 辛-壬은 완전한 상품 가치를 지닌 辛이 壬이라는 수요 공급 시장에서 높은 가격에 판매됨을 뜻한다. 즉 완성도 높은 물건이나 지적 생산물들이 壬이라는 시장에 잘 보관되고 저장되어 유통된다는 의미다. 壬에게 辛이 잘 배합되어 있으면 자신의 능력에 대한 상품 가치도 높아서 사회에서 잘 활용될 수 있음을 뜻한다.

그러면 壬-甲과 壬-乙의 수생목 의미를 알아보자.

본래 수생목 의미는 지식 체계를 쌓아 사회 활동을 준비하는 것이다. 壬의 지식은 외부에서 유입된 실용적 학문을 의미한다. 예를 들어 사회학, 경제학, 무역학, 과학 등 과학 물질문명과 관련된 외래 학문이다. 따라서 壬-甲은 이러한 학문 분야에서 甲의 절대적 실력을 쌓는 것이고, 국가 자격증이나 국제적 라이센스를 얻어서 직업적 능력을 갖추게 된다.

한편 壬-乙은 사회 활동과 사람들 간의 소통에 필요한 실용적 지식을 쌓는 것이다. 이것은 깊은 전문적 지식이 아니라 개인 간의 경쟁과 직업 활동에 필요한 광범위한 상대적 지식이다. 이러한 壬-甲乙의 지식이 사회조직 속에서 잘 활용되려면 丙丁이 배합되어야 한다.

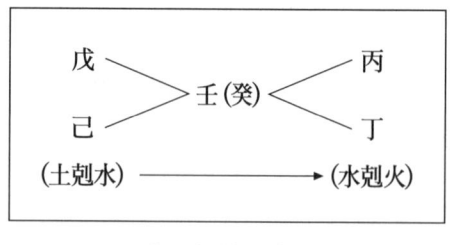

[壬의 상극 배합]

壬의 상극 배합에서 戊-壬과 己-壬의 토극수 의미는 무엇인가?

壬 기준에서 戊가 있다는 의미는 드넓은 바다와 강에 둑을 쌓아 쓸모 있는 용수로 활용하려는 것이다. 이것을 명리 용어로 제방(堤防)이라 한다. 만약에 戊가 없으면 물이 다 흘러가버려서 아무것도 없는 것과 같다. 반대로 戊가 너무 많아 토극수가 지나치면 土로 모든 용수를 덮어버렸으니 또 쓸 수가 없게 된다. 이와 같이 오행은 균형과 조화가 중요하며 戊-壬의 배합에서도 土水가 1:1 정도의 적합한 비율로 있을 때 그 활용 가치가 높아진다.

己-壬의 관계는 고서에서 기임탁수(己壬濁水)라 하여 부정적으로 해석하였다. 본래 己는 작은 옥토이며 개인적으로 특화된 공간인데, 壬과 같이 큰 강물이 합해졌으니 홍수와 같은 위험이 있고, 壬 관점에서는 己가 지나치게 많으면 물이 탁해질 수 있다는 것이다. 그러나 현대와 같이 분업화되고 개인적 능력이 중시되는 물질사회에서는, 己를 통하여 여러 분야에서 자신의 전문적 능력을 키우고 다양한 공간에서 활용함으로써 壬을 더 효과적으로 쓴다는 의미다. 실제로 현대 사회에서는 자신의 전문적 능력과 경험을 바탕으로 하여 전국적인 프랜차이즈 사업을 하는 등 경영능력을 발휘하는 경우가 많다.

그러면 壬-丙과 壬-丁의 수극화 의미를 알아보자.

水와 火는 우주 자연의 근원적 에너지이며 큰 틀에서 음과 양의 두 에너지 축으로 서로 상호작용한다. 여기에 土라는 마찰 에너지가 음양을 조절하고 중화하여 木金이라는 만물의 기운을 낳는 것이다. 따라서 수극화는 수화기제라 하여 모든 것이 완성됨을 의미한다. 즉 水에서 시작하여 火까지 다 이루었다는 뜻으로 사주명리에서도 물질적 완성뿐 아니라 균형 있고 조화로운 정신 건강의 요건으로 본다.

구체적으로 壬-丙의 수극화는 우리의 삶에서 어떤 의미인가?

壬의 넓은 바다에 찬란한 丙의 빛을 비추는 광경에 비유되니 텅 빈 壬의 공간에 丙이라는 인간 사회조직이 있다는 의미다. 즉 壬 속에 저장된 폭넓은 지식으로 丙의 사회조직을 구성하여 인간에게 적합한 활동 환경이 마련됨을 의미한다. 그러나 실제 인간 삶의 관점에서 볼 때 壬은 庚辛으로 금생수 되어야 물건과 능력이 있는 것이고, 丙은 甲乙이 있어서 상생을 받아야 조직에서 다스릴 사람들이 있는 것이니, 金과 木이라는 만물이 채워져야 하는 것이다.

壬-丁의 수극화는 음양의 합이 되어 생명 에너지인 木을 탄생시키는 유력한 수화기제이다. 항상 음양의 합 관계는 새로운 에너지를 탄생시켜서 우주자연의 순환을 이어가기 때문에 더욱 중요시한다. 실제 壬-丁 합이 있는 사주는 인간 삶에서 개인적으로는 남녀의 인연과 만남을 의미하며, 생명 탄생의 본질적 에너지로 본다. 직업적 의미로는 壬에게 丁의 물질 탐구 능력과 전문적 기술능력이 배합되었으니, 壬의 실용적인 외부 지식이 잘 활용되어 새로운 결과물을 만들어 낼 수 있다. 따라서 사주에서 庚辛-壬-丁 배합이 되면 전문성을 갖춘 명장으로서 부를 이룰 수 있다.

4) 壬의 요약

① 壬의 핵심 키워드를 정리해 보자.

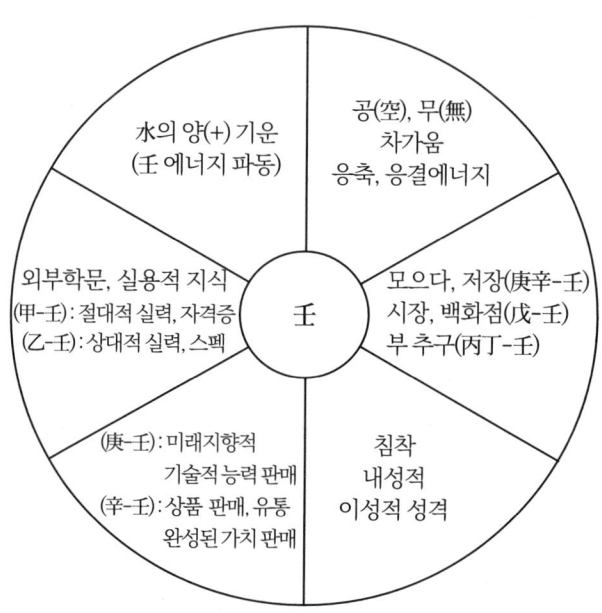

② 배합과 직업적 의미 해석

壬의 상생 관계는 金生水生木이고 상극 관계는 土剋水剋火이다.

- 배합 A: 戊(己) - 庚 - 壬 - 乙 - 丙
- 배합 B: 己(戊) - 辛 - 壬 - 甲 - 丁

壬 기준에서 배합 A 유형의 직업적 의미는 戊-壬 배합으로 잘 갖추어진 유통 시장에서 세상의 변화나 환경 변화를 인지하고, 庚-壬으로 자신의 전문적 지식이나 기술적 능력을 시장 가치에 맞게 발휘한다. 壬-乙은 사회나 고객들과의 소통을 위한 실용적 지식을 쌓는 것이며 壬-乙-丙으로 수화기제를 이루면 丙의 조직 속에서 많은 고객과 아랫사람을 관리하는 운영자가 될 수 있다.

배합 B의 유형은 己-壬으로 넓은 시장의 특정 요구에 부합하는 자기 실력을 갖추어서, 辛-壬으로 완성된 상품을 팔거나 상품 가치가 있는 자신의 능력을 수요 시장에서 발휘함을 의미한다. 또한 壬-甲으로 사회에서 요구하는 실용적 학문을 배워서 절대적으로 실력을 쌓고 그 지식을 甲에게 전수한다. 辛-壬-甲-丁으로 배합을 이루면 실력과 기술 능력을 겸비한 가치 있는 전문가나 전문경영인이 될 수 있다.

9. 계(癸)

1) 에너지 특성

앞서 설명한 壬이 우주 공간에 가득 차 있는 힉스장과 같은 개념이라면, 癸는 지구의 대기권에서 생명체를 키울 수 있는 따뜻한 수증기나 비와 같은 것이다. 약 전하의 바다인 힉스장과 같은 壬(陰)에서 丙(陽)의 빛에너지가 지구 대기권에 작용해 癸라는 기운이 생긴 것이다. 癸의 물상은 차가운 호수와 같은 壬水에서 분수처럼 퍼져 나가는 물줄기와 같다. 壬이 응축, 응결 에너지라면 癸는 발산, 분산 에너지이며 만물 생장의 근원이 되는 생명수와 같다.

종합하자면 癸는 丙과 짝을 이루는 습한 에너지로서 생명체를 키우고, 반대로 丁은 건조한 에너지로서 壬과 짝을 이루어 물건을 만드는 기운으로 작용하는 것이다. 이와 함께 戊己 土의 마찰 에너지가 중화, 조절하여 우주의 대칭적 순환이 이루어진다.

다음 그림으로 壬 癸의 에너지 특성을 이해하여 보자.

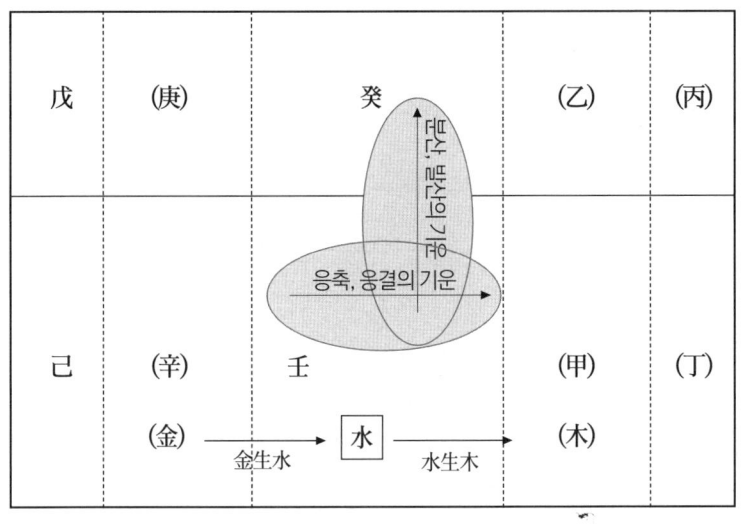

2) 개인 성격 및 마음

일간이 癸이거나 사주 천간에 癸가 있으면, 생명을 키우는 모성애와 같은 사랑이나 자비로움을 갖는다. 물질보다는 내면적인 정신, 감성, 양심을 중시하고 지혜로움을 추구한다. 壬이 실용적이며 물질적 지식 추구를 우선한다면, 癸는 인문학적 철학적 지혜를 추구하며 인간의 기본적 본성을 우선시한다.

癸의 습한 에너지 때문에 붙임성이 좋고, 이해관계보다는 순수한 정에 바탕을 두고 사람을 사귀려는 마음을 갖는다. 그러나 사주에 癸가 많아서 과습 되면 과한 상상력으로 우울증이나 신경쇠약증 등 정신적인 문제를 겪을 수 있다. 이때 사주에 庚 申 또는 巳酉丑 삼합이 있으면, 정신을 맑게 해서 건강한 마음을 회복할 수 있다. 또한 감성적인 癸 일간이 행복해지려면, 마음을 닦아 지혜롭게 살려고 노력하는 게 필요하고 현실을 인정하고 멘탈을 튼튼히 해야 한다.

3) 癸의 상생상극 배합과 직업적 의미

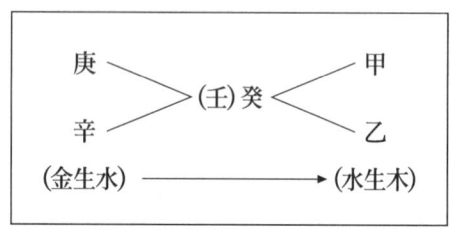

[癸의 상생 배합]

癸 기준에서 庚-癸와 辛-癸의 금생수는 어떤 의미인가?

癸의 지혜와 지식이 끊임없이 발전되려면 庚辛의 상생을 받아야 한다. 이것을 명리 용어로 수원(水源)이라 한다. 수원은 지혜가 샘솟는 물처럼 계속 흘러나와서 자신의 능력이 오래 유지되고 꾸준히 가치가 상승된다는 의미다.

庚-癸의 목적은 庚의 제품 생산 능력과 노하우 등 미래에 활용 가치가 높은 지적 상품이 癸의 지혜로 발전되어서 甲乙에게 넘겨주기 위한 것이다. 따라서 癸 기준에서 庚-癸는 이러한 지식과 실력을 쌓고 준비하는 과정을 의미한다. 또한 개인적 측면에서 庚은 癸가 긍정적 사고와 미래지향적 의지 등 건강한 마음을 유지하는데 꼭 필요한 약과 같다. 庚이 있어야 내 마음을 잘 컨트롤하여 타인과 원만한 소통이 가능하며, 사회에서 필요한 경쟁력도 갖출 수 있다.

한편 辛-癸의 본질적 의미는 씨앗이나 유전정보와 같은 辛의 과거 지식이 癸에 의해 잘 유지 보관됨을 말한다. 즉 과거부터 오랜 세월 쌓여온 깊은 지식을 癸가 습득하여 甲乙에게 전함을 목표로 한다. 辛-癸는 천부적으로 타고난 지적 능력을 말하며 후세에 가르치고 전달할 정도의 실력을 뜻한다. 여기에 甲乙이 있어야 전달받을 사람이 있는 것이고, 丙丁이 있어야 사회적으로 활용될 수 있다. 그러나 개인적 관점에서 辛癸가 너무 왕(旺)할 때 나의 주관적 사고 및 편협된 생각으로 인한 트라우마가 발생할 수 있다. 또한 사회적으로는 자신의 깊은 실력과 높은 자질에 비해 대중에게 인정받지 못할 수 있다.

그러면 癸-甲과 癸-乙의 수생목 의미를 살펴보자.

癸-甲은 庚辛의 지식과 지혜를 습득한 癸가 甲이라는 학생이나 후배에게 가르쳐 줌을 의미한다. 甲의 물상은 뿌리와 근본이 튼튼한 것으로 최고의 절대적 실력과 지식체계를 갖추어 후세에 전달한다는 뜻이다. 壬-甲이 외부적 실용적 지식체계라면 癸-甲은 내면적 본질을 중시하는 지식을 쌓는 것이다. 이러한 지식이 실제적으로 기록화되고 쓰임이 있게 되려면 己의 윤택한 환경을 만나야 한다.

반면에 癸-乙은 乙의 사회적 활동에 필요한 활용적 지식을 습득하는 과정을 말한다. 甲이 최고의 절대적 실력으로 지적 자산권, 자격증을 갖는다면, 乙은 타인과의 관계 속에서 실용적 지식, 상대적 실력 쌓기를 뜻한다. 여기에 丙이 배합되면 사회조직 속에서 癸-乙의 지적 능력을 잘 발휘할 수 있다.

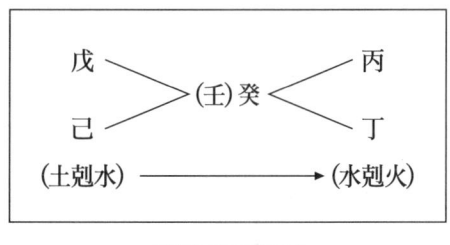

[癸의 상극 배합]

癸의 상극 배합으로 戊-癸와 己-癸의 토극수 의미를 살펴보자.

戊-癸는 음양과 오행의 정 반대 에너지가 천간합한 것으로 새로운 에너지인 火를 만들어낸다. 癸라는 지구 대기권 수증기가 戊라는 지구 땅과 합하여 丙火의 따뜻한 기운으로 바뀌는 것은 甲乙을 키우기 위함이다. 그러나 癸 기준에서 볼 때, 癸의 원래 속성인 내면적 지혜와 지식이 戊에 흡수되어 드러나지 못함을 뜻한다. 즉 인간사에서 癸는 자신의 깊은 지혜나 지식을 발휘하지 못하고, 주변 환경을 의식하면서 타인을 보좌하는 삶을 살 수 있다.

한편 己-癸는 癸가 지식을 습득하고 저장하기에 적합한 己의 환경을 만난 것이다. 이를 명리 용어로 윤택(潤澤)이라고 하는데, 甲을 키우기 좋은 옥토라는 의미로 癸-甲의 지식체계를 위한 바탕이 된다. 따라서 사주에서 癸가 己 또는 지지에 丑, 未 등을 만나면, 양질의 교육적 환경에서 자신의 지적 능력을 실현시키는 삶을 살게 된다.

그러면 癸-丙과 癸-丁의 수극화 의미는 무엇인가?

기본적으로 壬癸는 丙丁을 만나야 음양 운동의 균형을 이뤄서 모든 일이 완성되는 수화기제가 된다. 즉 水의 지혜와 지식이 火의 사회에서 유용하게 쓰이고 활용될 수 있다는 의미다.

癸-丙의 상극 배합 의미는 癸의 도덕적 본성을 바탕으로 한 인문학적 지혜가 丙의 사회조직 사람들을 존중하고 통솔하는 방식으로 쓰인다. 즉 사회에서 부성애와 같은 따뜻한 마음으로 아랫사람을 이끌 수 있는 리더의 내적 자질을 갖춘 것이다. 사주에 甲乙이 함께 배합되어 있다면 주변에 인도할 사람이 많다는 것이고, 癸의 지혜와 인성이 잘 발휘되어 원만한 인간관계를 형성하게 된다. 그러나 丙이 많으면 癸가 과도한 사회적 역할로 인하여 스트레스를 받고 지혜로운 본성이 감춰질 수 있다.

癸-丁의 배합은 癸의 지적 능력이 丁의 기술적 전문성과 만나서 사회에서 통합된 능력으로 발휘될 수 있다. 예를 들어 인문학과 과학의 융합, 명리학의 과학적 연구, 인간과 대화하는 로봇 개발, 또는 인간의 감성을 바탕으로 한 예술 작품이나 인간을 위한 건축설계 등 현대사회의 다양한 영역에서 탁월한 능력을 펼칠 수 있다.

4) 癸의 요약

① 癸의 핵심 키워드는 다음과 같다.

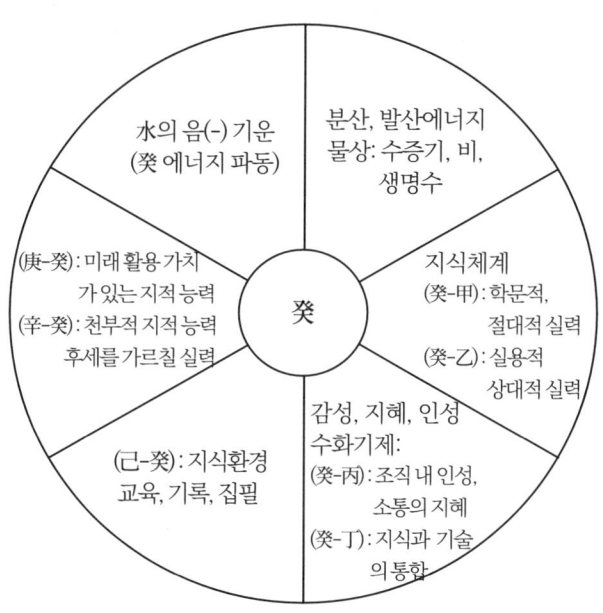

② 배합과 직업적 의미 해석

癸의 상생 관계는 金生水生木이고 상극 관계는 土剋水剋火이다.

- 배합 A: 己(戊) - 辛 - 癸 - 甲 - 丁
- 배합 B: 戊(己) - 庚 - 癸 - 乙 - 丙

癸 기준으로 배합 A의 유형의 직업적 의미는, 己-癸로 적합한 지식 습득 환경을 만나서 辛-癸로 깊은 지식을 습득하고 타인에게 가르칠 만한 실력을 준비한다. 癸-甲-丁 배합 의미는 자신이 쌓은 전문적 지식 체계와 지적 능력을 사회에 나가 발휘하게 된다. 연구원, 교수, 컨설팅 등의 직업을 가질 수 있다.

배합 B는 戊-癸로 사회적 시대적 변화를 인지하는 능력을 갖춘다. 庚-癸로 현재와 미래에 활용성 높은 지식을 습득하고 자신의 정신적 역량을 튼튼히 갖춘다. 癸-乙-丙 배합은 사회조직에 참여하여 부성애 같은 사랑으로 조직원들을 선도하고 통솔하는 역할을 한다. 사회에서 조직의 관리자나 리더가 될 수 있다.

제5장

십이지지의 이해 및 출생 월별 직업 능력

● 지지의 이해

십천간은 에너지 파동이며 기(氣)의 영역이라 했다. 이러한 천간의 에너지가 땅에서 형체를 갖고 물형 변화가 일어나는데, 이 시공간을 십이지지라 한다.

우리가 십이지지를 쉽게 이해하려면 1년 12개월의 시간 공간 변화를 생각하면 된다. 즉 동지를 기점으로 하여 子月(양력 12월), 丑月(1월), 寅月(2월), 卯月(3월), 辰月(4월), 巳月(5월), 午月(6월), 未月(7월), 申月(8월), 酉月(9월), 戌月(10월), 亥月(11월)을 말한다. 이것은 지구의 공전으로 인한 태양의 남중고도의 차이와 온도·습도의 변화 때문임을 3장에서 설명하였다.

한편 1일도 子시에서 亥시까지 2시간 간격으로 12개로 구분되며 월의 축소적 의미로 이해하면 된다. 1일은 지구의 자전운동으로 인한 밤낮과 온도·습도의 변화 사이클이다. 또한 생년, 월, 일, 시가 표시된 사주에서 연지도 12년의 순환 주기를 갖게 되며, 일지도 12일마다 순환 사이클을 갖는다.

요약하자면 지구의 자전과 공전운동으로 인한 지구의 온도·습도 변화를 12개 시공간으로 나눈 것이 십이지지다. 십이지지를 쉽게 이해하는 방법은 2가지다.

첫째는 우리가 사는 자연 물질계를 계절 변화 중심으로 이해하는 것이다.

```
봄   : 寅卯辰 (양력 2, 3, 4월)
여름 : 巳午未 (양력 5, 6, 7월)
가을 : 申酉戌 (양력 8, 9, 10월)
겨울 : 亥子丑 (양력 11, 12, 1월)
```

[계절(季節), 방위(方位) 중심의 방합(方合)]

　위 표는 12개월을 온도와 습도 변화에 따라 사계절로 구분한 것이며, 천간의 기운이 땅에서 생명체로 나타나는 봄의 寅월을 기점으로 한 것이다. 봄은 공간적으로는 동쪽 방위를 의미하기 때문에 寅卯辰은 봄의 시간과 동쪽이라는 방위에 위치한 에너지 그룹이다. 따라서 이 에너지 세력을 방합이라 부른다. 만약 사주에서 방합을 이루면, 살아가면서 혈연이나 지연 학연으로 인간관계를 맺고 그들의 도움을 많이 받는다.

　가령 봄을 에너지 속성에 따라 설명하면, 寅木은 미래의 동적 에너지가 강한 생지(生地)이며, 卯木은 현재 중심의 왕성한 에너지를 갖고 있는 왕지(旺地)이다. 그리고 辰土는 봄의 木 기운을 마무리하고 여름 火의 영역으로 가기 위한 조정, 조절의 시공간이다. 이를 고지(庫地)라 부르며 봄의 木 에너지를 土라는 창고에 보관했음을 의미한다. 이와 같이 십이지지는 봄, 여름, 가을, 겨울이라는 계절의 특성과 함께 생지, 왕지, 고지로 나누어 그 물질적 변화를 이해하면 된다.

　두 번째 방법은 십이지지 속에 들어있는 지장간의 천간 에너지 파동 변화를 이해하는 것이다. 이 과정을 삼합 운동이라 하는데, 십천간의 오행이 각각 지지 물질 공간에서 어떤 에너지 운동성을 갖고 열두 개의 시공간에서 물질 변화를 만드는가를 보여준다. 사주에 삼합이 있으면 직업적 사회적 목적 의식이 뚜렷하며, 전문성을 갖고 계속 성장 발전하게 된다.

그러면 예를 들어 십천간 에너지 중에 甲을 살펴보자.

甲은 亥卯未 삼합 운동을 한다. 亥月에 기운이 생겨나서 卯月까지 점점 에너지가 커지다가, 춘분이 되면 음양 운동이 교차되어 乙로 바뀐다. 乙 에너지는 지지 공간에서 卯木의 형태로 발현되어 성장을 지속하다가, 하지를 지나 未月이 되면 입고된다. 未月에 甲木은 사목(死木)이 되어 인공 재료로 쓰인다. 그러나 乙木은 창고에 보관된 상태로 존재한다. 따라서 운에서 해묘미 삼합의 기운으로 연결되면 언제든지 乙木은 활동성을 갖게 된다. 인간 삶에서도 어머니가 자식을 키워서 다음 세대까지 이어가듯이, 자연에서도 양간인 甲은 사라져도 음간인 乙이 木의 에너지를 戌月까지 이어간다. 그리고 亥月에 다시 양간인 甲이 탄생하여 우주 자연의 순환은 계속된다.

이러한 일련의 운동성을 우리는 어떻게 확인할 수 있을까?

바로 지장간에 천간의 에너지 흐름이 모두 표시되어 있다. 즉 亥의 지장간에는 戊, 甲, 壬: 7, 7, 16일, 卯에는 甲, 乙: 15, 15일, 未에는 丁, 乙, 己: 9, 3, 18일이라고 되어 있는데, 이것은 甲의 천간 에너지 파동이 지지 시공간에서 亥卯未 삼합 운동을 하면서 물형 변화를 만들어내는 에너지 흐름을 보여준다. 지장간 옆에 있는 숫자는 매월 30일을 기준으로 하여 각각의 천간 에너지가 땅에 머무는 날짜를 표시한 것이다.

이와 같은 삼합 운동은 오행에 따라 각각 네 종류가 있다.

```
水(壬癸) 운동 --- 申子辰 삼합
木(甲乙) 운동 --- 亥卯未 삼합
火(丙丁) 운동 --- 寅午戌 삼합
金(庚辛) 운동 --- 巳酉丑 삼합
```

[오행(五行)의 삼합(三合) 운동]

단 土(戊己)는 화토동근(火土同根)이라 하여, 火(丙丁)과 같이 인오술 운동을 하며, 지지의 모든 시공간에 보조적으로 항상 존재한다.

요약하면 삼합 운동은 십천간 에너지 파동이 십이지지 시공간에서 각각의 에너지 궤도에 따라 땅의 물질 변화를 만들어내고 있음을 알려준다. 따라서 사주명리에서도 인간 삶의 활동성 및 사건 발생의 순조로움을 판단할 때 삼합을 가장 중요한 요소로 본다. 예를 들어 삼합끼리 충이 되면 길흉의 변화가 생기고 삼합이 잘 형성되면 목적한 바대로 일이 순조롭게 진행된다.

그러면 이제부터 삼합을 바탕으로 지지에서 일어나는 육충(六沖)의 원리를 다음 표로 이해하여 보자.

정신에너지 운동				물질 에너지 운동			
	①	②	③		④	⑤	⑥
水 운동	申	子	辰	木 운동	亥	卯	未
	↕	↕	↕		↕	↕	↕
火 운동	寅	午	戌	金 운동	巳	酉	丑

[지지(地支)의 육충(六沖) 원리]

표에서 보듯이 지지 육충에는 인신충, 자오충, 진술충, 사해충, 묘유충, 축미충이 있다. 정신에너지 운동인 水와 火가 서로 충하고, 물질 에너지 운동인 木과 金이 서로 충하여, ①에서 ⑥까지의 지지 육충이 생긴다.

水火 운동은 근본적으로 자연의 온도와 습도를 조절해서 생명 활동에 영향을 주기 때문에, 인간에게는 정신적 목적의식을 발현하는 것으로 해석한다. 반면에 木金 운동은 물질 그 자체를 이루는 에너지로써 인간의 육체나 물질 변화를 일으킨다. 이러한 충 작용에 의해서 개인적 변화 및 사회적 직업적 변동이 발생한다.

그 외에 중요한 지지의 상호작용 현상으로 육합(六合), 형(刑), 원진(元嗔) 등이 있다.

육합은 매일 회전하는 지구의 자전운동 때문에 생긴 합이기에 개인적으로는 매일 만나고 헤어지고를 반복하는 인연 관계를 말한다. 그래서 사주에 일지 기준으로 육합이 있으면 애정지합이라 부른다. 또한 천간 오합처럼 지지 육합도 새로운 오행을 발현시켜 땅에서 생명의 순환을 이어간다. 지지 육합과 새로 발현된 변화 오행을 보면 다음과 같다.

子丑合 → 土, 寅亥合 → 木, 卯戌合 → 火, 辰酉合 → 金,
巳申合 → 水, 午未合 → 火

천간 오합과 함께 지지 육합은 생명의 연속성을 의미하는 중요한 합이다.

형과 원진은 시공간적으로 90도 만큼의 에너지 차이로 인한 왜곡 현상이며 인간사에서 사건의 갈등 및 조정할 일이 생긴다. 오히려 180도 정반대의 에너지 만남에 의한 충보다 일이 더 지체되고, 외부 방해나 간섭으로 인해서 더 힘들고 지치게 할 수 있는 부정적 요소를 갖고 있다.

형(刑)은 형살(刑殺)이라고도 부르는데, 대표적으로 인사신(寅巳申) 삼형과 축술미(丑戌未) 삼형이 있다. 인사신 삼형은 각 계절을 시작하는 강한 기운끼리 만나서 서로 조절하는 것이 필요하다. 각 계절의 생지는 미래 지향적인 폭발적 에너지이기 때문에 속도가 빠르고 확장적인 속성을 갖고 있다. 봄을 시작하는 寅, 여름을 시작하는 巳, 가을을 시작하는 申의 폭발적 에너지가 함께 만났으니, 서로의 확장성에 대한 스피드 조절이 필요한 것이다.

만약 사주에서 일간이 이러한 에너지를 감당할 수 있을 정도의 신왕한 사주일 때는 상승 발전의 기회가 될 수 있지만, 대부분은 갈등이나 사건을 조절할 일이 생겨서 일이 오래 지속되지 못할 위험성이 있다. 또한 寅巳형, 巳申형 등 두 에너지끼리의 형(刑) 작용도 있는데, 정신적 육체적 사건 사고가 생길 수 있으니 조심해야 한다.

이와 대조적으로 축술미 삼형은 각 계절의 고지끼리 만나서 형 작용이 발생하는 것이다. 고지는 그 계절의 기운을 마무리하여 창고 속에 보관한 상태인데, 이들이 서로 만나서 충하여 창고가 열렸으니 잠재되어 있던 땅속 에너지들이 발현되어 갈등, 조절할 일이 생긴다. 이를 명리 용어로 개고(開庫)라 하며, 축술, 술미형도 유사한 작용을 일으킨다. 이러한 형살을 직업적으로 잘 활용하면 정신 상담 치료사, 치과 의사, 경제 외교 협상 전문가로 뛰어난 조정, 조절 능력을 발휘할 수 있다.

원진(元嗔)은 으뜸 원(元) 자를 쓰지만, 신살의 하나로 원망할 원(怨) 자를 쓰기도 하며, 남녀 부부 사이에 일어나는 정신적인 원망, 불화, 분노, 고통을 말한다. 실질적 원인은 둘 사이의 근본적 문제가 아니라 제 삼자의 방해 때문에 생긴다. 원진은 또한 뗄 수 없는 정을 갖고 있기 때문에 충처럼 완전한 분리나 포기를 못하며, 집착과 미움이 반복되는 과정을 겪는다. 만약 사주가 길신으로 되어있고 삼합, 방합, 육합 등이 있으면 긍정적으로 해결할 수 있다.

원진은 子未, 丑午, 寅酉, 卯申, 辰亥, 巳戌 원진의 6종류가 있다.

● 월지의 중요성과 직업 능력

십이지지 중에 개인 사주는 생년, 월, 일, 시지 각각에 네 개의 시공간 에너지가 표시되어 있다. 앞서 2장에서 설명한 바와 같이 각각의 궁(宮)마다 의미가 다르지만, 특히 자신이 태어난 월지는 사회적, 직업적, 가정적 환경을 뜻하므로 가장 중요하다.

연지가 국가나 세계와 같은 간접적, 포괄적 환경이라면 월지는 내가 직접 속해있는 직접적인 환경이다. 이러한 이유로 월지의 중요성은 누차 강조되어 왔으며, 현대 산업사회에서 나의 특정한 직업적 환경이고 나의 직업적 잠재력과 사회적으로 할 일을 의미하기도 한다. 이에 대한 정보는 월지 속에 들어있는 지장간의 에너지 정보와 이들의 상생상극 배합 의미 및 천간 투간 여부를 살펴보면 알 수 있다.

이제부터 십이지지 각각의 고유한 특징 및 합, 충, 형, 원진 등을 살펴보고, 태어난 월별로 직업적 환경과 자신의 직업 능력을 살펴보기로 한다.

1. 자(子)

1) 子의 이해 및 합(合), 충(沖), 원진(元嗔)

지지의 설명은 동지를 기준으로 하여 甲子부터 시작되는 60간지와, 현대의 양력 기준 달력을 고려하여 12월 7일 이후인 子月부터 시작한다. 子를 이해하려면 子月, 子時의 시공간적 특성을 이해하면 된다. 子月은 대략 양력 12월 7일부터 1월 5일까지이며 子時는 밤 11시 30분 ~ 1시 30분까지이다. 여기에서 원래 자시보다 30분 늦은 것은 앞서 2장에서 언급했듯이, 동경시를 기준으로 하여 한국의 시간을 정했기 때문이며 실제 정확한 한국의 자연 시는 30분 후이다.

子의 시공간적 특성은 어둡고 추워서 만물의 활동성이 거의 없는 환경이다. 이러한 에너지 조건에서는 모든 생명체의 운동성이 약화되고 안으로 응축되는 특성을 갖는다. 따라서 子月, 子時에 출생한 사람은 기본적으로 내성적이고 비활동적인 성향을 갖는다.

子月의 지장간을 보면 壬, 癸가 각각 15일, 15일이다.

子의 환경은 水의 에너지 운동이 활발하며, 극도로 차갑고 응축된 극음의 壬水에서 양 기운이 발생하여 癸水로 변화하는 시공간이다. 다시 말해서 子月의 동지 때가 되면 태양의 남중고도가 가장 낮았다가, 이후로 낮이 길어지는 출발점인데, 이 시점이 癸水의 시작이다.

그러면 사주 지지에 있는 子의 합, 충, 원진에 대해 살펴보자.

① 사주 지지에서 해자축 방합을 이루면 혈연, 학연, 지연 등의 인간관계를 잘 맺게 되고, 합이나 충운이 올 때 이를 활용하여 직업적 도움을 받을 수 있다. 子는 공간적으로는 북쪽 방위이고 시간적으로는 겨울의 왕지(旺地)이므로, 일지나 월지에 子가 있는 사람은 자신을 중심으로 사람 관계를 이끌어 갈 수 있다.

② 월지나 일지 중심으로 申子辰 삼합 水 운동을 하면, 자신의 재능을 꾸준히 만들어서 직업적 능력으로 활용하여 전문가가 될 수 있다. 사주에 申子 삼합은 이과 분야, 子辰 삼합은 문과 분야에서 자기 발전을 이룰 수 있다.

③ 子에 丑이 있으면 子丑 육합 또는 방합적 특성도 나타난다. 운에서 육합이 될 때는 가깝고 깊은 배우자 인연을 만날 수 있고, 방합적 요소로 작용되면 가정이나 직장에서 인간적 도움이나 환경적 혜택을 얻을 수 있다.

④ 子에 午가 있거나 운에서 午가 올 경우, 월지에서 子午 충이 발생하면 공간 이동에 따른 이사, 직장 이동 현상이 생긴다. 일지에서의 충은 인간관계 구조조정 및 정신적 변화로 인한 이별 등의 사건이 일어날 수 있다.

⑤ 子에 未나 酉가 합을 하면 子未 원진, 子酉 귀문 현상이 발생하여 제 삼자의 개입으로 인한 오해나 갈등 같은 정신적인 문제가 생기고, 사회적으로는 하던 일이 지체되고 잘 풀리지 않는다.

2) 子月生의 직업 능력

子月生은 양력 12월 7일 경부터 1월 5일까지 태어난 사람이다. 이 시기는 동지를 기준으로 하여, 동지 이전 15일 동안 출생한 사람과 동지 이후 15일 간 출생자의 직업 적성이 다르다. 동지 이전에 출생한 사람은 壬水 에너지로 가득한 환경이고, 동지 이후는 癸水 에너지 환경이다. 전자는 기술과 시장성을 바탕으로 한 상품 판매 능력이 우수하고, 후자는 감성과 지혜를 바탕으로 한 교육적 직업 능력을 갖는다.

그러면 먼저 동지 이전 자월생의 직업 환경에 대하여 알아보자.

壬水는 자연 물질계에서 비유하면 큰 강물이고 넓은 바다와 같다. 아무것도 없는 텅 빈 공간 같지만 金 같은 물질로 가득 채워진 곳이다. 금생수가 된 壬水는 마치 바닷물 속에 수많은 수중 생물과 보물들이 가득한 것과 마찬가지다. 수면 위에서 보면 아무것도 없는 차가운 물 같지만 그 안에는 다양한 생물, 무생물로 가득 차 있는 공간이다. 이와 같은 壬水의 물상적 특성을 생각하면서 자월생의 직업 능력을 살펴보자.

만약 사주 천간에 庚辛이 있거나 지지에 申酉가 있다면, 그동안 만들어온 물건이나 상품을 잘 판매할 수 있을 뿐만 아니라 자신의 과학기술적 전문성이 있다는 의미이다. 실제로 사주에 辛酉-壬 배합이 있다면, 상품 판매 능력 및 영업 홍보 능력이 있으며, 庚申-壬 배합은 미래 기술력이나 상품 가치 전달력, 대외통상 능력을 갖추게 된다. 여기에 戊가 천간에 있을 때는 시대적 변화, 환경적 변화를 인식하는 능력이 있다. 戊는 흐르는 壬을 막아서 쓸 수 있으니 시장이나 백화점과 같은 유리한 장소가 구비되었다는 뜻이다. 지지에 辰土가 있으면 사람의 동향을 파악할 수 있고, 戌土가 있으면 물건의 흐름을 잘 파악할 수 있는 능력을 갖춘다.

한편 천간에 己가 있는 경우는 세상에서 필요로 하는 특정한 나의 전문성을 쌓아왔다는 의미로, 의료나 과학기술 연구 같은 특정 분야에서 활동할 수 있다.

지지에 丑土나 未土가 있어도 비슷한 능력을 갖는다. 이와 같이 천간에 戊己-壬, 지지에 辰戌丑未-壬의 토극수 조합이 자월생이 갖추어야 할 직업 능력의 필수적인 조건이다.

다음으로 자월생이 천간에 丙丁이나 지지에 巳午가 있을 때, 매우 중요한 개인적 사회적 의미가 있다. 왜냐하면 천간의 丙丁은 조후용신이라 하여, 춥고 어두운 겨울에 한줄기 빛과 같은 작용을 하기 때문이다. 火는 웅크리고 위축된 마음에 적극성과 목적성을 부여해 주는 역할을 한다. 만약에 자월생이 火가 없이 金水로만 되어 있다면, 사회참여 의지나 삶에 대한 목적의식이 없이 소극적 성향을 보인다. 만약 丙丁이 사주 8글자에 없더라도 지장간 속에 있다면, 丙丁 대운이나 巳午未 대운이 올 때 목적의식이 생기고 활동성이 좋아지게 된다.

이와 같이 겨울생에게 火는 정신 및 의지 문제를 해결할 뿐만 아니라, 천간에 庚辛이나 지지에 申酉가 있을 때 화극금 하여 金의 상품적 가치를 업그레이드 시킨다. 이것은 곧 자신의 실력과 전문적 능력이 향상되는 것이고, 사회에서 인기 있고 가격이 높아짐을 의미한다. 직업적으로는 통상·무역 사업가, 전자 통신업, IT 전문가, 정신과 의사, 심리상담가 등 정신적, 기술적 교류 분야에 종사할 수 있다.

그러면 천간에 甲乙, 지지에 寅卯가 있을 때 어떤 직업 능력이 있을까? 壬

水 환경에서 木은 상품이나 지식을 전달받는 사람들이 있다는 뜻이다. 즉 상품 구매 고객이 많다는 것이며, 나의 기술적 능력이나 실력을 인정해 주는 팬들, 고객들, 제자들이 있다는 뜻이다. 따라서 壬-甲 배합이 되면 조직에서 신입사원 교육, 우수고객 관리, 기술 전문 교육 등의 일을 할 수 있으며 壬-乙 배합이 있다면 실용적 지식과 소통력을 바탕으로 한 기술서비스, 무역업, 영업직, 상품 판매직, 해외유학 컨설팅, 외교관 등의 직업도 가능하다.

만약 이러한 오행 배합이 천간에 투간되지 않고 지지나 지장간에만 있을 경우에는 잠재된 적성이나 재능이다. 이것은 자신의 능력이 사회적, 직업적으로 활발하게 발현되지 못하고 단순히 생존을 위해서 살아가게 됨을 뜻한다. 그러나 만약 세운, 대운에서 해당 오행이 천간으로 와서 활성화되고 유용한 배합을 이루면, 정신적 변화와 의지가 생겨서 적절한 직업 활동을 준비하고 사회적으로 쓰게 된다.

2. 축(丑)

1) 丑의 이해 및 합(合), 충(沖), 원진(元嗔)

십이지지 중에 丑을 이해하려면 축월, 축시의 시공간적 의미와 지장간을 살펴보면 알 수 있다. 丑월은 소한 절기인 양력 1월 6일 전후부터 입춘 전인 2월 3일까지를 말한다. 1년 중 가장 추운 소한과 대한 절기가 있는 때이다. 丑의 시공간은 만물이 꽁꽁 응결되어 마치 툰드라 지역처럼 활동하기 힘든 땅이다. 그러나 실제로 땅 밑에서는 얼음 물이 녹아 흐르고 생명체의 뿌리가 튼튼해지면서 봄을 준비하고 있다.

丑時는 밤 1시 30분부터 3시 30분까지이며 새벽에 동이 트기를 기다리는 시간이다. 인간의 하루 생활 패턴으로 볼 때, 모든 육체적 활동이 중지되고 수면과 휴식을 취하면서 아침을 위해 에너지를 충전하는 준비의 시간인 것이다.

丑月을 좀 더 구체적으로 이해하기 위해 지장간을 살펴보면 癸, 辛, 己: 9, 3, 18일로 되어 있다. 여기서 癸는 子月의 癸水 에너지 정보를 이어온 것으로 30일 중에 9일간 지지 공간에 가득하다는 뜻이다. 또한 辛은 사유축 삼합이라는 金 에너지 운동을 마친 후, 辛金 에너지 정보가 저장되어 있음을 표시한 것이다. 즉 巳月의 庚金에너지부터 시작하여 酉月에 왕성한 金 운동을 하다가

辛金이라는 물질 에너지 정보를 갖고 丑에 저장된 것이다. 따라서 癸는 바로 이전의 子月에서 온 방합적 에너지 정보를 표시한 것이고, 辛은 그 이전의 여름부터 가을을 거쳐 겨울까지 이어져 온 삼합 운동의 에너지 정보 표시이다.

辛 에너지는 가을에 가장 왕성한 기운이었다가 운동성이 점점 약해져서 겨울에 丑土 땅속에 3일 동안 저장되어 있는 상태이다. 이때의 辛을 지장간 중기라 한다.

마지막으로 본기에 해당하는 己土 에너지는 겨울에서 봄으로 변화하는 18일 동안 땅에서 왕성한 운동을 하면서 중화 조절 작용을 하고, 甲木의 뿌리를 튼튼하게 해준다. 그리고 입춘이 되면 세상 밖으로 甲을 탄생시키는 역할을 한다. 따라서 丑土를 생명의 잉태하는 시간과 공간으로 비유하기도 한다.

다음으로 사주에서 연·월·일·시지에 丑土가 있을 때의 합, 충, 원진의 의미를 살펴보자.

① 지지 丑土가 亥子丑 방합을 이루면, 북쪽 방위의 세력을 얻은 것으로 가정 조직이나 지역 사회조직으로부터 환경적 도움을 받으며, 부모나 윗사람으로부터 물질적 현실적 혜택을 받는다.

② 巳酉丑 삼합이 사주 원국에 있거나 운에서 와서 만들어지면, 丑 중의 辛 에너지가 활성화되어 자신의 개인적 재능 및 능력을 쌓게 되고, 목적한 일의 성과를 얻을 수 있다.

③ 일지에 丑이 있고 운에서 子를 만나서 子丑 육합이 되면, 깊은 감정적 인연을 만나 배우자가 될 수도 있다.

④ 월지에 丑이 있는데, 대운 세운에서 未가 와서 丑未沖하면, 이사와 직장 이동 등 환경적 물질적인 변화와 정신적 갈등을 겪을 수 있다.

⑤ 월지나 일지에 丑이 있는데 午가 와서 丑午 원진이 되면, 정신적 갈등 및 원망, 인간관계 어긋남, 외부의 방해로 인한 일의 지연이 발생할 수 있다.

2) 丑月生의 직업 능력

丑月은 소한인 1월 6일 경에 시작되지만, 그 이전인 동지 이후부터 1월 5일 사이에 태어난 子月 생도 癸水 에너지의 운동성이 강한 환경이므로 같은 직업 적성을 갖는다. 그러면 丑土라는 지장간속에 들어있는 癸, 辛, 己의 에너지 특성을 살펴서 잠재된 직업적 재능과 진로를 살펴보자.

癸水는 원래 생명수나 수증기와 같아서 甲乙木을 잘 성장시킬 수 있다. 즉 감성, 지혜의 상징인 癸水가 사주 천간에서 甲乙木과 배합하면 인문학적, 철학적 지혜와 지식을 갖출 수 있다. 여기에 庚辛 金까지 배합을 이루면 타인에게 가르칠 정도의 깊고 넓은 지식체계를 갖추어 선생님이나 교수, 상담사가 될 수 있다. 또한 천간에 己土가 있으면 학습하기에 적절한 환경 조건을 만나서 자신의 지적 능력을 꾸준히 만들고 발휘할 수 있다.

따라서 丑月 생이 사주 천간에 庚辛-癸-甲의 배합과 함께 己土까지 있는 경우, 체계적인 배움 환경 속에서 엘리트 코스를 밟아 지식을 쌓고 타인을 가르치는 유능한 교수나 학자가 될 수 있다. 이때 丑土의 시공간적 특성과 癸水의 에너지 특성에 따라 종교, 철학, 인문학 등의 순수학문 분야에 대한 탐구 능력이 뛰어나다. 단 연지, 일지, 시지의 다른 시공간에 巳午未가 있으면 사화과학, 경제, 금융, 과학기술 분야의 적성도 동시에 갖추게 된다.

마지막으로 천간에 丙丁 火가 있다면 내 능력을 사회에 적극적으로 발휘할 수 있는 유리한 환경을 만나게 되며, 삶에 대한 의지나 열정이 강해 활발한 사회 활동을 하게 된다. 만약 사주에 甲-丙 조합이 있다면 사회 조직 속에서 많은 사람들에게 자신이 계발한 절대적 실력을 잘 펼칠 수 있다. 직업군으로는 종교 지도자, 출판사 운영자, 문화 예술 광고업, 미술 관장, 방송국 연출가, 오케스트라 지휘자 등으로 활약할 수 있다.

丑月 생의 甲-丁 조합은 자신의 고유한 지적 실력에 과학적 기술 능력을 겸비한 전문가가 될 수 있다. 직업군으로는 방송 아나운서, 시나리오 작가, 영상조명 기술자, 기자, 논설위원, 정신과 의사, 심리상담 전문가, 생명과학 연구원, 응용과학 교수로 활동할 수 있다. 또한 자신의 타고난 지적 감성 능력을 바탕으로 한 예술적 전문직으로 피아니스트, 성악가, 화가, 도예가, 큐레이터 등에서도 유능한 자질을 갖추게 된다.

3. 인(寅)

1) 寅의 이해 및 합(合), 충(沖), 원진(元嗔)

寅月은 입춘인 2월 3일 전후부터 경칩인 3월 5일 전후까지이다. 寅時는 하루 중 새벽 3시 30분에서 5시 30분까지를 말하며, 아직 동이 트기 전이지만 하루가 시작되는 시점으로 사람들이 기상하고 움직이기 시작하는 때이다. 일 년의 순환 사이클로 보면 寅月은 모든 생명체가 땅속에서 솟아 나오는 봄이라는 계절의 시작이다. 자연 물상적으로 비유하면, 겨울 동안 땅속에서 튼튼하게 자란 나무뿌리로부터 땅 위로 올라온 나무줄기와 같고, 작은 식물이라면 어린 싹과도 같다. 인간 삶의 사이클에서는 어린이에 비유되며 배우고 성장해가는 학생 시절과도 같다.

寅月에 대한 구체적 에너지 정보는 지장간 속에 있다.

寅月의 지장간은 戊丙甲: 7, 7, 16일로 되어 있는데 천간의 戊土 에너지가 7일, 丙火 에너지가 7일, 그리고 본기인 甲木 에너지는 16일 동안 땅에 머무르면서 만물을 낳고 키우는 작용을 한다. 여기에서 戊土는 지난달 丑月의 癸 辛 己를 담아서 丙 甲으로 전환시키며, 봄으로의 급격한 변화를 조절하는 역할을 한다. 즉 癸水가 丙火로 에너지 전환하는 水火의 음양 교차가 이루어지도록 하며, 씨앗과 같은 辛金은 甲木으로 물형 변화가 일어나도록 시간 공간적 터전 역할을 하는 것이 戊土이다. 이런 변화의 조절 기간이 7일이라는 것이다. 이때를 지장간 초기 또는 여기라 부른다.

다음으로 지장간 중기에 해당하는 丙火는 어떤 의미인가?

온도 상승의 근원 에너지인 丙火는 여름에 가장 강력하지만, 만물을 낳고 자라게 하기 위해서 초봄에 해당하는 寅月에 이미 발생하여 7일 동안 에너지 활동을 한다. 따라서 寅月의 丙火는 미래 에너지 정보로써 생명 활동의 탄생과 성장을 돕는 역할을 한다. 본기에 해당하는 甲木 에너지는 16일 동안 땅에서 활동하면서 생명체의 싹을 솟아나게 하고 줄기를 위로 수직 성장하게 한다. 이 시기를 인생으로 비유하면 어린 시절 급성장하는 때로써, 학교 교육을 통하여 기초적 실력을 쌓으며 삶의 토대를 마련하는 시기이다.

그러면 사주 연·월·일·시지에 寅이 있을 때의 합충 변화 종류와 원진 의미를 알아보자.

① 월지 寅木은 봄 계절의 시작으로 생지(生地)라 하며, 寅卯辰이 함께 만나면 방합을 이룬다. 만약 사주 지지에 인묘, 묘진, 인진, 인묘진의 방합이 있거나 운에서 합이 되어 오면, 내가 속한 모든 조직으로부터 환경적 도움을 받을 수 있다. 가정에서도 부모 형제의 도움을 받고, 사회 조직 내에서도 사람들의 협조가 잘 이루어지고 동료나 윗사람의 혜택을 받을 수 있다.

② 월지가 寅月이고 寅午戌 삼합이 사주 원국에 있으면, 평생 동안 사회 조직 속에서 자신의 능력을 꾸준히 쌓아가고 성장, 발전해 간다. 만약 일지나 시지 중심으로 삼합이 이루어지면 중 말년까지 일하고 능력이 향상된다. 寅午합, 午戌합, 寅戌합 등 반합이 있을 때도 비슷한 효과가 발생한다.

③ 일지나 시지 중심으로 寅이 있어서 寅亥 육합이 형성되면, 남녀 인연으로 강력한 끌림이 생겨 급속도로 발전될 수 있으나, 생지끼리의 합이기 때문에 시간이 지나면 파(破) 작용으로 헤어질 수 있으니 조심해야 한다.

④ 월지가 寅月인데 申金이 다른 지지에 있거나 운에서 와서 寅申충 되면, 시작하던 일의 업종이 바뀌거나 학생이라면 전공이 바뀔 수 있다. 일지나 시지에 있을 때는 개인적인 육체 손상이나 사고 위험이 있으니 조심해야 한다.

⑤ 월지나 일지에 寅이 있는데 다른 지지에 酉가 있거나 未가 있으면, 寅酉 원진과 寅未 귀문이 형성된다. 만약에 대운 세운에서 이런 글자들 중 하나가 와서 에너지가 커지면, 정신적 갈등이나 일의 지체, 외부 방해로 인한 스트레스가 생길 수 있다.

2) 寅月生의 직업 능력

지지 寅木은 천간의 甲木 에너지 파동이 입자로 압축되어 형체로 나타난 생명체이다. 甲木과 寅木의 관계는 앞서 2장에서 설명한 아인슈타인의 에너지와 질량의 비례 관계를 나타낸 방정식, $E = mc^2$을 상기하면 더 명확하게 이해할 수 있을 것이다. 寅月生의 적성과 직업 능력을 파악하기 위해서는 천간 甲木의 에너지 특성을 잘 이해해야 하며, 寅月의 지장간 속에 들어있는 천간 에너지인 戊土와 丙火의 에너지 특성도 함께 알아야 한다. 더 중요한 것은 지장간 속의 에너지가 사주의 월지에서 천간으로 투간 되어야만 뚜렷한 직업적 능력으로 쓰일 수 있다. 이들을 명리 용어로 월령용신(月令用神)이라 부른다.

그러면 이제부터 월령용신이 어떤 상생상극 조합을 갖추어야 특정 직업 능력으로 활용될 수 있는지 구체적으로 살펴보자.

첫째, 새싹이나 어린이와도 같은 寅木 환경에서 본기인 甲木이 투간 되면 절대적 지식과 실력을 갖추게 되고, 감성과 지혜의 상징인 癸와 배합을 이루면 전문자격증을 가진 실력 있는 교육자가 될 수 있다. 여기에 庚金, 辛金이 있으면 끊임없는 연구 능력으로 가치가 높아져서 유능한 교수나 학자가 될 수 있다. 만약 庚-癸-甲 배합이 사주 천간에 있으면, 미래에 사회적 활용도가 높은 경제학, 경영학, 법학, 공학 계열에 자질을 갖추고, 辛-癸-甲 조합이면 과거 전통적 학문인 인문학, 철학, 종교 분야에서 실력을 갖춘 인물이 될 수 있다.

두 번째, 丙火가 천간에 투간 되었으면 엘리트 코스를 밟아 좋은 학력을 갖추고, 교육 기관의 리더가 될 수 있다. 즉 교장, 학장, 교육감 등 단순히 가르치는 업무에서 벗어나 조직을 운영하고 대외적으로 활발한 사회 활동을 할 수 있다. 이외에 언론 출판사의 운영자, 학원 원장, 교육 컨설팅 연구소장 등의 관련 직업도 가능하다.

셋째, 戊土가 있어서 丙-戊 조합이나 甲-丙-戊 조합이 있을 경우이다. 戊土는 시대적 환경적 변화에 대한 외부 인지능력이 있기 때문에, 교육 행정 조직의 경영자로서 뛰어난 자질을 갖추게 된다. 만약 己土가 천간에서 배합되면 경영자나 지도자보다는 깊은 실력을 갖춘 교육 전문가의 자질을 갖게 된다.

4. 묘(卯)

1) 卯의 이해 및 합(合), 충(沖), 원진(元嗔)

卯月은 경칩인 3월 5일 경부터 춘분을 지나 4월 5일쯤인 청명 절기 이전을 말한다. 이 시기는 수직 상승하던 寅木이 온도가 높아짐에 따라 좌우로 가지를 펼치며 수평적으로 확장하는 卯木의 형상을 갖춘다. 춘분 전에는 甲木 에너지의 운동성이 활발하고, 춘분 이후에는 따뜻해진 기온의 영향으로 乙木 에너지 운동이 강하다. 이것은 춘분을 기점으로 한 卯月의 지장간 甲, 乙: 15일, 15일에서 확인할 수 있다. 卯月은 木의 성장과 확장성이 가장 왕성한 봄의 왕지(旺地)로서, 땅 위에 있는 모든 생명체가 자기 영역을 확장시켜 나가는 시공간이다. 인간으로 비유하면 사회 활동에 필요한 준비를 위해 신체적 지적 성장을 이루는 시기로 볼 수 있다.

한편 하루의 순환적 관점으로 볼 때 卯時는 오전 5시 30분부터 7시 30분이다. 이 시간은 낮 동안의 활발한 활동을 준비하기 위해서 에너지를 만들고, 잠자던 세포를 깨워 신체적 컨디션을 최상의 조건으로 활성화시키는 때이다.

그러면 사주 지지 네 글자 중 卯가 있을 때의 합충 변화를 살펴보자.

① 사주에 卯가 있는데 다른 지지에 寅이나 辰이 있으면, 寅卯, 卯辰, 寅卯

辰 등의 방합을 이룬다. 춘분 이전 출생자는 혈연이나 학연을 기반으로 하여 다양한 환경적 도움을 받게 된다. 춘분 이후 출생한 사람은 지역 사회 인연이나 직장 생활에서의 인연을 통한 도움을 받을 수 있다.

② 월지 卯를 중심으로 亥나 未가 있어서 사주에서 亥卯未 삼합을 이루면, 이 사람은 평생 동안 일에 대한 뚜렷한 목적을 갖고 자기 발전을 위해 노력해 간다. 만약 운에서 삼합이 만들어질 경우는 대운 10년이나 세운 1년 동안 자기 능력 보강에 힘쓴다. 이렇게 쌓아온 능력이 발휘되는 때는 충운(沖運)을 만날 때이다. 예를 들어 사주 원국에 해묘미가 다 갖추어져 있다면, 사유축 운이 올 때 사해충, 묘유충, 축미충이 되어 합격, 승진, 취직 등의 좋은 일이 생긴다. 다만 삼합이 없는데 충운을 만나면, 단순한 직장 이동 및 이사 등의 변화를 겪게 된다.

③ 일지나 시지에 卯와 戌이 있어서 卯戌 육합이 되면, 사적 개인적 인간관계나 남녀 인연이 생긴다. 그러나 연지, 월지 중심으로 하여 묘술합이 있거나 운에서 들어와 육합이 형성되면, 수직적 계급이 있는 조직 사회 내에서 윗사람과의 인연으로 혜택을 받을 수 있다. 즉 부모님, 지도자, 상사와 가까워져서 신분 상승의 기회가 많지만 시비 구설을 조심해야 한다. 사주 원국이나 운에서 묘술합이 형성되면 그러한 환경이 만들어진다는 뜻이고, 실제 신분 상승은 묘유충, 진술충 등의 충운에서 발생한다.

④ 사주 월지에 卯가 있는데 다른 지지에 酉가 있어서 卯酉沖이 되면 卯라는 인문 행정 사회학과, 酉라는 기술 공학 분야에 모두 적성을 보여 융합 학문을 전공할 수 있다. 어느 한쪽을 전공했다 하더라도 사회생활에서는 두 가

지 분야를 다 활용하는 직업군에서 일하게 된다. 그러나 개인 궁인 일지나 시지에 卯가 있는데, 酉 운이 오면 날카로운 칼로 나뭇가지가 잘리는 모습이기 때문에 건강 문제, 인간관계 구조조정 등의 리스크가 있다.

⑤ 사주 원국에 卯申 원진이 있으면 사회적으로 어린이나 동물을 보호하는 일이나 경찰, 군인과 같이 사회적 약자를 보호하고 나라를 지켜주는 직업을 가질 수 있다. 이것은 나약한 卯木을 강한 申金이 외부로부터 지켜주는 역할을 하기 때문이다. 그러나 운에서 卯나 申이 올 때, 개인적으로는 원진살의 폐해 작용이 일어나 정신적 원망이나 고통을 겪거나 일이 지체되는 현상이 나타날 수 있다.

2) 卯月生의 직업 능력

사주에서 내가 태어난 월은 나에게 주어진 에너지 환경 조건이기 때문에 직업 능력이나 적성, 재능을 볼 때 가장 중요하다. 따라서 월지 속에 들어 있는 지장간을 살피면 나의 부모 형제 등 가정적 환경조건뿐 아니라, 내가 살아가면서 직접적으로 속해 있는 사회적, 직업적 환경을 알 수 있다. 만약 월지의 지장간이 천간으로 투간 되면 나의 직업 능력으로 확실하게 발휘될 수 있다. 그리고 투간된 오행이 어떻게 상생상극의 배합을 이루고 있는지에 따라 일생 동안 그 사람의 사회적 성공 여부가 결정된다. 물론 대운이나 세운의 흐름에 따라 성패 시기는 달라진다.

그러면 양력 3월에 태어난 사람의 직업 능력을 알기 위해 卯月의 지장간

에너지를 살펴보자. 卯月의 지장간은 甲, 乙: 15일, 15일로 되어 있다고 앞에서 언급하였다. 대부분의 고서에서는 甲: 10일, 乙: 20일로 되어 있지만, 태양의 남중고도에 따른 춘분 절기가 분기점이 되므로, 甲: 15일, 乙: 15일로 에너지 변화가 일어난다고 보는 것이 타당하다. 춘분 이전 15일간 태어난 사람은 인월과 같은 甲木 에너지 운동성이 왕성하므로, 교육과 지식체계 환경에서 실력을 갖춘 교육자 자질을 갖게 된다. 甲이 천간에 투간 되고, 己 癸 丙 庚 등 다른 오행 배합이 있다면 寅月生과 동일한 직업 능력을 발휘한다. 그러나 卯月은 木의 에너지 자체가 현재 활발하게 움직이는 봄의 왕지이기 때문에 천간으로 투간 되지 않더라도 직업적 능력을 충분히 발휘하며 살아간다.

한편 춘분 이후 15일간 태어난 묘월생은 소통과 현장 경험이 중요한 사회 조직에서 검증과 경쟁을 해야 하는 환경이다. 따라서 타인보다 더 나은 상대적 실력을 갖추게 되며, 사회 조직과 인간관계 소통에 필요한 실용적 지식을 쌓게 된다.

이들은 행정 분야, 복지 분야, 사법 분야에서 논리력과 설득력을 갖추고 자신의 역량을 다양한 사람들에게 펼칠 수 있다. 만약 천간에 乙-丙 배합이 있으면 조직에서 타고난 적응력을 바탕으로 책임자가 될 수 있고, 癸-乙-丙까지 갖추면 지적 능력을 겸비하여 정책이나 조직 운영에 필요한 기획업무 분야에서 탁월한 능력을 발휘한다. 庚金까지 배합된다면 지도력이나 영업력을 발휘하여 경영자 위치까지 오를 수 있다. 이때 戊土가 있다면 시대 변화, 환경 변화를 통찰하는 능력까지 겸비하게 된다.

요컨대 묘월생이 인월생과 다른 점은, 특정한 교육적 직업환경을 벗어나 그것을 기획하고 관리하는 행정 사법 분야에서, 인간관계의 소통을 바탕으로 한 대외업무 능력을 갖추게 된다는 점이다. 만약 묘월생이 사주 천간에 乙

-丙 또는 지지에 巳火가 있다면 평생 내가 속해서 일할 수 있는 조직이 있다는 뜻이며, 활발한 사회적 능력을 펼칠 수 있다.

5. 진(辰)

1) 辰의 이해 및 합(合), 충(沖), 원진(元嗔)

辰月은 양력 4월 5일 경인 청명 절기부터 5월 5일 입하 이전까지를 말한다. 이때는 丙火 에너지 영향으로 온도가 점점 상승하며, 乙木이 좌우로 확장하여 완성단계에 이른 후 辰土 속에 저장된다. 본래 지지의 土는 한 계절을 마무리하고 다음 계절로 이어주는 다리와 같으며, 지난 계절의 과거 에너지 정보를 저장하는 역할을 한다.

辰土의 지장간을 살펴보면 이러한 에너지 상태를 확인할 수 있다. 辰月에는 乙, 癸, 戊가 각각 9, 3, 18일씩 들어있다. 乙木 에너지는 卯月에서 이어져 온 것으로 9일 동안 진토 속에 저장되어 활동하고, 癸水는 申子辰이라는 水 삼합운동 표시로써 겨울 동안의 에너지 정보를 담고 있다. 戊土는 지나간 봄의 乙木 에너지 정보와 겨울의 癸水 에너지 정보를 다음 계절인 庚 丙 에너지로 전환시키기 위해 조절, 중화 작용을 한다.

요약하면 辰土는 겨울과 봄의 과거 에너지를 저장하고 마무리하는 역할을 하며, 지장간 戊土에서는 巳月을 향한 여름의 미래 에너지로 전환하는 과정이다.

한편 1일 순환 주기로 辰을 이해하자면, 辰時는 오전 7시 30분에서 9시

30분까지이다. 이 시간은 우리의 하루 일과 중 집안에서 밖으로 출근하는 때이며, 모두가 일터에서 분주하게 활동을 시작하는 시점이다. 즉 좁은 나의 개인적 시공간으로부터 많은 사람들이 있는 넓은 세상으로 나아가 인간관계를 맺고, 확장된 영역에서 활동하는 시공간적 환경이라는 의미다.

이제부터 사주 지지에 辰이 있을 때의 합충 변화 의미와 원진 작용을 살펴보자.

① 사주 월지에 辰이 있는데, 일지 시지나 운에서 寅이나 卯가 오면, 寅卯辰 방합을 이룬다. 辰月의 시공간은 봄의 木 기운을 마무리하고 여름 火 기운으로 나아가려 하는데, 시공간이 거꾸로 돌아간 것이니 더 배우고 익혀서 성장해야만 하는 교육적 환경을 만난 것이다. 교육 환경은 반드시 학교 환경이 아니더라도 직장에서도 시대에 맞는 새로운 정보나 지식을 습득하여 전수하고 소통하는 환경이다. 寅卯辰 방합의 효과는 혈연, 학연, 지연의 인간관계에 의한 혜택과 도움을 받을 수 있다.

② 辰月生이 월지 중심으로 申子辰 삼합이 있으면, 사회적으로 활용 가능한 실용적 지식을 쌓기 위해 노력한다. 천간의 壬癸 水가 타고난 지적 능력인 데 비하여, 신자진 삼합은 실력을 갖추기 위해 체계적인 과정을 밟아 스펙이나 자격증을 쌓아 간다. 이를 바탕으로 행정, 법, 정책 분야에서 실용적 지식을 바탕으로 한 기획력을 발휘하고, 타인과의 소통을 위한 지적 능력도 탁월하다.

③ 일지 기준으로 辰酉 육합이 형성되면 늦은 봄의 辰土가 가을의 씨종자인 酉金을 토생금하여 새로운 결실을 만들어내는 것이다. 인간사에서는 남

녀가 만나 자식이 탄생하는 것과 같다. 그러나 다른 육합의 속성처럼 음양적 끌림에 의한 감정적 만남이므로, 시간이 흐르면 서로에게 불편함을 느끼고 헤어질 수 있다.

④ 辰月生이 다른 지지에 戌土가 있으면 진술충 작용이 발생한다. 실제 충 작용이 발현되는 시기는 대운, 세운에서 戌이 올 때이며, 이사나 직장 이동 등의 공간적 변화가 일어날 수 있다. 겨울 癸水와 봄의 乙木 에너지를 저장한 辰土가 여름 丁火와 가을 辛金 에너지가 들어있는 戌土와 충하면, 땅속에 보관되었던 모든 과거의 에너지들이 밖으로 나오게 되니 정신적 갈등과 물질적 변화가 동시에 발생한다. 그러나 충에 의한 변동이 반드시 부정적 결과를 의미하는 것은 아니며, 나에게 길신(吉神)일 경우는 새롭게 발전하는 상황으로 이어진다.

⑤ 사주 지지에 辰土와 亥水가 나란히 있으면 辰亥 원진이다. 사주 원국에 있다고 해서 평생 원진 현상이 발생하는 것이 아니고, 운에서 辰이나 亥가 올 때 미움이나 질투 그리고 원망할 일이 생긴다. 가정에서는 부부간의 불화 및 폭력을 겪을 수 있으며, 특히 일지 시지에 진해 원진이 있을 경우는 중 말년에 부부 갈등이나 자녀와의 소통 부족으로 우울증이나 정신적 고통을 겪게 된다.

2) 辰月生의 직업 능력

辰月에 태어난 사람은 춘분 이후 卯月生과 유사한 직업 능력을 갖는다. 진월생은 봄에서 여름으로 변화하는 시기에 戊土 에너지의 작용력이 크므로, 시대적 환경적 변화에 대한 인지 능력이 탁월하다. 특히 辰土 속의 戊土는 시대적 변화 및 사회 변화에 따른 사람들의 동향을 파악하는 능력이 뛰어나다.

이와 같은 진월생의 자질은 戊土가 천간으로 투간될 때 더욱 뚜렷한 직업 능력으로 발휘될 수 있다. 예를 들어 정책에 대한 여론 조사, 주거 선호도 조사 등 현대인의 의식과 성향 변화를 조사, 분석하여 제도에 반영하는 능력이 탁월하게 된다. 또한 辰土 속의 지장간 乙木이 戊土와 함께 천간에 투간 되어 있다면, 특별히 사람 관계에서의 소통력이 뛰어나 행정, 교육, 복지, 사법 분야에서 인사관리 및 인재 등용의 업무 담당이 적합하다. 만약 천간에 丙이 있어 乙-丙-戊 배합을 이룬다면 평생 동안 근무할 사회조직이나 일할 수 있는 큰 단체가 있다는 의미이고, 庚까지 배합되면 그 조직에서 리더나 운영자까지 할 수 있는 능력의 소유자이다.

마지막으로 辰의 지장간 중기인 癸水는 子나 丑에 있는 지장간 癸水 의미와는 조금 다르다. 子나 丑 중의 癸水가 감성과 본성에 바탕을 둔 근원적 지혜를 말한다면, 辰 중의 癸水는 사회생활에 필요한 실용적, 활용적 지식을 말한다. 따라서 진월생이 천간에 癸-乙 배합이 있다면, 자격증이나 스펙은 물론 현실적인 지혜, 지식, 소통 능력이 뛰어나게 된다.

구체적 업무로는 癸가 천간에 있을 경우, 사기업의 전략기획 업무 및 공기업의 정책 수립, 경제 또는 정치 연구소에서의 리서치 업무 등에서 우수한 능력을 갖는다. 만약 천간에 乙 癸 戊 丙 등이 투간 되지 않고 지장간에만 있을 때는, 생활과 생존을 위한 의식주 업종이나 예능 인테리어 등의 서비스업에 종사할 수 있다.

6. 사(巳)

1) 巳의 이해 및 합(合), 충(沖), 형(刑), 원진(元嗔)

巳月은 입하인 5월 5일경 이후부터 6월 5일쯤인 망종 절기 사이이다. 이때는 6양(六陽) 에너지가 최고조에 이르러 온난한 기운이 만물을 무성하게 하고, 꽃을 피워 열매를 맺을 준비를 시작한다. 인간 삶으로 비유하면, 성장 발전하는 사회에서 치열한 경쟁이 시작되고 상하가 발생하는 시기이다. 巳月은 여름을 시작하는 생지(生地)로서, 寅月의 지식 교육적 환경에서 벗어나서 미래에 얻게 될 결실을 목적으로 사회에서 치열한 생존경쟁을 하는 환경이다. 巳月의 지장간 에너지를 살펴보면 戊, 庚, 丙: 7, 7, 16일이다. 이 의미는 巳月이라는 지지 시공간에 천간의 戊土 에너지가 7일, 庚金 에너지 7일, 丙火 에너지가 16일 동안 흐른다는 뜻이다.

초기 戊土 에너지는 辰月의 무토가 이어져 온 것이며, 辰月의 乙 癸가 巳月의 庚 丙으로 에너지 전환될 수 있도록 변화의 시공간을 제공한다. 자연계 물상으로는 辰月의 乙木 꽃이 巳月에 庚金이라는 씨방으로 바뀌게 하고, 癸水는 丙火로 수 화의 에너지가 음양 전환되도록 戊土가 조절작용을 하는 것이다. 중기 庚金 에너지는 결실의 시작을 알리는 것으로써, 가을의 미래 에너지가 이미 와 있음을 나타낸 것이다. 본기인 丙火 에너지는 16일간 온도 상승을 주관하며 생명체의 성장과 확장을 돕는다.

이제부터 사주의 지지 네 글자 중에 巳가 있을 때의 합충 변화와 원진을 알아보자.

① 사주 월지에 巳火가 있고 다른 지지에 午나 未가 있어서 巳午, 巳未, 巳午未가 있으면 방합이 된다. 이와 같이 여름의 남방 방위합이 있으면, 내가 속할 수 있는 큰 규모의 단체나 직장이 있다는 뜻이다. 또한 직장 내에서도 학연이나 지연 관계로 동료의 도움을 받을 수 있는 좋은 환경 조건이다. 그러나 운에서 亥가 올 때 월지에서 巳亥 상충되면, 유리한 조건에서 직장 이동을 하거나 이사 등의 공간 변화가 있고, 일지에서 상충되면 동료 및 가족 등 인간관계의 변화가 일어난다.

② 월지 巳火가 巳酉丑 삼합을 이루면, 미래 성과에 대한 뚜렷한 목적을 갖고 체계적 과정을 밟아 자기 성장을 이루어 간다. 巳酉 반합일 경우는 사회적 경험을 바탕으로 경제적 효과를 거둘 수 있고, 巳丑, 酉丑 반합일 때는 丑 중 癸水 작용으로 지식이나 실력을 쌓아 자기 발전을 이루어 간다. 만약 운에서 亥, 卯, 未와 같은 木 삼합 에너지가 와서 巳亥충, 卯酉충, 丑未충 작용이 일어나면 내가 지금까지 쌓아온 지식이나 능력을 검증받게 된다. 내 사주 원국에 삼합이나 반합이 본래 있었다면 충운에 한층 더 업그레이드되어 발전하고, 그 반대일 경우는 단순한 변화나 변동 및 인간관계의 이별 등이 발생한다.

③ 일지 기준으로 巳申 육합이 있으면 남녀 인간관계의 인연이 생기지만, 월지 기준으로 육합이 이루어지면 사회조직이나 직장 내에서 주도권 다툼이 생길 수 있다. 육합이 개인적으로는 감정적 끌림에 의한 사적 관계로 작용하

지만, 단체나 사회조직에서는 지위나 신분 상승을 위한 권한 획득의 경쟁적 환경을 만난다.

④ 앞서 설명한 巳亥충 외에 刑 작용으로 인사(寅巳)刑과 인사신(寅巳申) 三刑이 있다. 寅, 巳, 申은 각 계절을 시작하는 생지(生地) 기운으로서 미래를 향해 빠르게 나아가려는 강력한 에너지 속성을 갖고 있다. 따라서 이들이 함께 만나면 치열한 경쟁이나 급한 서두름 때문에 발생하는 손재, 구설, 송사 등이 뒤따를 수 있다. 생지를 신살로는 역마살이라 하는데, 그것은 공간적으로 움직이는 영역도 넓고 이동이 많다는 의미이기도 하다. 이에 따른 사건, 사고, 육체적 부상도 조심해야 한다. 그러나 사주가 인성이나 비견 겁재 그리고 근(根)으로 신왕(身旺) 하다면, 이와 같이 위험한 생지의 기운들을 조절하고 극복할 수 있어서 주도권 싸움에서 이길 수 있고 신분 상승의 기회가 되기도 한다.

⑤ 지지에 巳火와 戌土가 함께 있거나 운에서 巳戌 원진이 형성되면, 일의 지체 및 정신적 갈등이 온다. 사술 원진은 밖으로 확장하려는 생지인 巳火가 고지인 戌土를 만나서 화생토하다가 땅속에 갇혀버리는 상황과 같다. 따라서 연지와 월지에 사술 원진이 있으면, 젊은 시절에 사회적으로 일의 지체나 지연 현상이 생기고, 일지나 시지에 있으면 중노년에 가정적으로 부부 갈등, 원망, 이별 등이 일이 생길 수 있다. 이것은 평생 동안 일어나는 현상이 아니고, 대운 세운에서 巳나 戌이 충을 받거나 동일한 기운이 올 때 에너지가 증폭되어 발생하는 것이다.

2) 巳月生의 직업 능력

巳月生은 계절적으로 모든 삼라만상이 성장하고 확장하는 환경에서 태어났다. 인간 사회에 비유하면, 모두가 성장하고 발전하기 위해 치열한 경쟁과 활발한 활동을 하는 사회적 조건이 주어진 것이다. 만약 능력이 있고 힘이 있는 신왕 사주라면 어려움을 극복하고 경제적인 부와 지위 상승을 이룰 수 있지만, 신약한 사주는 과열 경쟁 속에서 실패를 경험하고 힘든 삶을 살 수 있다.

그러면 巳月 지장간 속의 에너지와 천간으로 투간된 오행 배합을 통해 직업 능력을 살펴보자. 巳月의 지장간은 戊, 庚, 丙: 7, 7, 16일로 되어 있는데 지장간 戊土의 능력은 상황에 대한 탁월한 인지력이다. 만약 戊土가 천간에 투간 되면, 상황 파악 능력뿐 아니라 시대적 변화나 환경적 변화에 대한 전반적 통찰력을 갖게 되어 조직사회에서 지도자의 자질을 갖추게 된다. 또한 중기에 있는 庚金은 미래의 결실과 성과를 의미하므로, 지지에서 巳酉 또는 巳丑 삼합이 되거나 천간으로 투간 되면 리더나 책임자가 될 수 있다. 본기에 있는 丙火는 큰 조직 단체를 의미하는 것으로써 개인보다는 조직 우선주의 가치관을 갖게 된다. 만약 丙이 천간으로 투간 되어 甲乙-丙 배합을 이루면, 실력과 소통력을 발휘하여 중년 이후에 조직을 운영하는 지도자가 될 수 있다. 여기에 유용지신(有用之神)인 癸水가 배합되면 인성과 윤리를 중요시하는 지혜를 겸비하고, 壬水가 있으면 사회생활에 필요한 실용적 지식을 쌓는다.

그러나 巳月이라는 치열한 경쟁 사회 속에서 살아남고 성공하기 위해서는 끊임없는 자기 극복 과정이 필요하며, 지나친 욕심이나 무리한 확장 요구는 자신을 지치게 한다. 또한 사주에 火가 많으면 초목을 다 태워버리는 염상 현상이 발생할 수 있으니 늘 자제력이 필요하다.

　구체적인 업무 유형으로는 정치, 경제, 금융 분야의 기획전략실 업무, 영업 협상 업무, 예산 결산 업무, 투자, 재테크, 조직 인사관리, 금융정책 리서치, 금융리스크 관리, 회사 운영, 경영 업무 등에 적성을 갖는다.

7. 오(午)

1) 午의 이해 및 합(合), 충(沖), 원진(元嗔)

우주 자연의 순환 사이클을 1년 기준으로 볼 때, 午月은 양력 6월 5일 전후인 망종부터 7월 5일 경인 소서까지의 시간을 말한다. 午月은 6월 22일 경인 하지 절기를 기점으로 하여 양과 음의 에너지 전환이 일어난다. 하지 절기는 태양의 남중고도가 가장 높은 때로, 丙火의 온난한 에너지가 최고에 달하고 낮 길이가 가장 긴 시기이다. 이때는 자연의 음양종시(陰陽終始) 원리에 따라, 6양에서 1음이 생겨나고 양을 수렴하는 丁火의 기운이 발생된다. 丁火는 丙火의 확장과 팽창성을 억제하면서 에너지를 수렴하는 속성을 갖고 있어서, 만물을 숙성시키고 결실을 만드는 작용을 한다.

이와 같은 에너지 변화는 午의 지장간을 통해 확인할 수 있다. 午月은 丙, 己, 丁: 10, 10, 10일로 되어 있는데, 하지 이전 10일 동안은 丙火 에너지가 왕성하고 그 후 10일간은 己土가 중화에너지로서 火를 조절한다. 하지 이후에 10일은 丁火 에너지로 바뀌어 결실을 이끈다. 실제 丁火 에너지는 甲乙을 건조하고 태워서 庚辛이라는 물질인 金을 생성시키는 역할을 한다. 따라서 하지 때가 1년의 순환에서 양과 음의 분기점이 된다고 볼 수 있다. 하루의 순환 기준으로 볼 때는 午時인 11시 30분부터 1시 30분까지이고, 오후로 가는 분기점이 되는 것과 같은 이치다.

그러면 이와 같은 지지 午가 실제 사주에서 합충 변화를 일으킬 때 인간 삶에서 어떤 상황이 발생하는지 살펴보자.

① 지지 午火는 여름 계절의 중심인 왕지(旺地)이다. 만약 巳午未 방합이 사주에 있으면, 혈연 지연 학연을 바탕으로 인간관계를 형성하게 된다. 지역이나 조직에서 많은 사람들의 도움을 받을 수 있고, 환경적 혜택을 얻을 수 있다. 巳午 방합이 있는데 대운에서 丑이 와서 巳丑 삼합까지 형성되면, 안정된 환경 속에서 체계적인 학습 과정을 밟아 자기 발전을 이룬다. 또한 午未 방합이 있는 경우, 대운에서 亥가 와서 亥未 삼합이 더해지면 미래의 상품 개발을 위해 꾸준히 연구하여 다음 세대까지 전달하는 결과를 만들 수 있다.

② 월지나 일지에 午가 있고 운에서 寅午戌 삼합이나 寅午, 午戌 반합이 형성되면, 현재 하고 있던 일에서 더욱 분명한 미래 목표를 설정하여 능력을 키우고 성장해 간다. 寅午 반합일 경우는 丙火나 巳火처럼 사회 조직 내에서 사람과의 소통을 통하여 리더의 자질을 갖추어 가며, 午戌 반합일 때는 丁火나 午火의 특성에 따라 예술적, 과학 기술적 전문가로서의 자질을 키워 나간다.

③ 월지에 午를 중심으로 午未 육합이 있으면 사회적 계급과 신분 조직 내에서 기득권을 차지할 수 있는 능력을 지닌다. 일지나 시지에서 午未 육합을 이룰 때는 개인적인 인연 관계를 맺음이 우선적이다

④ 월지 午를 기준으로 연지, 일지, 시지에 子가 있거나 운에서 子가 올 때, 子午충 현상이 일어난다. 만약 연지에서 子午충이 벌어지면 국가적 문서, 자

격증, 법적 지위 변화가 생긴다. 사주 내에서 午가 이미 방합이나 삼합을 형성하고 있으면 충운에 오히려 신분이나 지위 상승의 결과를 가져오게 되고, 그 반대로 홀로 午가 있을 경우는 이민, 유학, 지위 하락 등의 현상이 발생할 수 있다. 월지에서 子午충이 되면 직업 변화 및 주거 변동 등 공간적 변화와 새로운 지식 환경이 유입되기도 한다. 일지일 때는 인간관계 구조조정, 이별 문제를 겪기도 하며, 시지일 경우는 개인적인 취미 생활의 변화가 생긴다.

⑤ 월지나 일지에 午가 있고 다른 지지에 丑이 있을 때 운에서 午가 오면, 丑午 원진 현상이 발생한다. 월지를 중심으로 발생하는 축오 원진은 직업적으로 긍정적인 변화를 동반하기도 한다. 즉 午라는 과학 문명, 예체능적 환경에 丑이라는 창의적 지혜가 융합되어 기발한 예술적 창작력을 발휘할 수 있다. 그러나 대부분의 원진 현상처럼, 개인적으로는 오해나 갈등, 원망과 같은 부정적인 문제가 발생할 수 있으니 마음의 수양이 필요하다.

2) 午月生의 직업 능력

양력 6월생은 하지를 기점으로 하여, 하지 이전 15일간 태어난 사람과 이후 15일간 태어난 사람의 직업 환경이 다르다. 午月은 양력 6월 5일 전후인 망종부터 7월 5일 경인 소서까지의 시기를 말한다. 다음은 午의 지장간인 丙己丁의 에너지 특성에 근거하여 직업적 능력을 알아보자.

하지 이전은 甲乙 木을 키우는 丙火의 에너지 환경이므로 실력과 소통을 바탕으로 하여 사회 조직 내에서 경험과 경력을 쌓아야 한다. 반면에 하지 이후 생은 甲乙 木을 말리고 태워서 庚辛 金이라는 새로운 결실을 만드는 丁火 에너지 환경이다. 따라서 인간이 만들어낸 문명사회 속에서 제2의 산업 분야인 금융, 회계, 세무, 언론, 정보 분야에 잠재적인 능력을 갖는다.

만약 하지 이전 15일간 출생자가 사회적으로 성공적인 직업 활동을 하려면, 사주 천간에 乙-丙-庚 배합이 있을 때이다. 업무 유형은 丙火의 사회조직 안에서 사람들과의 소통력을 발휘하여 사업 컨설팅이나 미래의 효율적 성과를 위한 경영 지원 업무가 적합하다. 학업은 인문 사회계열, 상경계열 분야를 전공하면 적성에 맞다.

한편 하지 이후 15일간 출생자가 환경에 적합한 직업 능력을 갖추려면 천간에 甲乙-丁-庚辛 배합이 있을 경우이다. 이 의미는 물질을 중시하는 丁火가 甲과 乙로 실력과 경력을 쌓아 丁-庚으로 새로운 결과를 창출해낸다는 뜻이다. 이런 사주는 조직 전체의 운영 능력보다는 개인의 연구개발을 통한 기술적 전문 능력의 우수성으로 나타난다. 실제로 금융, 회계, 통계를 전공했을 때 탁월한 계산능력과 데이터 분석 능력을 갖춘다.

한편 악기, 미술, 공예, 건축 등 예술 분야에서도 우수한 실용적 창작품을 제작할 수 있으며, 丁-辛 조합일 때는 악기나 미술도구, 운동기구 등 도구를 잘 다루는 능력이 있다. 직업으로는 건축 예술, 화가, 공예가, 축구 선수나 골프 선수 같은 운동선수로 활약할 수 있다.

午의 지장간 己土가 천간에 투간 되면, 사회적 경험과 경력을 충분히 쌓은 후에 제2의 직업적 능력을 갖추게 된다. 午月의 己土가 丁火와 배합되면 특화된 분야에서 개인적 능력이 뛰어난 전문가가 될 수 있다.

8. 미(未)

1) 未의 이해 및 합(合), 충(沖), 형(刑), 원진(元嗔)

未月은 양력 7월 6일 경인 소서부터 8월 6일 경인 입추 전까지이다. 이 시기는 소서와 대서 절기가 있는 때로, 땅에서 뜨거운 복사열을 흡수하여 1년 중 지상의 온도가 가장 높다. 천간의 우주 자연 에너지는 태양의 남중고도가 가장 높은 하지 때 6양에 이르지만, 실제 지지 시공간으로의 영향은 한 달 뒤인 소서와 대서 때에 절정에 이르게 된다. 未月은 巳午未로 이어져온 여름을 마무리하는 시기로, 만물을 익게 하고 건조하게 만들어 가을의 결실을 준비한다.

未月의 지장간을 보면 丁乙己 에너지가 각각 9, 3, 18일씩 들어있다. 초기 丁火 에너지는 하지 이후에 발생된 것으로써 팽창된 丙火의 빛에너지를 수렴하여 열에너지로 전환된 것이고, 未土에 저장된 상태이다. 중기 乙木 에너지는 봄 계절인 卯月부터 시작하여 辰, 巳, 午月을 거쳐 未土라는 창고에 보관된 상태이며 木의 에너지 정보를 갖고 있다. 본기인 己土 에너지는 18일 동안 丁火와 乙木의 기운을 중화, 조절하면서 가을의 결실을 향한 시공간적 터전과 같은 역할을 한다.

1일의 순환적 관점에서 보면, 未時는 오후 1시 30분부터 3시 30분까지이다. 하루 중 未時는 땅의 복사열로 인하여 가장 온도가 높다. 인간의 1일 생활 주기로 볼 때도 하루의 성과를 내기 위해 치열하게 일해야 하는 시간이다.

그러면 지지 未의 합충 변화 및 원진의 의미를 살펴보자.

① 지지 未에 巳 午가 배합되어 巳午未 방합을 이루면, 가정에서나 직장에서 가족, 동료, 선후배들의 도움을 받게 된다. 午未나 巳未와 같이 두 글자만 배합되어도 사람들과 협조적인 인간관계를 맺고 환경적 혜택을 받는다.

② 巳午未 방합이 있고 亥나 卯가 다른 지지에 있어서 亥卯未 삼합까지 형성되면, 조직 내 사람들의 우호적 관계 속에서 나 자신의 경험적 전문 능력을 키워서 발전해 간다. 특히 과거의 에너지를 보관하는 고지(庫地)에 해당하는 未의 경우, 반드시 해묘미 삼합이 있어야 지위와 신분을 높이고 부를 축적해 갈 수 있다. 봄의 고지인 辰, 가을의 고지인 戌, 겨울의 고지인 丑의 경우도 마찬가지로 삼합을 이루어야만 과거에 축적된 능력을 계발하여 자기 성장을 이룰 수 있다. 만약 과거 에너지 저장 창고와도 같은 지지 土에 삼합이 없다면, 자신의 잠재 능력이 사회적으로 발휘되지 못하고 사장될 수 있다. 단 충이나 형 운이 올 때, 각 지장간 에너지가 천간으로 발현되어 활성화되고 쓸 수 있다.

③ 지지의 未가 午와 배합을 이루면 방합적 의미와 함께 육합적 의미도 갖는다. 만약 일지와 시지에 午未 육합이 있다면, 남녀나 부부, 가족 간의 감정적 애정지합이다. 그러나 연지와 월지 중심으로 육합이 형성되어 있으면, 내가 속한 사회나 조직이 신분적 상하 관계에 바탕을 둔 경쟁적 환경임을 의미한다. 육합이 사주 원국에 있고 운에서 충을 만나면 신분이나 지위 상승과 같

은 변화가 발생된다.

④ 사주 지지 未가 다른 지지에 丑이 있거나 운에서 丑이 오면 丑未충 작용이 발생한다. 지지로의 충은 긍정적 작용과 부정적 작용의 양면성을 갖는다. 만약 미토와 축토 안에 들어있는 지장간 에너지가 자신에게 정재, 정관, 정인 등의 길신일 경우, 충 작용으로 인해서 밖으로 모두 발현됨으로써 긍정적 변화가 생긴다. 반대로 편관, 겁재, 상관 등의 흉신으로 발현되면 부정적 변동이 발생할 수 있다. 또한 오행적 의미로 직업적인 능력 관점에서 보면, 未의 지장간에 들어 있는 丁과 乙의 기술적 경험이, 丑의 辛과 癸 에너지와 합해져서 지적, 창의적 능력까지 겸비하게 된다.

⑤ 일지, 월지 기준으로 寅未 귀문이나 子未 원진이 있을 경우, 통상적 의미로 일의 지연이나 개인적 갈등, 미움, 원망 등의 현상이 발생한다. 만약 남녀 사주 궁합에서 연지나 월지끼리 서로 원진 관계로 연결되면 20대, 30대 젊은 시절부터 집착, 원망, 오해로 인해 의처증 의부증 등의 가정불화가 생길 수 있으며, 일지나 시지에서 원진으로 이어지면 40대, 50대 등 중노년에 부부 갈등이 발생한다.

⑥ 다음은 지지 土끼리 모여 발생하는 삼형살(三刑殺)을 알아보자. 뜨거운 여름 土인 未土가 차가운 겨울 土인 丑土, 가을土인 戌土와 함께 만나 충돌하면, 창고와 같은 땅속에 보관되었던 에너지들이 모두 활성화되면서 조정할 일이 생긴다. 이를 삼형살이라 하고 두 글자만 모인 丑戌刑, 戌未刑도 비슷한 형살의 작용이 발생한다.

운에서 이러한 형살이 발현되면 형제나 지인 또는 부부간에 다툼이 생기고, 사기 고소 사건이나 육체적인 수술 같은 문제가 생긴다. 그러나 이러한 기운을 군인, 법관, 외과의사 등 직업적인 일로 해소하면 긍정적으로 쓸 수 있다. 오히려 신왕 사주일 때는 그 기운을 이겨냄으로써 권력을 갖게 되거나, 지위가 상승하고 소송 사건에서 승소할 수 있다.

2) 未月生의 직업 능력

未月生의 사회적 직업적 환경과 개인적 직업 능력을 알아보자.

미월의 지장간은 丁, 乙, 己: 9, 3, 18일로 되어 있다. 각 지장간 오행의 에너지 특성을 살펴보면 미월생의 잠재된 직업 능력을 알 수 있다. 특히 천간으로 투간 되어 상생상극 배합 구성이 균형을 이루면 자신의 적성과 능력을 잘 발휘하여 활발한 직업 활동을 할 수 있다. 지지에서는 亥卯未 삼합을 이룰 때 전문적 지식과 경험을 쌓아 지속적인 자기 성장을 이루게 된다.

그러면 未月의 지장간 丁 乙 己가 천간으로 투간 되어 어떤 오행과 상생상극 배합을 이룰 때 자신의 잠재된 직업 능력을 잘 발휘할 수 있는가 알아보자.

먼저 丁火가 천간에 투간 되면 수학, 과학기술, 공학, 보건, 의료, 회계, 금융 등 인간의 물질생활에 편리를 주는 이공계 분야뿐 아니라, 신체적 기술 능력에 관계된 예체능 분야에서 능력을 발휘하게 된다. 丁火의 능력은 癸水의 정신, 감성, 지적 능력과 대비되는 개념으로 물질, 신체, 기술적인 능력을 말한다. 특히 甲-丁으로 목생화 배합을 이루면 타고난 절대적 실력으로 전문적 능력을 갖추고, 乙木이 투간 되어 乙-丁 배합이면 현장에서의 경험과 경력을 중심으로 직업 활동을 활발하게 한다.

庚金이 있어서 丁-庚 배합이 되면 인간 실생활에 도움이 되는 도구나 기구 제작 기술능력을 갖춘 전문가로 살아가게 된다. 또한 사주에 壬水가 있어서 丁火와 수화기제가 되면, 음양의 조화를 이루어 금융, 과학 기술 분야에서 경영자나 관리자 역할까지 수행하게 된다.

未月 생의 구체적 직업을 보면 과학 기술 분야의 연구원, 의사, 간호사, 물리치료사, 회계사, 은행원, 수학 과학 계열의 교육자 등이다. 예체능 분야에서도 시각적 효과를 중시하는 영상, 광고 제작자, 디자이너, 조각가, 각종 도구를 다루는 기술자, 운동선수 등 신체를 활용한 기술적 재능을 쓰는 직업이다. 己土가 투간 된 경우, 위와 같은 직업적 능력을 갖추기에 적합한 환경을 만나서 자기 계발을 성취하고 한 공간의 주인이 될 수 있다.

만약 위의 지장간 오행 및 상생상극 배합 오행이 천간에 투간 되지 않을 경우는 잠재적 능력만 있을 뿐 직업적으로 활용되지 못하다가, 대운이나 세운 등 외부에서 해당 오행이 올 때 활성화되어 쓸 수 있다.

9. 신(申)

1) 申의 이해 및 합(合), 충(沖), 형(刑), 원진(元嗔)

申月은 입추인 8월 5일쯤부터 시작하여 처서를 지나 9월 5일 경인 백로 절기 이전까지를 말한다. 입추 절기가 말해주듯이 申月은 가을의 시작이다. 이때는 丁火 에너지가 강했던 未月을 지나서 만물이 성장을 멈추고 결실을 이루는 시기이다.

개인 삶으로 보면 결혼을 하고 자식을 낳아 제2의 인생을 사는 시기와 같고, 사회적으로도 양적으로 무분별하게 팽창된 사회가 규칙이나 제도를 통해서 시스템화된 제2의 물질문명사회와 같다. 따라서 申月의 환경은 법과 질서가 중시되고 개인적 전문성이 높이 평가되는 차별화된 산업 사회에 비유될 수 있다.

이와 같은 申月의 자연 에너지적 변화를 지장간을 통하여 살펴보자.

申月의 지장간은 戊, 壬, 庚: 7, 7, 16일로 되어 있다. 초기 7일 동안의 戊土 에너지는 이전 달인 未月의 丁火가 壬水로 에너지 전환될 수 있도록 조절하고 연결 작용을 하며, 乙木은 庚金 에너지로 변화될 수 있도록 시간 공간적 연결고리 역할을 한다.

중기인 壬水 에너지는 申子辰이라는 水 삼합 운동의 시작을 표시한 것으로써 겨울이라는 미래의 목적을 담은 에너지 정보이다. 다시 말해서 壬水는 미래에 庚金이라는 결실을 보관하고 저장하는 역할을 하기 위해 초가을부터 미리 와서 준비하고 있음을 알게 해 준다.

본기인 庚金 에너지는 申月의 중심 에너지로서, 丁火 에너지와 상호작용을 해서, 확장된 木과 火의 팽창 기운을 멈추게 하고 새로운 결실을 만든다. 만약 申月에 태어난 사람이 甲乙 木이 없다면 봄에 씨를 뿌리지 않은 것과 같고, 丙丁 火가 없다면 木을 제대로 성장시키지 못한 것과 같아서, 거두어들일 열매나 결실이 없음을 뜻한다. 따라서 가을생들은 나의 과거 경력과 이력이라고 볼 수 있는 木과 火의 있고 없음이 중요하다.

한편 하루 순환 주기에서 申時는 오후 3시 30분부터 5시 30분까지이다. 1년 중 가을 계절과 비슷한 의미를 지니며, 이때 하루 동안 열심히 활동한 결과물이 생기고, 몸으로 경험한 것들과 머리로 습득한 지식을 저장시키고 내일을 준비하는 시간이다. 하루 동안 아무 활동도 하지 않았다면 뿌린 씨앗과 노력이 없는 것이고, 金의 결실도 얻기 어렵다는 뜻이다. 이것이 기본적인 자연의 인과법칙이다.

그러면 지지 申의 방합, 삼합, 육합의 종류와 의미를 살펴보고, 합과 충이 서로 만났을 때 인간 삶에서 발생되는 일들을 살펴보자.

① 申月은 시간적으로는 가을 기운의 시작이고 申酉, 申戌, 申酉戌 등 金 방합 세력들이 있다면, 巳午未라는 여름 계절에 성장한 생명체들을 자르고 선별하여 결실을 얻는 엄격한 환경이다. 인간 사회에서 볼 때 법과 규칙이 중요시되는 체계화된 사회이고 경험과 검증을 거친 실력 있는 전문가들이 모여 있는 곳이다. 신유술 방합과 함께 木火土가 있는 사람은 봄 여름의 성장 과정

을 거치면서 높은 경험 가치와 능력을 가진 숙련자로서 가정이나 직장에서 존경받는 인물이다.

② 申月生이 申子辰 삼합이 있을 때 미래 지향적 목적이 뚜렷한 사람이다. 申의 중기 지장간 壬水는 미래의 넓은 유통시장을 의미하므로 申金이라는 제품과 기술력을 발전시켜 시장의 수요에 맞게 판매하고자 한다. 만약 천간이나 다른 지지에 火가 있어서 효용성을 갖춘 가치 있는 申金이라면, 고품질의 상품 또는 나 자신의 기술적 전문성이 유통시장에서 잘 팔리게 된다. 신월생이 월지 중심으로 신자진 삼합이 잘 형성되어 있으면 직업적으로 꾸준하게 성장하는 삶을 산다.

한편 월지 申이 운에서 申子합, 申辰합, 申子辰합을 이루면, 직업적 이유때문에 더 좋은 곳으로 공간적 이동을 할 수 있다. 만약 일지에서 삼합이 형성되면 가족이나 가까운 지인과의 인간관계가 순조로워진다.

③ 일지에 申이 있고 시지에 巳가 있어서 巳申 육합이 되면, 남녀나 가까운 동료 사이에 강한 끌림이 생겨 인연이 될 수 있다. 그러나 申은 申子辰 水 운동을 목적으로 하는 생지이고, 巳는 巳酉丑 金 운동을 하려는 시작이기 때문에, 시간이 지나면 목적하는 바가 달라서 갈등이 유발될 수 있다. 그런데 巳申 육합은 水라는 오행으로 변화되기 때문에 결국에는 巳가 申의 水 운동에 합류하여 새로운 생명체인 木을 키우게 된다.

만약 월지 중심으로 하여 연지와 巳申 육합이 있으면 상하 높낮이가 구분된 경쟁적 사회 환경에서 살게 된다. 따라서 이런 사주는 실력과 경쟁이 있는 사회 속에서 항상 검증을 거쳐야 한다. 다른 지지에 巳午未 방합이 있거나 申酉戌 방합이 있으면, 동료나 선후배, 가족 등의 인간관계적 도움을 받아 경쟁에서 이길 수 있다.

④ 월지에 申이 있는데 다른 지지에 寅이 있거나, 대운 세운에서 寅이 오면 寅申 충 작용이 생긴다. 월지는 항상 나를 둘러싼 사회적 직업적 환경을 뜻하므로 직업적 업무 변화나 진로, 전공 분야의 변화가 생길 수 있다. 실제로 경험과 실력을 갖춘 申月의 전문가가 새싹과 같은 학생인 寅을 만난 것이므로 인신충 운에는 후계자 기술 교육이나 예체능 분야의 코치 업무를 담당할 수 있다. 만약 일지에서 寅申충 작용이 발생하면 가까운 가족이나 지인과의 이별과 공간적 분리 현상이 있을 수 있다. 그러나 사주 원국에서 삼합, 방합 등의 세력이 있으면 오히려 발전적인 인간관계가 된다.

이 외에도 寅巳申 三刑 작용이 있다. 앞서 지지 巳에서 설명했듯이 이들은 모두 각 계절을 시작하는 기운으로써 강력하고 빠른 속성을 갖고 있다. 따라서 이러한 생지 에너지들이 서로 모이면 급한 서두름 때문에 손재, 구설, 경쟁, 사고, 육체적 손상 등의 문제가 발생될 수 있다.

⑤ 일지에 申이 있는데 시지나 월지에 卯가 있으면 卯申 원진, 귀문 작용이 생긴다. 이런 현상은 평생 동안 계속 발생하는 것은 아니고, 운에서 卯나 申이 올 때 에너지가 증폭되어 개인적인 오해나 갈등, 일의 지체 현상으로 나타난다. 그러나 앞서 卯에서 설명했듯이 이러한 원진 현상을 직업적으로 잘 활용하면 긍정적으로 해소할 수 있다. 가령 어린이, 노인, 환자를 돌보는 업무나 경찰처럼 사회적 약자를 보호하고 지켜주는 일을 할 수 있다.

2) 申月生의 직업 능력

申月生의 직업 능력을 알아보기 위해 지장간을 살펴보자. 申月의 지장간은 戊, 壬, 庚: 7, 7, 16일이다. 초기 戊土 에너지는 寅巳申亥라는 각 계절의 생지에 동일하게 들어있다. 이때 戊土의 역할은 각 계절의 시작점에서 지난 계절의 에너지를 담아서 조절, 중화하는 것이다.

申月生의 사주 천간에 戊土가 투간 되면 미래에 대한 통찰력 및 시대 환경 변화에 대한 인지력을 갖추게 된다. 만약 지장간 중기인 壬水까지 천간으로 투간 되어 戊-壬 배합이 되고 지지에 申子辰 삼합을 이루면, 미래의 상품 유통 시장 변화에 대한 인지능력과 실천력이 있어서 사업 경영인, 유통업체 관리자가 될 수 있다. 단 우수한 전문 경영인이 되려면 丙丁 火가 있어야 경력과 실력을 갖춘다. 丁-戊-壬 조합이 있을 경우, 과학기술 분야에서도 제품 출시나 제품 검사 감독 등의 일을 할 수 있고, 예능 분야에서 미술 전시, 발표, 감독, 연출 등 타인의 능력을 널리 알려주는 업무에 자질이 있다.

본기인 庚金이 천간에 투간 되어 丁-庚 배합을 이룬다면, 현장에서 실용성 있는 도구 제작이나 생산 기술 능력이 뛰어난 현장 전문가가 될 수 있다. 가령 각종 제조 생산업, 디자인 설계, 영상 제작 등의 업무에 재능을 갖는다. 丁-庚-壬 배합까지 갖춘다면 사업가로 성장하여 능력 있는 경영자가 될 수 있다. 또한 甲이 배합되어 甲-丁-庚 구조라면 지적 실력을 겸비한 법률가, 군인 장교, 제조업 기술 전문가로서 귀한 인물이 될 수 있다.

10. 유(酉)

1) 酉의 이해 및 합(合), 충(沖), 원진(元嗔)

지지 유(酉)를 이해하기 위해 酉月과 酉時의 특징을 알아보자.

酉月은 9월 6일 전후인 백로부터 추분을 지나서 10월 6일 경인 한로 이전의 시기이다. 酉月의 지장간을 보면 庚, 辛: 15, 15일인데 이 시기는 추분 절기를 기준으로 하여 이전 15일은 庚金 에너지의 운동성이 강하고, 그 이후 15일은 辛金 에너지의 활동성이 강하다. 이러한 에너지 특성이 자연 물질계에서 발현될 때, 庚金은 나무 위에서 커가는 열매와 같고 辛金은 수확하여 상품화된 과일과 같다.

실제 인간의 삶에서는 庚金이 丁火의 열에너지와 만나 새로운 물건을 만들어내는 제조나 생산력을 뜻하지만, 추분 이후 辛金은 이미 완성된 상품이기 때문에 壬水라는 시장에 팔리는 것이 목적이다. 중요한 것은 가을의 왕지(旺地)인 酉月을 이해할 때 추분을 기점으로 하여 에너지 특성과 인간 및 자연 현상을 구분하여 관찰해야 한다.

한편 하루 중 酉時는 오후 5시 30분부터 7시 30분까지이다. 하루 일과로 볼 때, 이 시간은 일터에서 모든 활동을 마치고 하루의 땀 흘린 대가를 보상받는 때이다. 돈, 음식, 일의 성과 등 하루의 결과물을 얻는 시간으로 이해하면 될 것이다.

다음으로 지지 酉에서 일어나는 합, 충, 원진에 따른 의미를 알아보자.

① 1년의 순환 기준으로 볼 때, 금왕지절(金旺之節)인 가을의 중심에 있는 酉가 申을 만나면 申酉 방합이 된다. 申酉 방합적 의미는 이미 완성된 물질 환경인 酉가 그 이전의 시작되는 양의 환경을 만났으니, 가족이나 사회조직에서 부모나 배우자, 윗사람으로부터 혜택을 받을 수 있다. 酉戌 방합은 가을의 끝에서 수확된 열매가 창고에 씨종자로 저장된 환경을 만난 것과 같으니, 다음 세대까지 잘 보관되어 이어질 수 있는 안정적인 가정이나 사회 조직 환경이 있다는 의미이다.

② 월지 酉가 다른 지지에 巳나 丑이 있으면 巳酉丑 삼합이 된다. 방합이 조직이나 주변 사람들에 의한 도움을 받는 환경이 저절로 주어지는 것이라면, 삼합은 꾸준한 자기 계발의 목적성을 갖고 스스로 노력하여 성장 발전해가는 것이다. 따라서 사주 원국에 巳酉, 酉丑, 巳酉丑 등의 삼합이 있으면 평생 동안 자기 재능 계발에 힘쓰는 삶을 살게 된다. 만약 운에서 월지 삼합을 이루면 새로운 재능을 만들거나, 자신이 발전할 수 있는 새로운 환경으로의 이동 같은 현상이 발생할 수 있다.

③ 일지 酉가 다른 지지에 辰이 있으면 辰酉 육합이 된다. 이것은 봄 기운의 창고와 같은 辰土가 가을의 왕지인 酉金을 만나서 결실을 맺고 金으로 완성되는 모습이다. 다른 육합과 마찬가지로 일지나 시지 중심으로 진유 육합이 형성될 때는 남녀나 배우자와의 애정지합으로써 처음에는 감정적 끌림으로 인연을 만든다. 그러나 시간이 지나면 확장성을 지닌 봄 기운인 辰土가 酉

金의 딱딱하고 완벽함에 답답함을 느껴서 다른 곳으로 떠날 수 있다.

월지 중심에서의 辰酉 육합은 신분적 상하 관계가 있는 사회 조직에서 경쟁하는 사람들과의 인연이다. 운에서 戌이나 卯가 들어와 육합이 충을 받으면 검증받을 일이 생기고, 신왕한 사주일 경우는 경쟁에서 이겨 신분 상승의 기회가 된다.

④ 월지 酉가 다른 지지에 방합, 삼합, 육합이 없이 대운이나 세운에서 동시에 충을 받으면, 단순한 공간 이동, 이사, 직장 이동의 변화가 생긴다. 연지에서의 충은 해외 이동, 유학 등 넓은 공간적 이동이나 국가와 관계된 문서, 자격, 법적 문제가 생길 수 있다. 또한 일지 酉가 충을 받으면 가까운 사람들과의 인간관계 구조조정 및 이별이 있을 수 있고, 시지에서의 충은 자식의 이동이나 사적 관계 변화 및 취미, 개인적인 활동 변화가 있게 된다.

⑤ 일지 酉가 다른 지지에 寅이 있으면 寅酉 원진이다. 인유 원진은 동물에 비유해서 호랑이와 닭의 좋지 않은 관계로 설명되기도 한다. 그러나 지장간 속 에너지 간 상호 작용력을 살펴보면, 寅 중의 丙火와 酉 중의 辛金이 서로 丙辛 합하고, 寅 중의 甲木과 酉 중의 庚金은 甲庚충 한다. 즉 이 둘의 관계는 합과 충이 함께 일어나기 때문에, 정신적 갈등이나 인간관계의 애증이나 오해가 발생할 수 있고, 일의 지연이나 방해가 따른다.

2) 酉月生의 직업 능력

앞서 밝혔듯이 酉月生은 추분을 기준으로 하여 庚金과 辛金으로 에너지 특성이 다르기 때문에 사회적 직업 환경이나 개인의 직업적 잠재력도 다르다. 우선 추분 이전 15일간 태어난 사람이 천간에 庚金이 투간 되고 丁-庚 배합을 갖추었다면, 申月生처럼 현장에서의 전문적 기술 능력과 생산 제조 능력이 뛰어나다.

여기에 乙木이 배합되면 실제적 경험과 과거 경력이 있다는 것이고, 己土는 적합한 환경에서 자기 계발을 충분히 하여 새롭게 재도약함을 뜻한다. 만약 乙-丙-庚-壬 배합이라면 전문 기술능력보다는 생산 제조 현장에서의 관리 감독이나 대외 협력, 교섭 능력을 갖추어 운영자나 경영자로 성공할 수 있다.

한편 추분 이후 15일간 출생자의 사주 천간에 辛金이 투간 되면 생산된 물건에 대한 가치를 극대화해서 상품성을 높이는 능력이 우수하다. 즉 庚金이 전문적 생산 제조 능력이라면, 辛金의 능력은 기존 제품을 잘 분류하고 포장하여 더 높은 가치를 만들어 판매하는 능력이다. 따라서 辛金이 판매시장과 같은 壬水와 배합되면 제품의 검열, 무역 통관 업무 분야에서 직업 능력을 발휘할 수 있다.

戊土가 있으면 시대적 변화와 유행에 대한 인지력이 뛰어나서 시장조사나 마케팅 업무에 적합한 능력이 있다. 또한 丁火가 丁-辛 조합을 이루면, 기존의 물건을 새롭게 업그레이드하는 능력이 뛰어나서 재개발 사업, 복구, 리모델링, 재활치료, 옷 수선 등 재생 산업 분야에서 능력을 발휘한다. 만약에 酉

月生이 辛-壬 조합이 없고, 辛-癸 조합이라면 직접적인 상품 판매 능력이 아니라 상업적 효과를 위한 지적인 기획능력을 갖춘 것이다.

11. 술(戌)

1) 戌의 이해 및 합(合), 충(沖), 형(刑), 원진(元嗔)

戌月은 10월 6일 경인 한로 절기에 시작하여 11월 6일 경인 입동 절기 전까지이다. 이때는 계절적으로 가을을 마무리하고 겨울을 준비하는 기간이다.

자연의 1년 순환과정을 볼 때, 봄에 씨를 뿌려서 생명체가 탄생되었고, 여름에 성장하여 가을 申月에 열매를 맺어서 酉月에 완성된 결실을 수확하였다. 다른 사계의 지지 토와 마찬가지로, 戌土도 지난 과거의 에너지 정보를 땅속에 저장하는 역할을 하기 때문에 자연 물질계에서 종자나 씨앗을 보관하고 있는 창고와 같다. 인간 삶에서 비유할 때, 戌土의 시공간은 모든 것이 완성되어 최고의 가치를 인정받는 환경으로 본다.

戌月의 지장간을 살펴보면 辛, 丁, 戌: 9, 3, 18일이다. 초기 정보인 辛金은 가을에 수확한 결실이 저장된 상태를 나타낸 것이며, 중기 丁火는 인오술 삼합 운동으로 여름 午月의 에너지 정보가 이어져 와서 보관되고 있음을 표시한 것이다. 따라서 중기 丁火가 사주에서 활성화되어 쓰이려면 寅午戌 火 삼합 운동을 해야만 한다. 마찬가지로 다른 지지 土인 辰土, 未土, 丑土도 삼합 운동을 할 때만 중기 에너지 정보가 활성화되어 발현된다.

요컨대 지지의 삼합 운동은 생지나 왕지에서도 중요하지만, 특히 고지인 지지 土에서 과거의 에너지 정보를 활성화시키기 위한 필수적 요소이다. 본기인 戌土는 18일 동안 지지 공간에 머무르면서 戌月의 辛丁 에너지를 亥月의 甲壬 에너지로 완만하게 전환시키는 역할을 한다.

하루 순환 과정에서 볼 때 戌時는 오후 7시 30분부터 9시 30분까지이다. 새벽 寅時에 시작된 사람들의 활동이 午時에 가장 왕성하고 戌時에는 일을 끝낸다. 즉 戌時는 하루의 순환 과정이 마무리되고 새로운 내일을 맞이하기 위해 몸과 마음으로 익힌 경험과 정보를 저장하고 보관하는 시간인 것이다.

다음으로 지지 戌의 합, 충, 형, 원진 작용에 대하여 알아보자.

① 가을을 마무리하는 戌月에 생지 申이나 왕지인 酉가 배합되어 申戌, 酉戌, 申酉戌이 되면 방합이 형성된다. 申戌 방합 의미는 종자를 저장하고 있는 가을 戌土가 새롭게 결실을 만들고자 하는 申을 만났으니, 인간사에서 서로의 생각과 목적이 다를 수 있다. 따라서 가정이나 사회에서 가족이나 동료들의 협조를 받지 못하거나 갈등이 일어날 수 있다. 그러나 사주에 酉戌 방합이나 申酉戌 방합이 있다면, 결속력 있는 사회 조직 환경에서 주변 사람들의 협조와 도움을 받고 가족 간에도 서로 화합하고 우월적 지위를 갖게 된다.

② 지지 戌에 寅이나 午가 배합되어 寅戌, 午戌, 寅午戌이 되면 삼합을 이룬 것이다. 만약 월지 戌을 중심으로 삼합이 형성되면 사회적 직업 능력으로 쓸 수 있는 자신의 재능을 만들기 위해 끝없이 노력하며, 평생 동안 자기계발을 통하여 성장 발전하는 삶을 살게 된다. 일지나 시지의 戌을 중심으로 한 삼합은 인생의 중후반기에 개인적인 재능이나 능력 계발을 통하여 제2의 직업을

만드는데 쓰일 수 있다.

한편 자신의 사주에서 寅午戌 火 삼합을 십신 기준으로 해석하여, 인성이면 꾸준한 공부나 자격 취득을 통하여 자기 발전을 이루고, 재성이면 현실적인 돈이나 재물을 얻으려 지속적으로 노력하고 활동한다.

③ 지지 戌에 卯가 배합되거나 대운 세운에서 卯가 오면 卯戌 육합이 된다. 다른 육합과 마찬가지로 일지나 시지 중심의 묘술 육합은 개인적 끌림에 의한 감정적 관계의 합이다. 그러나 묘술 육합이 월지 중심으로 형성될 때의 의미는 좀 다르다. 戌은 모든 것이 완성 단계에 와 있는 가을의 중노년과 같고, 卯는 이제 막 사회생활을 시작하는 젊은 신입 사원에 비유된다. 따라서 이들의 합은 사장과 신입 사원의 관계, 시어머니와 며느리의 관계, 스승과 제자의 관계 등 신분과 지위가 다른 윗사람과 아랫사람의 인연으로 본다.

④ 지지 戌에 辰이 오면 辰戌충 작용이 일어난다. 봄의 창고와 같은 辰과 가을 창고와 같은 戌이 만나니, 辰의 지장간 안에 들어있던 乙 癸와 戌 속의 辛 丁이 모두 상충하여 발현된다.

乙과 辛의 충은 木 金의 충으로써 물질적 육체적 문제가 생길 수 있고, 癸와 丁의 水 火 충은 정신적 갈등이나 의견 충돌 현상이 일어날 수 있다. 그러나 만약 사주 원국에 인오술 삼합이 있는데, 운에서 진술 충이 오면 오히려 그동안 갈고닦아온 재능을 발휘할 수 있는 좋은 기회가 된다. 신유술 방합을 하고 있을 때도 충운에 혈연, 지연, 학연의 도움을 받아 지위 상승이나 경제적 혜택을 볼 수 있다.

⑤ 월지나 일지의 戌을 중심으로 丑이나 未가 다른 지지에 있을 때 丑戌未

삼형 작용이 일어난다. 이것은 180도 정반대의 충에 의한 새로운 변화나 변동이 아니라, 90도 에너지 변화의 차이에 따른 엇갈림 현상으로 조정할 상황이 발생된다. 인간관계 조율, 의견 조율, 육체적 수술 등의 고치고 교정할 일이 생기거나 물질 배분의 문제를 조율해야 한다.

⑥ 월지 戌을 기준으로 巳戌 원진이 있는데 운에서 巳나 戌이 와서 에너지가 발현되면, 사회적 직업적 일의 지체 및 지연 현상이 발생된다. 만약 일지 기준으로 巳戌 원진이 있다면, 개인적 인간관계의 갈등이나 오해, 원망이 생기고 특히 가정에서 부부간의 정신적 애증, 미움, 가정불화 등이 발생된다.

2) 戌月生의 직업 능력

戌月生에게 환경에서 필요로 하는 직업 능력은 무엇일까? 지장간 에너지 정보인 辛, 丁, 戊: 9, 3, 18일의 투간 및 배합을 통해서 알 수 있다. 양력 10월생이 사주 천간에 지장간 辛金이 투간 되었다면, 선천적으로 완벽한 기질과 보석 같은 가치를 지니고 태어난 것이다. 여기에 壬水가 배합되어 辛-壬을 갖추면, 완성품과 같은 나를 필요로 하는 직장이나 사회적 환경이 있다는 의미이다.

또한 물건 기준으로 볼 때는, 가격이 높은 완성 상품을 내가 운용하고 판매할 수 있는 수요 시장을 갖추었다는 뜻이다. 따라서 辛金에게 壬水는 상품 판매 능력이며 세상에서 요구하는 적합한 자기 능력을 발휘하기 위한 필수 조건이다. 여기에 본기인 戊土가 투간 되어 戊-辛-壬으로 배합되면, 시대 변화나 환경 변화, 상품의 유행 변화에 대한 통찰력이 뛰어나서 시장성이 좋은 상품의 유통이나 수입·수출관리 및 각종 브랜드 차입을 통한 유능한 관리자, 운영자가 될 수 있다.

구체적으로는 백화점 상품 구성 담당, 상품마케팅, 영업 분야에서 능력을 발휘할 수 있고, 오퍼상이나 무역 대리업도 가능하다. 또한 복지, 여가, 문화 예술 등 인간 삶을 질적으로 향상시키는 웰빙 서비스 분야에서 재능을 발휘할 수 있다.

중기 丁火는 먼 과거의 여름 에너지 정보가 戌土에 저장된 상태이다. 따라서 丁火가 천간에 투간 되거나 지지에 寅午戌 삼합이 있으면, 오랫동안 쌓아온 자신의 실력과 내력이 있다는 증거다. 천간에 甲-丁 배합이 있으면 타인이 인정할 만한 재능이나 전문적 실력을 갖추게 되고, 丁-辛 배합은 그동안 쌓아온 실력과 재능을 바탕으로 하여 새로운 신상품 개발, 리모델링, 재생, 복구, 정신적, 육체적 치료 등 기존 상품을 업그레이드하는 능력을 갖춘다.

한편 甲-丁-辛 배합과 함께 癸-己가 사주 천간에 있으면, 상업 분야에서가 아니라 교육 분야에서 자신의 우수한 지적 실력을 다음 세대에 전하는 능력을 갖게 된다. 즉 丁-辛이라는 업그레이드된 새로운 가치를 癸-己의 지적 계발을 통해 甲이라는 지식 체계로 전수하는 것이다.

12. 해(亥)

1) 亥의 이해 및 합(合), 충(沖), 원진(元嗔)

亥月은 입동 절기인 11월 6일경부터 시작하여 소설을 지나 대설 절기인 12월 7일 이전까지이다. 지역에 따라 온도의 차이가 있지만 절기를 기준으로 한 계절을 볼 때 亥月이 겨울의 시작이다. 자연 물질 공간에서는 음의 기운이 가장 강하여 모든 생명체가 소멸된 상태이며 시간의 순환 관점으로 보면 끝인 동시에 시작이다.

亥의 지장간 에너지를 살펴보면 戊, 甲, 壬: 7, 7, 16일이다. 초기 戊土는 지난 戌土에서 이어져온 에너지 정보로서, 辛 丁 에너지가 亥月의 甲壬으로 완만하게 에너지 전환되도록 연결 역할을 한다. 중기 甲木은 미래의 봄기운이 이미 亥月에 시작되었음을 알려준다. 따라서 甲의 의미는 자연의 순환적 시간 변화를 알려주는 것이며 미래인 봄의 에너지 정보를 포함하고 있다. 본기 壬水는 차갑고 아무것도 없는 無 상태의 겨울 에너지이다. 그러나 壬水가 실제로는 끝과 시작, 無와 有가 공존하는 이중적 시공간 정보를 갖고 있다.

하루 중에 亥時는 저녁 9시 30분부터 11시 30분까지이다. 이 시간은 모든 가시적인 물질계의 모습이 사라지고 어둠의 시공간에서 오직 정신적 세계만이 존재한다. 그러나 지장간 甲木에서 알 수 있듯이, 실제로는 새로운 내일의 생명 활동이 시작되는 출발점으로서의 의미를 지닌다.

다음으로 亥의 합, 충, 원진의 의미를 살펴보자.

① 겨울의 생지인 亥에 왕지 子나 고지 丑이 있으면 亥子, 亥丑, 亥子丑 방합이 된다. 亥子 방합은 완성된 상품이 널리 유통될 수 있는 큰 시장을 만난 것과 같으니, 나의 가치를 필요로 하는 사람들이나 나의 상품을 사려는 고객들이 많은 환경임을 뜻한다. 따라서 개인적 기술력이나 영업력이 갖추어져 있다면 많은 고객들의 수요로 인해 물질적인 부를 이룰 수 있다.

한편 亥丑, 亥子丑 방합일 경우는 마케팅 기획 전략 등 상품 판매를 위한 이론적 연구 환경에서 직업 활동을 한다.

② 월지 亥를 중심으로 卯나 未가 있으면 亥卯未 삼합이 된다. 亥卯未 삼합적 의미는 木 운동을 시작하려는 생지 亥가 木의 왕지 卯를 만난 것이니, 외부에서 들어온 선진 문명의 지식이나 정보를 학습하여 아랫사람이나 제자에게 전달하는 교육적 직업성을 갖는다. 亥未 삼합은 亥가 甲乙 木의 실력과 경력을 모두 갖춘 未를 만나서 다른 사람들과의 연계를 통하여 자신이 쌓아온 인문 사회 과학 지식을 사회에서 활용한다.

③ 월지 亥가 다른 지지에 寅이 있거나 운에서 寅이 오면 寅亥 육합이 된다. 육합이 연지 월지를 중심으로 형성되면 상하적 신분 관계가 분명한 경쟁적 환경에서 살아가게 된다. 생지끼리의 만남이므로 처음에는 빠르게 수생목 하여 급속도로 가까워지지만, 寅은 인오술 삼합 운동을 하여 火 운동이 목적이고, 亥는 해묘미 木 운동을 하려고 하므로 시간이 지나면 서로 엇갈린 다른 길을 선택하게 된다. 따라서 조직에서의 분리, 계약 파기, 이별 등의 상황

이 발생할 수 있으니 신중함이 필요하다.

다른 육합과 마찬가지로 일지나 시지 중심의 寅亥 육합은 개인적인 정신적 끌림에 의한 인연 관계이고, 앞선 내용처럼 처음 시작과 끝의 결과가 다를 수 있다.

④ 일지나 월지에 亥가 있는데 다른 지지에 巳가 있거나 운에서 오면 巳亥 충 작용이 일어난다. 충 작용은 무조건 나쁜 것이 아니며, 새로운 기운과의 섞임 현상으로 변화를 의미한다.

사주 원국에 亥子丑 방합이나 亥卯未 삼합이 있는데 운에서 충이 오면, 환경적 도움으로 지위가 상승하거나 그동안 자신이 쌓아온 능력을 검증받는 기회가 되므로 경쟁에서 실력을 발휘하고 발전한다. 특히 월지에서 火水의 巳亥충이 발생하면 직장 이동 등 공간적 변화가 생긴다. 일지 亥를 중심으로 한 巳亥충은 사람 관계의 변화로 인간관계 구조조정, 이별 사건이 생길 수 있다.

⑤ 일지나 월지 亥를 기준으로 다른 지지나 운에서 辰이 오면 辰亥 원진이다. 자연의 시간적 질서로 볼 때 辰土는 겨울과 봄을 마무리하고 여름으로 가려고 준비하는 때이고, 亥水는 겨울을 시작하면서 해묘미라는 봄의 木 운동을 추구한다. 따라서 이 둘의 만남은 목적하는 바가 다르기 때문에 일지 중심에서의 진해 원진은 부부간의 갈등, 원망, 미움, 오해, 이별 등으로 발전할 수 있고, 월지 중심일 때는 사회적, 직업적인 일의 지체, 지연, 어긋남 등으로 인한 스트레스를 받게 된다.

2) 亥月生의 직업 능력

亥月의 지장간 에너지 정보를 통해 亥月生의 직업 환경 및 잠재적 직업 능력을 알아보자.

亥月 지장간은 戊, 甲, 壬: 7, 7, 16일이다. 출생한 달의 월지 지장간은 자신의 가정적 사회적 환경이며, 개인적 잠재 능력을 표시한 에너지 정보이다. 만약 월지 지장간 오행이 천간으로 투간 된다면, 인간의 정신 영역이 활성화되어 직업적 사회적으로 폭넓게 쓸 수 있는 에너지이다. 그러나 지장간에서 천간으로 투간 되지 않으면 인간의 의지나 정신 영역이 발현되지 못한다는 의미로써, 육체적 물질적 영역에서의 극히 제한된 생존 활동으로만 쓰인다. 따라서 사주에서의 사회적 직업적 활동 능력을 파악하기 위해서는 반드시 천간으로의 투간 여부를 살펴야 한다. 또한 투간된 오행이 상생상극의 배합을 균형 있게 이룰 때, 사회적 직업 능력은 더 극대화된다.

그러면 해월생의 투간 여부와 오행의 배합에 따른 직업적 해석을 알아보자.

해월의 초기 戊土가 천간으로 투간된 사주는 물건이나 상품에 대한 이동, 흐름, 사회적 요구 등 시대나 환경 변화에 대한 통찰력이 뛰어나다. 戊土에 辛金이 배합되면 상품 관리 및 상품 가치에 대한 전달 능력이 뛰어나서 광고나 홍보를 통한 영업 판매력이 우수하다.

본기인 壬水가 있어서 戊-辛-壬 배합을 이루면, 백화점이나 아울렛같이 다양한 상품 유통이 이루어지는 큰 조직에서 안정적으로 영업관리 업무나 경영관리자로서의 능력 발휘를 할 수 있다.

중기 甲木은 다음 계절인 봄의 미래 에너지 정보이다. 亥 중의 壬水가 壬-甲 배합으로 수생목 하면, 물건 유통이나 상품 관리에 대한 지식 전달 및 교육, 우수 고객이나 거래처 관리 업무 분야에서 활동할 수 있다.

만약 壬-乙 배합이고 戊己 土가 없다면, 사람 관계 속에서 설득과 소통을 바탕으로 한 개별적 서비스업, 유학, 이민, 운송업, 여행 관련업 등의 외주 업무 활동을 하게 된다. 만약 亥月生이 丙火가 있어서 丙-辛-壬 배합이 된다면 직업 활동에 필요한 유리한 환경과 자신이 원하는 안정적 조직이 있게 되며, 성격도 항상 긍정적이고 적극적인 성향을 갖게 된다. 따라서 사회 부적응자들의 권익을 보호해 주기 위해 상담하고 인도해 주는 사회 복지 분야나 정신적 힐링 사업 분야에서 직업 능력을 발휘할 수 있다.

제6장

명리의 꽃, 십신의 이해

사주명리에서 연구되는 주요 학습의 두 분야는 오행(五行)과 십신(十神)이다. 오행이 우주 자연의 에너지 파동으로서 자연의 순환 법칙에 따라 변화하는 절대적 에너지 정보에 대한 연구라면, 십신은 개인 사주의 주체인 일간(日干)을 기준으로 하여 타자와의 상호 관계성을 탐구하는 상대적 의미관계에 대한 연구이다. 십신은 십성(十星) 또는 육신(六神)이라고도 부른다. 십신은 열 가지의 정신을 말하는데, 근원적 의미는 도교의 철학적 개념인 정기신(精氣神) 사상에 바탕을 둔다.

정기신은 인간의 생명을 이루는 세 가지 기본 요소로서, 정기(精氣)는 거의 하나의 개념이며 천지 만물의 바탕인 무형의 에너지로서 생명의 원천을 말한다. 신(神)은 인체의 생명을 유지하기 위하여 필요한 일체의 능동적인 정신을 의미한다.

사주명리에서 십신은 일간인 나를 기준으로 하여, 내가 생하고 극하는 타 오행과의 음양 관계에 따라 비견 겁재, 식신 상관, 정재 편재, 정관 편관, 정인 편인 등 10가지로 나누고, 내가 속한 가정이나 사회에 있는 사람들과의 상호 관계 작용을 본다. 육신이라는 용어는 정, 편으로 음·양을 구분하지 않고, 나와 비겁, 식상, 재성, 관성, 인성과의 관계성을 본 것이다. 십성은 서양의 천문학이나 점성학의 영향으로, 소우주인 나와 상호 작용하는 10종류 우주 별과의 상호 작용을 중시한 용어로 보인다.

　그러면 지금부터 십신에 대한 본질적 의미와 전체적인 이해를 위해서 몇 개의 그림을 통하여 개념 설명을 하도록 하겠다.

1. 십신과 오행의 비교 이해

　오행이 절대적 개념의 우주 에너지 파동(氣) 연구라면, 십신은 주체자인 일간을 기준으로 한 타인이나 사회와의 상대적 관계성을 연구하는 것이라 했다. 따라서 오행은 특정한 기준점이 없지만, 십신에서는 일간인 내가 중심이 되고 주체자로서의 나와 다른 십신들과의 상대적 의미가 중시되는 인간관계 중심의 이론이다.
　그러나 필자는 인간도 자연 생명체 중의 하나라는 사실에 근거하여 나를 甲木으로 보고, 甲木 기준으로 오행과 십신의 의미를 비교하며 이해를 돕고자 한다.

　다음 그림을 보고 오행의 에너지 특성을 생각하며 십신을 이해하고, 인간의 생애 주기적 특성과도 연결 지어 보자.
　십신 각각의 구체적인 의미 및 생화극제 내용은 이후에 개별적 파트로 나누어 다루기로 하고, 여기서는 아래 그림을 보면서 기본적 의미 파악에 주력하기로 한다.

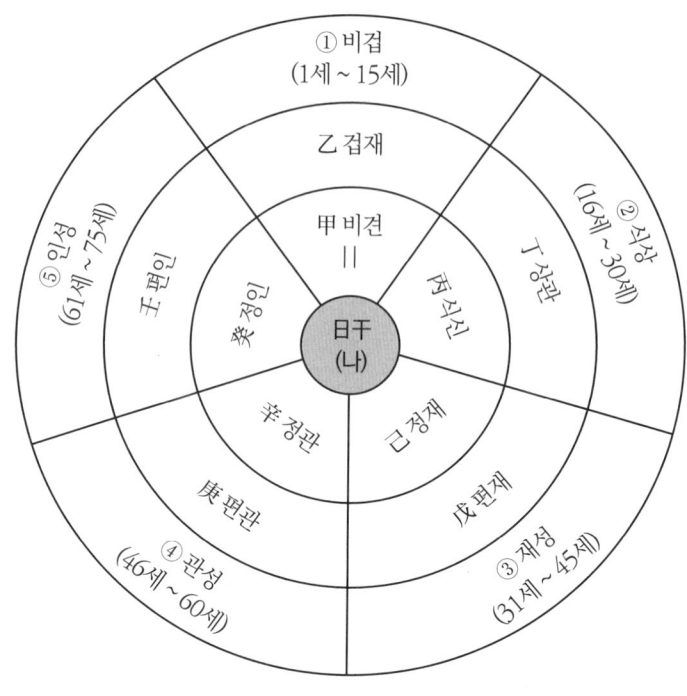

[십신(十神)과 오행(五行)의 비교]

① 비견(比肩)은 나와 음양오행이 같고, 나의 생각이나 가치관 및 행동이 모두 비슷한 아바타와 같은 존재들이다. 인간의 생애 주기로 볼 때 7세 이전의 어릴 때 친구들 관계와 같고, 자연 현상에서는 비슷한 크기를 가진 동종의 甲木 나무들이 그룹을 형성한 모습이다.

겁재(劫財)는 나와 오행은 같지만 음양이 반대인 존재로서, 나와는 모든 면에서 다른 이질적인 존재이다. 인간 사회에서 겁재는 남녀나 내국인 외국인 관계처럼 생각이나 행동 그리고 역할이 전혀 다른 사람들을 말한다. 자연 현상으로는 甲木으로부터 가지가 퍼져 나간 乙木들의 모습과 같고, 인간 삶의 시기로 보면 8세 이후 15세까지 각자의 생각과 개성이 차별화되는 청소년기와 같다.

② 식신(食神)은 나의 고유한 내면적 능력이나 재능을 밖으로 표출하는 행동력을 말한다. 식신이 잘 발현되면 자신의 재주가 잘 드러나서 솜씨, 말씨, 맵시가 훌륭하고 의식주 생활 능력이 강하다.

상관(傷官)은 식신과 같이 나의 재능을 밖으로 표출하는 행동력이다. 그러나 식신이 내면적으로 고유한 재능의 표출인데 반하여, 상관은 외부 환경 조건에 맞추어 새롭게 변화된 능력의 표현이다. 따라서 상관은 임기응변 능력이나 응용 능력이 특히 우수하다. 식신과 상관은 인간의 생애 단계로 볼 때 16세부터 30세까지의 마음이나 행동과 같으며, 오행으로는 丙火나 丁火처럼 밖으로 표출하고 행동으로 나타내려는 특성을 갖는다.

③ 정재(正財)는 식신이나 상관을 통해 나타난 재능이나 능력의 결과물에 해당한다. 따라서 돈이나 재화뿐 아니라, 내가 소유한 영역이나 나를 따르는 사람들이고, 나의 능력을 의미하기도 한다. 특히 정재는 오직 나만이 소유할 수 있는 유일하고 소중한 소유물을 의미한다.

편재(偏財)는 기본적으로 정재와 같은 소유물을 의미하지만, 공동 영역이나 공동 소유의 개념이다. 따라서 나만의 유일한 것이 아니고 여러 개이며, 외부로의 영역 확장을 통해서 소유에 대한 양적 확장을 목적으로 한다. 재성은 오행의 순환 과정과 비교하면 戊土나 己土에 해당하며, 인간 삶에서는 30세 이후 45세까지 자신의 영역을 소유하고 정착하여 확장해 나가는 시기와 같다.

④ 정관(正官)은 재성이라는 돈과 영역을 바르게 다스리기 위해 법, 제도, 규칙이 존재하는 조직이나 사회이다. 따라서 정관은 안정적이고 제도화된 사회적 가정적 환경과 같다. 반면에 편관(偏官)은 일반적 조직이나 사회가 아니라 특별한 규칙이 적용되는 특수 조직이나 코로나와 같은 위험, 위기 상황이 있는 사회를 의미한다. 따라서 편관이 있는 사주는 늘 어려움과 고난이 따르므로 자신의 특수한 능력인 식신, 상관 등으로 편관을 제화해야 역경을 극복하고 공적인 삶을 살게 된다.

관성은 오행으로 비교하면 庚金이나 辛金의 분별력과 냉철함이며, 규범에 따라 전체를 중요시하는 마인드를 지닌다. 생애 주기로는 45세 이후 60세까지 중년의 시기에 해당된다. 이때는 모든 것이 규칙에 따라 안정화되고, 전체적으로 시스템화된 환경 속에서 살게 된다.

⑤ 정인(正印)은 정관이라는 안정된 조직에서 요구되는 적합한 임무 수행 능력을 의미한다. 따라서 이에 필요한 보편적인 지적 능력이나 자격증을 말하며, 사회적으로 인정된 문서나 도장, 상표 등을 의미한다.

편인(偏印)은 편관이라는 특수한 상황이나 조직에 대응할 수 있는 특별한 전문 지식, 정신, 깊은 지혜 등을 의미한다. 인성은 나를 기준으로 볼 때 어머니와 같은 존재로서 근원적인 시작점이며, 관성의 사회와 나라는 개인을 연결해서 다음 세대로 이어가는 완성의 단계이다. 인성은 오행으로 壬水, 癸水의 지식과 지혜를 뜻하며, 인간 생애로 보면 정신과 지혜가 상대적으로 발달한 60세 이후의 제2의 인생 시기와 같다.

십신은 크게 오행과 같이 비겁, 식상, 재성, 관성, 인성의 다섯 가지로 분류되는데, 나와의 관계가 음-양인지, 혹은 음-음, 양-양 관계인지에 따라 다시 세분화되어 열 개의 십신으로 분류한다. 비견과 식신은 일간인 나와 음-음, 양-양의 관계이고, 겁재와 상관은 음-양, 양-음의 관계이다. 또한 편재, 편관, 편인은 일간이 음-음이나 양-양 방식으로 상생상극하기 때문에 일간 기준에서 불안정한 관계가 된다. 반면에 정재, 정관, 정인은 일간과 음-양, 양-음의 관계로 균형 있게 상생상극하므로 안정적이고 바른 관계가 된다.

2. 십신의 시간, 공간적 의미 이해

명리를 오래 공부한 사람도 십신에 대한 단편적인 개념만 알고 근본적이며 전체적인 의미를 파악하지 못하는 경우가 많다. 따라서 필자는 다양한 방법과 그림을 통하여 그 기본 개념을 설명하고자 한다.

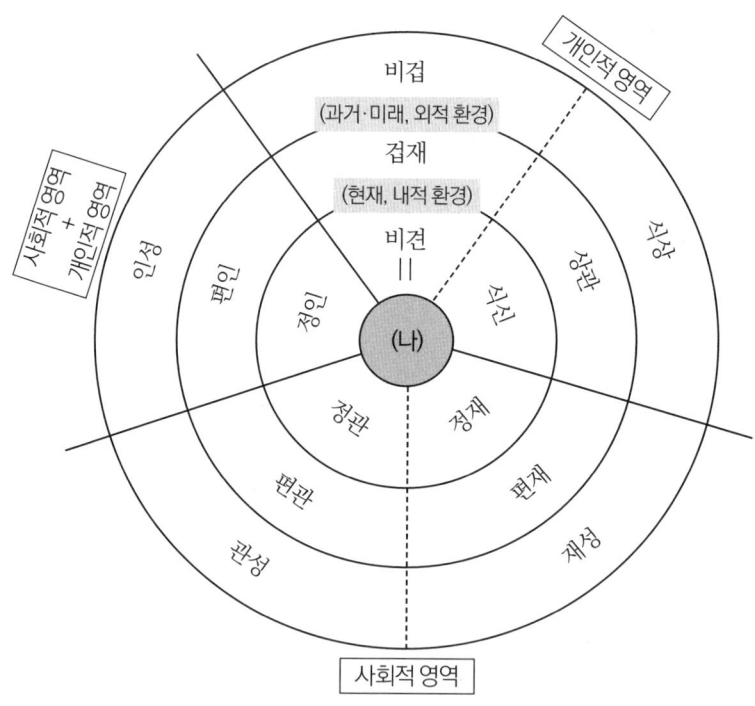

앞의 그림은 십신에 대한 전체적인 이해뿐만 아니라, 나를 기준으로 한 시간 공간적 관점에서, 현재의 내부 환경에 바탕을 둔 관계인지 또는 과거 미래의 외부 환경과의 관계인지를 구분하여 이해하도록 하였다.

예를 들어 비견은 나와 가까운 사람이고, 겁재는 나와 멀리 떨어져 있는 외부의 불특정 일반인이다. 식신은 나의 고유한 내면적 재능을 행동으로 표현한 능력이고, 상관은 외부 환경에 반응하여 대처하는 표출 능력이다. 또한 정재는 내 공간에서 내가 소유한 실질적인 재산이고, 편재는 내 영역 밖에 있는 재물을 타인과 공동으로 소유한 것이다. 관성에서도 정관은 일간이 속한 사회의 안정된 규칙과 제도이며, 편관은 외부의 특정 영역이거나 어려움과 위험이 있는 불안정한 조직의 규범이다. 마찬가지로 정인은 내부의 정관 조직에 적합한 임무 수행 능력이며, 편인은 외부의 특수한 편관 조직에 대응할 수 있는 깊이 있는 지혜와 지식이다.

요약하면 비견, 식신, 정재, 정관, 정인은 내가 속한 현실의 내부 시공간과 관계된 십신이고, 겁재, 상관, 편재, 편관, 편인은 내 기준에서 외부 시공간과 연관된 십신이다. 따라서 인간의 세속적인 삶의 관점에서 볼 때, 전자는 나에게 안정적으로 지속적인 혜택이 주어지는 길신이고, 후자는 외부 시공간의 것들을 내 능력으로 경쟁해서 얻어내야만 되기 때문에 편재를 제외하고는 흉신으로 보았다.

십신을 또 다른 관점에서 이해하여 보자.

비겁이나 식상은 나의 개인적인 능력을 발현하는 활동 영역이고, 재성과 관성은 나를 둘러싼 조직이나 사회에서의 활동 영역이다. 인성은 십신의 순환 사이클에서 끝인 동시에 시작이므로 두 영역을 모두 포함한다. 가령 인성이 사회의 관성 조직에 맞는 임무 수행 능력으로 쓰일 때는 사회적 활동 영역에 속하지만, 일간이나 비겁을 생하여 개인적 준비 능력을 의미할 때는 개인 활동 영역의 시작이다.

결국 인성은 십신의 순환적 관점에서 볼 때, 사회에서의 최종 목적이자 가치인 동시에 개인적으로는 새로운 나를 탄생시키고 시작하게 하는 인연의 연결 고리이다.

3. 십신의 상생상극에 대한 이해

다음 그림을 통하여 십신의 상생상극 과정과 의미를 번호 순서대로 이해하여 보자.

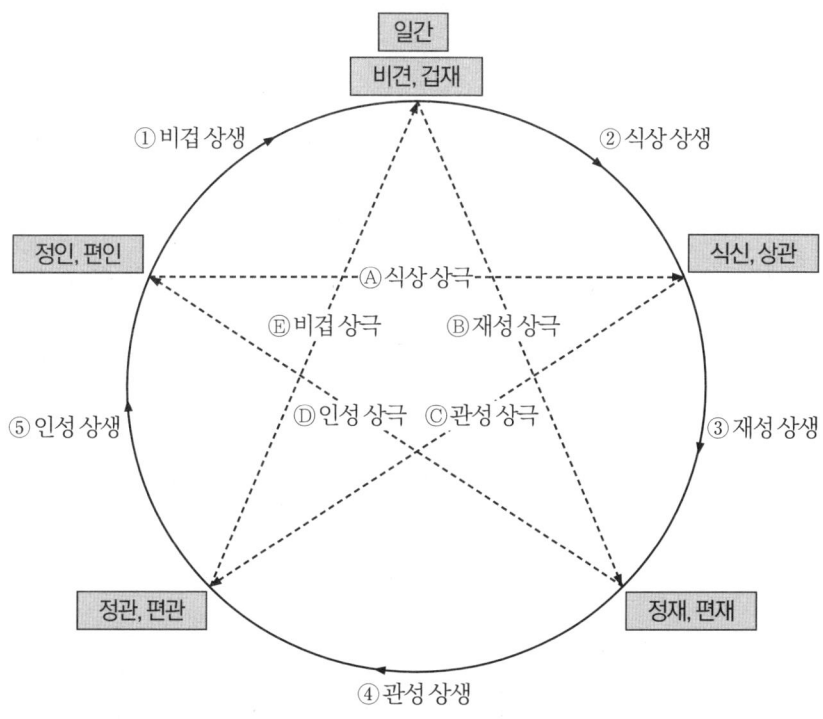

[십신(十神)의 상생상극(相生相剋)]

십신의 기준은 일간인 나이지만, 어머니와의 관계가 일차적인 시작이므로 인성이 출발점이다. 먼저 상생 과정을 살펴보자.

① 인성은 나를 상생해 줄 뿐만 아니라 나의 자매나 형제인 비견과 겁재도 상생해 준다. 인간관계에서 비견 겁재는 내 주변의 사람들로서 비견은 친구, 동료, 협조자이고, 겁재는 경쟁자이며 내가 갖지 못한 능력의 소유자이다. 일간이 인성으로부터 상생을 받는다는 의미는, 과거로부터 쌓아온 준비 능력을 말한다.

② 일간이나 비견 겁재는 식신 상관을 상생하며, 개인이 밖으로 표출하는 모든 행위를 말한다. 즉 식상을 상생한다는 것은 밖으로 활용하는 능력을 말한다.

③ 식신 상관은 정재와 편재를 상생하며, 재성은 식상의 행위에 대한 결과물이고 재물이나 활동 영역을 의미한다.

④ 재성은 관성을 상생하여 규칙과 제도가 있는 사회 조직을 만든다.

⑤ 관성은 인성을 상생하여 조직을 이끌 수 있는 자격이나 능력을 갖추게 된다.

이와 같이 십신의 상생은 끊임없이 순환한다. 명리 용어로 상생을 받는 것은 생화(生化)라 하고, 상생을 하는 것은 설화(洩化)라 한다.

그러면 다음으로 십신의 상극 과정과 의미에 대해 앞쪽 그림의 번호 순으로 이해하여 보자. 십신에서도 상극은 무조건 나쁜 것이 아니며 상생으로 준비한 능력을 상극을 통하여 타인과 경쟁하고 검증받아 능력을 발휘한다.

Ⓐ 나와 비겁을 상생해 주는 인성은 나와 비겁의 행위인 식상을 상극한다. 이것은 마치 어머니의 지혜로 나의 무절제한 행위를 통제시켜서 나를 보호하고자 함과 같다.

Ⓑ 일간과 비겁은 재성을 상극하여 돈이나 재물을 얻는다. 이때 일간은 반드시 인성의 상생을 받고 있어야 가능하다. 왜냐하면 인성이라는 나의 지적 능력이나 어머니를 비롯한 윗사람의 뒷받침이 있어야 준비된 능력을 갖춘 사람으로서 재물을 취할 수 있기 때문이다.

Ⓒ 나의 개인적인 활동 행위인 식상은 사회조직에 해당하는 관성을 상극한다. 이 의미는 개인적 행동 능력이 뛰어난 사람이 조직의 규칙이나 질서에 불만족하여 새로운 혁신을 추구하는 모습이다. 이때 인성이 있어서 지식과 지혜로 자제하면 조직에서 인정받는 적합한 인물이 될 수 있다. 식신의 경우보다 상관이 정관을 상극할 때, 구설이나 조직 이탈 등 부정적인 작용이 크게 나타난다.

Ⓓ 돈과 재물을 의미하는 재성이 인성을 상극하면 돈에 대한 욕심 때문에 나의 양심이나 체면이 손상당하는 것이다. 마치 공부하는 선비가 시장에 가서 돈을 버는 행위와 같다. 과거 전통사회에서는 부정적으로 인식되었으나, 현대 물질 중심 사회에서는 재테크 등 부를 축적하는 긍정적 현상으로 해석한다.

Ⓔ 규칙과 질서를 중시하는 조직을 뜻하는 관성은 비견과 겁재를 상극한다. 이 의미는 조직 전체를 유지하기 위하여 조직 속에 있는 개별적 사람들을 통제한다는 의미이다. 따라서 사주에 관성이 있는 사람은 전체적인 규칙이

나 명예를 중시하며 조직의 지도자가 될 수 있다.

    단 모든 상극 작용이 긍정적인 효과를 거두려면 반드시 상생을 받는 것이 선결 조건이다. 예를 들면 정관이 겁재를 통제하는데 성공하려면 사주에서 정재의 상생을 받고 있어야 가능하다는 뜻이다.

4. 십신의 특성 및 생화극제(生化剋制) 의미

1) 비견(比肩)의 기본 특성 및 생화극제의 사회적 의미

① 비견은 일간인 나와 오행이 같고 음양도 같다. 예를 들어 내가 甲木 일간일 경우에 사주의 다른 천간에 甲이 있거나 지지에 寅이 있을 때 비견이라 한다. 단 천간의 甲木은 비견이라 하고 지지에 있는 寅木은 비견인 동시에 근(根)이라 한다.

② 한자적 의미로 보면 견주다는 뜻의 비(比)와 어깨라는 뜻의 견(肩)이 합쳐진 단어이다. 즉 나와 어깨를 나란히 할 정도의 능력이나 재능, 생각이 같은 존재를 의미한다. 따라서 사주에 비견이 있으면 나의 일을 대행해 줄 수도 있고, 나와 생각이나 성향이 비슷하여 함께 동업을 하기도 한다.

③ 가정적 의미로 비견은 일간과 음양이 같은 동성의 자매나 형제 관계를 의미하고, 사회적으로는 생각, 행동, 레벨이 모두 나와 비슷한 동료나 친구를 뜻한다. 그래서 자신의 사주에 비견이 많은 사람은 형제 또는 나를 대신할 친구나 동료가 많다. 이들은 서로를 이해하고 도와줄 수 있으며 의리가 두터운 관계로 인연이 오래 지속된다.

④ 천간의 비견은 특히 사회적, 직업적 영역에서 수준이 비슷한 동료나 조력자로서 나의 업무를 대행할 수 있는 사람이다. 지지의 비견은 나의 뿌리가 될 수 있는 인력이나 협조자들이 많다는 뜻이며, 일간인 나의 행동력과 추진력을 의미하기도 한다. 그러나 지지에 비견이 2개 이상이 되면 나의 재물을 나누어 주고 책임져야 될 사람들이 많다는 뜻이다.

⑤ 가령 신약(身弱)한 사주일 때는 위와 같이 비견의 긍정적 작용이 많지만, 신왕(身旺)한 사주이거나 비견이 2~3개로 많을 경우는 지나치게 독립적이거나 개인 의지가 강하다. 따라서 타인이나 조직으로부터 통제받는 것을 싫어하고 자유분방할 수 있다.

⑥ 편인-비견의 생화극제 의미

사주에 비견이 있는 사람은 자신의 능력과 실력을 갖추려고 늘 노력하는 사람이다. 이러한 특징을 가진 비견이 편인의 상생을 받는다면 우수한 지적, 기술적 능력을 갖춘다는 의미이다. 즉 지적 전문 분야에서 학위나 자격증을 따서 직업 능력이 준비되었거나 예능이나 운동, 기술적 분야에서도 재능을 갖춘 사람이다.

만약 사주 원국에 편재가 있거나 편재운이 와서 편인이 상극되고, 비견은 편재를 상극할 경우, 자신의 현실적 가치와 가격이 몇 배로 높아진다. 이러한 상극 운에서 그동안 편인으로 준비된 자신의 실력이 검증되고 인정받게 된다. 직업적으로는 비견이 편재와 공동 사업하여 투자 지분을 갖거나 특허권, 안전 자산권을 갖게 된다.

그러나 비견이 편인의 상생을 받지 못하면, 준비된 실력이 없는 사람이기 때문에 반대로 실패를 경험하게 되고 자신의 가치가 하락한다. 또한 운에서 편관이 와서 비견을 상극할 경우에도 편인의 상생을 받고 있는 비견일 때는, 편관이 실력을 갖춘 비견에게 임무와 권한을 대행하도록 하여 경영자가 될 수 있다. 이것은 편관의 힘든 임무를 편인의 준비된 실력으로 살인상생(殺印相生)하여 무난하게 수행하기 때문이다.

⑦ 비견-식신의 생화극제 의미

이번에는 비견이 식신을 상생할 때의 사회적 의미와 상극을 받아 경쟁에 참여하고 검증받을 때의 현상을 살펴보자.

편인-비견 조합이 준비 능력이라면, 비견-식신 조합의 의미는 활용 능력이다. 즉 비견이 있는 사주가 식신과 조합을 이루면, 현실에서 나의 고유한 재능을 밖으로 잘 표출하고 사회적으로 활용할 수 있는 사람이다. 즉 준비된 지식이나 기술을 사회에 나가 직접 쓰고 경험하면서 현장 능력을 발휘하는 사람이다.

이때 편재가 있거나 편재 운이 오면 식신생재(食神生財)하여 나의 현장 경험에 대한 성과가 생기고 부를 얻는다. 또한 비견이 편재를 상극하여 쟁재(爭財)하면, 편재라는 돈과 재물을 얻거나 소유권에 대한 영역을 확장한다. 이때도 비견은 반드시 편인의 상생을 받고 있어야 성공한다.

만약 편관이 있거나 편관 운이 올 때는 식신이 편관을 상극하여 비견을 구하기 때문에 지위의 상승이나 명예를 얻게 된다. 특히 비견은 편관이 있어야 인기가 있고 대중의 지지를 얻는다.

종합적으로 편인-비견-식신의 상생 조합일 경우, 개인적 실력의 갖춤과 활용 능력이 우수함을 뜻하며, 상극을 받을 경우에는 비견을 상생해 주는 편인이 있을 때 경쟁에서 이기고 지위나 가격이 오히려 높아진다.

2) 겁재(劫財)의 기본 특성 및 생화극제의 사회적 의미

① 겁재는 일간인 나와 오행은 같으나 음양이 다른 존재이다. 예를 들어 일간이 甲木인데 다른 천간에 乙木이 있거나 지지에 卯木이 있으면 겁재라 한다. 지지 卯木은 겁재라고도 하고, 근(根)이라고도 한다. 겁재의 넓은 의미는 나와는 모든 면에서 다른 불특정 다수이다.

② 한자적 의미로 풀이하면 겁(劫)은 빼앗다 또는 빼앗기다의 뜻이고, 재(財)는 재물이나 영역을 말한다. 즉 겁재는 타인의 재화나 영역을 빼앗을 수 있는 부지런하고 능력이 출중한 사람을 뜻함과 동시에 빼앗기다의 의미도 있어서 나의 재산을 자발적으로 나누어주거나 분배한다는 뜻도 포함한다.

③ 겁재의 가정적 의미는 나와 음양이 다르기 때문에 동성이 아닌 남매지간이나 이복형제를 뜻한다. 사회적으로는 생각이나 행동, 능력 등 모든 면에서 나와 다르거나 반대인 사람이다. 예를 들어 조직원 기준에서의 사장, 비전문가 기준에서 유능한 전문가, 팬들과 유명 연예인 관계 등이다.

나를 기준으로 볼 때는 상황에 따라 경쟁 상대일 수도 있으며, 나보다 부지런하고 내가 갖지 못한 능력을 갖고 있는 우월한 능력의 소유자이다. 보다 포괄적 의미로는 나와 성향이 다른 일반인 모두를 포함한다.

④ 겁재의 본질은 정재(正財)를 상극하여 타인의 재물을 획득하는 것이 목적이지만, 신약한 사주일 경우는 겁재가 나에게 도움을 주는 형제나 협조자, 동업자일 수 있다. 특히 음 일간이 사주에 양간 겁재가 있을 때는 이득이 많

고 혜택을 입는다. 예를 들어 癸水 일간이 壬水 겁재와 배합될 경우를 말한다. 또한 정인의 상생을 받고 있는 겁재가 있다면, 어머니나 윗사람으로부터 도움을 받게 되고, 우월한 능력을 소유한 준비된 사람이다.

⑤ 만약 사주에 겁재가 2~3개로 많아서 신태왕할 경우는 경쟁심이 많고 자신의 뜻대로 하려는 기질이 강하여 형제나 동료와 불화를 겪는다. 또한 자유로운 성향 때문에 나를 통제하고 규제하는 것을 싫어해서 조직 생활을 하기 힘들다.

⑥ 정인 - 겁재의 생화극제 의미

정재라는 재물과 소유 영역을 취득하기 위해 항상 부지런하고 우월한 능력을 지닌 겁재가 정인(正印)의 상생을 받고 있으면, 사회생활에 적합한 지적 능력을 갖추었다는 의미이다. 편인(偏印)이 독창적이고 전문적인 깊은 지식과 지혜라면, 정인의 지식은 사회에서 널리 인정되는 보편적인 넓은 지식이다. 따라서 정인-겁재 조합의 사회적 의미는 자신이 지적재산권이나 상표권을 갖고 프리랜서로서 독립적으로 활동할 수 있는 능력이다.

만약 정재가 사주에 있거나 운에서 오면 겁재가 정재를 상극하여 쟁재(爭財)하고, 정재는 정인을 상극하여 재극인(財剋印)한다. 이 의미는 자신이 쌓아온 지식이나 자산 가치가 세상에서 평가받고 인정받는 것으로써 만약 투자를 했다면 재산이 늘어나고, 학문적 지식을 쌓았다면 대중에게 인정받아 세상과 공유하게 된다.

⑦ 겁재 - 상관의 생화극제 의미

겁재와 상관은 일간인 나와는 음양이 다르고 시공간적으로는 나를 둘러싼 외부 영역이다. 즉 밖에서 경쟁하기를 좋아하는 겁재가 세상 변화에 맞추어 새로운 능력을 만들어내는 상관을 만난 것이니, 겁재 상관 조합이 있으면 세상의 환경이나 타인의 능력을 응용하여 새로운 가치를 만들어내는 능력이 탁월하다.

내 사주에 있는 겁재는 외부에 있는 사람들인 동시에 나 자신의 경쟁 능력도 된다. 왜냐하면 내 사주의 십신(十神)은 모두 나 자신의 정신을 의미하기 때문이다. 이때 사주나 운에서 정관이 오면 상관견관(傷官見官)하여, 정관이라는 세상의 규칙이나 고정관념을 깨고 새로운 가치 창출을 만들어 냄으로써 큰 이득을 취하고 신분적 상승을 경험한다. 이때도 겁재는 정인의 상생을 받고 있어야 성공한다.

3) 식신(食神)의 기본 특성 및 생화극제의 사회적 의미

① 식신은 일간인 내가 생(生)하는 오행이고 나와 음양이 같다. 예를 들어 壬水 일간의 경우에 식신은 甲木이다. 壬水가 甲木을 수생목으로 상생해 주며 양-양의 관계이다.

② 한자적 의미로 풀이하면, 먹을 식(食)으로써 식복(食福)이 있음을 의미하므로 길신(吉神)으로 분류된다. 사주에 식신이 있으면 의식주 기본 생활이 풍요로우며, 생존을 위한 타고난 재능과 능력이 있다. 또한 삶의 미래에 대해 항상 성실하게 준비하는 성향을 갖는다.

③ 가정에서 육친(六親) 관계로는 딸을 의미한다. 가정에서는 어머니인 여자를 기준으로 하기 때문에, 여자인 일간과 음양이 같은 식신이 딸이 된다. 사회적 의미로는 나의 타고난 재능과 내재된 실력을 밖으로 표출하는 행동 능력, 현장 경험 능력이다. 따라서 나의 재능을 발휘하여 타인이나 사회를 위해 봉사하고 기여하는 성향을 갖는다.

④ 이와 같은 역할을 수행하기 위해서는 반드시 일간이 신왕(身旺)해야 한다. 가령 사주 천간에 나를 돕는 비견이 있거나, 지지에 근(根)이 되는 비견이 있어야 일간이 탈진하지 않고 남을 위해 끝없는 재능 활동을 펼칠 수 있다. 또한 편인이 있어서 일간을 생(生)해 줘야만 능력이 계속 업그레이드된다.

⑤ 만약 식신이 있는 사주가 위와 같은 조건을 갖추지 못하면 일간이 쉽게 탈진되고, 오히려 남이나 사회로부터 보호를 받게 된다. 또한 식신이

2~3개 이상 태과하면서 비견이나 근, 인성이 없어서 일간이 신약(身弱)하면, 일간 설기(洩氣)가 심해서 사회적 활동 능력이 저하되고 건강 문제가 발생할 수 있다.

⑥ 비견 - 식신의 생화극제 의미

식신은 반드시 비견으로부터 상생을 받아야 일간이 지치지 않고 식신 활동이 유지된다. 천간의 비견은 내 주위의 협조자들이며 지지의 비견은 나의 뿌리로서 나의 행동력이며 추진력이다. 만약 대운이나 세운에서 나와 비견을 상극하는 편관(偏官)이 올 때, 식신이 비견의 상생을 받고 있어야 편관이라는 힘든 역경을 물리칠 수 있다.

이것의 사회적 의미는 나의 우월한 실력과 능력으로 천재지변이나 전쟁 등의 사회적 위기 상황을 극복하고 공을 세우는 귀한 사람이 된다는 뜻이다. 이를 명리 용어로 식신제살(食神制殺)이라 하며, 이런 사주의 직업으로는 국민을 보호하는 백신 연구 개발자, 의사, 경찰, 군인, 법관 등이 있다.

⑦ 식신 - 편재의 생화극제 의미

식신이 편재를 상생한다는 의미는 자신의 재능이 현장에서 발휘되고 결실로 이어져 부를 이룬다는 뜻이다. 경제적 풍요와 함께 자신의 활동 영역이 확장되며 다스리는 사람들도 있음을 뜻한다. 이때 편인(偏印)이 와서 식신을 상극하여 도식(倒食)하려 할 때, 편재가 편인을 재극인(財剋印)하면 오히려 지적 재산권이나 상표권을 갖게 되어 부를 확장한다. 도식의 의미는 '밥그릇을 엎는다'라는 뜻으로 편인의 상극에 의해서 식신 활동을 못한다는 것인데, 편재가 있으면 편인을 제화(制化)하여 오히려 더 큰 풍요를 누리게 된다.

요약하면 사주 천간에 식신-편재 조합이 있을 때, 개인적인 특별한 재능으로 생존 활동을 하여 부를 쌓아 가고, 전문 지식과 지혜를 가진 편인을 상극하면 지적 재산권이나 안전 자산권을 만들어 더 큰 소유 영역을 확보한다.

4) 상관(傷官)의 기본 특성 및 생화극제의 사회적 의미

① 상관은 일간인 내가 음양 관계로 상생하는 오행이다. 예를 들어 壬水 일간의 경우 乙木이 상관이며 수생목으로 乙木을 상생해 준다.

② 상관은 일간이 밖으로 내놓은 행위인데, 일간과 음양이 다르기 때문에 가정에서는 아들이고, 사회적으로는 부하 직원이나 제자, 후배에 해당된다.

③ 식신이 타고난 내면적 개인 고유 능력을 표출하는 행위라면, 상관은 일간인 내가 외부의 변화하는 환경에 민감하게 반응하여 새로운 능력을 펼치는 행위이다. 따라서 상관이 있는 사람은 외교관, 아나운서, 브로커 등의 직업이 가능하고, 시대 변화에 맞는 응용력이나 유행 감각이 탁월하여 실용적 예술인이나 영화감독, 디자이너가 많다.

④ 상관의 사회적 의미는 기존 사회 조직인 관성의 영역에서 벗어난 상처받은 사람들이 현재 조직의 틀을 바꾸고 새로운 질서를 세우려는 것이다. 따라서 상관이 정관을 만나면 사회 제도나 질서에 대항하고 기존 조직을 새롭게 혁신하려는 행위를 하는데 이를 상관견관(傷官見官)이라 한다. 만약 사주에 상관이 2개 이상인 사람은 자신이 속한 단체나 정부에 불만이 많고 비판하는 야당 성향을 갖는다.

⑤ 이와 같이 상관은 정관을 상극하므로 흉신으로 분류했다. 그러나 사주에 정인(正印)이 있어서 제화(制化)되면, 제도권 안에서 안정적인 조직 생활을 할 수 있다.

⑥ 겁재 - 상관의 생화극제 의미

개인적 능력이 뛰어난 상관이 겁재의 상생을 받으면, 상관의 재능을 인정해 주는 사람들이나 상관의 반항심에 동조하는 세력이 있다는 의미이다. 이러한 경우 상관적 특성이 더 강해져서 전자의 경우 개인적 특기를 바탕으로 하여 개인 사업을 하면 새로운 아이디어와 혁신적 유통 질서를 세워 성공할 수 있다. 후자의 경우는 사회에 불만을 갖고 있는 사람들끼리 압력 단체를 만들어 조직적으로 단체 활동을 하며 기존 질서를 바꾸려 한다.

반면에 상관이 정인의 상극을 받아 제화(制化)되면, 현실에 적합한 지적 능력이나 자격증을 갖추어 제도권 안에서 공적 임무를 맡는다. 이를 명리 용어로 상관패인(傷官佩印)이라 하며, 흉신인 상관이 공적 영역에서 활동하기 위한 우선적 조건이 된다. 이때 정관이 있으면 상관견관한 후에 관인상생하여 지위가 높아진다.

⑦ 상관 - 정재의 생화극제 의미

상관 기준으로 정재를 상생한다는 것은 외부 환경을 이용하여 나의 재능을 발휘하고 부를 쌓아간다는 의미이다. 즉 세상의 변화에 맞추어 나의 특기를 적절하게 활용하여 생계 활동을 하고 재물과 소유 영역을 확보한다. 이를 상관생재(傷官生財)라 한다.

상관생재한 후 정재가 정인을 상극하여 재극인(財剋印)하면, 몇 배로 수익이 상승하고 가치를 인정받아 안전자산권이나 지적재산권이 확보된다. 이때 책이나 특허를 내거나 임대업으로 자산 가치를 높이게 된다.

5) 정재(正財)의 기본 특성 및 생화극제의 사회적 의미

① 정재는 일간인 내가 상극하는 오행이고 나와는 음양이 다르다. 예를 들어 丙火 일간의 경우 辛金을 양-음 관계로 상극하므로 辛金이 정재이다.

② 정재의 본질적 의미는 음양의 순리에 맞게 바르고 안정된 방식으로 재화를 소유하는 것이다. 따라서 정재가 있는 사주는 근검절약하고 성실하게 일해서 돈을 저축하고 재산을 늘려간다.

③ 가정에서는 남자 기준으로 볼 때, 남편인 일간이 정재를 음양으로 조화롭게 상극하므로 정재는 지속적으로 남편을 보좌하는 정부인이다.

④ 사회적 의미로는 정재가 지지에 있을 때, 내가 식상 활동을 한 결과물이므로 실제 돈이나 재물을 의미한다. 천간에 있을 때는 내가 활동하는 영역을 뜻하며, 직업 활동을 통해 재물을 취할 수 있는 나의 능력이며 나를 따르는 사람들을 의미한다.

⑤ 사주에서 정재는 안정적이고 조화로운 길신(吉神)이지만, 천간에 있을 경우 운에 따라서 겁재로부터 정재를 빼앗길 수 있으므로, 지지에 있을 때를 더 유용하게 본다.

⑥ 만약 정재가 2~3개로 많고 신약한 사주일 때는 재다신약(財多身弱)이라 하며, 부인이나 재산을 소유하고 관리할 힘이 없기 때문에 오히려 재물이 손실되거나 부인에게 의존한다.

⑦ 상관 - 정재의 생화극제 의미

돈과 재산을 의미하는 정재 기준에서, 상관의 상생을 받는다는 것은 돈을 벌 수 있는 나의 특화된 능력과 재능을 갖추었다는 뜻이다. 특히 상관의 환경 활용 능력, 임기응변 능력, 언어표현 능력 등을 바탕으로 한 직업 활동을 통하여 안정적으로 재산을 축적할 수 있다. 이때 정인이 있어서 상관을 상극하여 상관패인(傷官佩印)하고, 정재는 정인을 재극인(財剋印)하는 사주이면, 제도권 내에서 상품 관리 및 매장 관리, 건물 관리 등을 통해서 보관료나 임대료 같은 안전자산권을 확보할 수 있다. 그러나 정재-정인의 재극인은 탐재괴인이라 하여 돈 욕심 때문에 명예가 실추될 수 있다.

만약 정인이 없고 비견 겁재가 천간에 있으면, 순수하게 개인 자영업자이며, 정재의 특성상 정찰제 등의 운영 방식으로 투명하고 안정적인 이득을 바탕으로 부를 축적해 간다.

⑧ 정재 - 정관의 생화극제 의미

사주 천간에서 정재가 정관을 상생하여 재생관(財生官)되면, 조직의 책임자나 운영자가 된다. 정관은 법과 규칙이 있는 상하 관계의 조직인데, 그 조직을 정재가 생(生)해 줌으로 권한과 책임을 부여받은 대표자가 된다.

만약 사주에서 정관이 없는 정재는 능력은 있으나 책임은 없는 참모와 같다. 또한 정인이 있어서 정관과 관인상생(官印相生) 하면, 조직에서 권리와 직분을 인정받고 적합한 지식과 통찰력을 갖춘 관리자가 된다. 만약 비견 겁재 운에 정재가 상극을 받아 쟁재(爭財)될 때, 정관이 있어서 비겁을 제압하면 더 높은 지위로 상승한다.

요약하면 상관-정재 조합은 상관생재(傷官生財) 하여 부를 쌓는 것이고, 정재-정관 조합은 재생관하여 지위와 신분을 상승하는 것이다. 이와 함께 정인이나 비겁을 제화(制化) 하면 부와 지위가 더욱 상승한다.

6) 편재(偏財)의 기본 특성 및 생화극제의 사회적 의미

① 편재도 정재와 같이 일간인 내가 상극하는 오행이지만 나와 음양이 같다. 즉 丙火 일간의 경우 庚金을 양-양 관계로 상극하므로 경금이 편재이다.

② 정재가 올바른 방법으로 노력하여 쌓은 기본 재산이라면, 편재는 투기하거나 투자를 해서 비정상적인 방식으로 외부 돈을 취득한 잉여 재산이다. 따라서 편재가 있는 사람은 주식이나 사업을 하여 재산을 증식하는 유형이다.

③ 정재가 자신의 재물이나 영역을 소유하고 유지하는 것이 목적이라면, 편재는 타인의 영역까지 확장하여 공유 재산을 내 것으로 만드는 것이 목적이다. 또한 편재는 일확천금과 같이 한꺼번에 획득한 재산이고 여유 자금이므로 유동적 재산이다.

④ 개인적인 의미로는 남자 기준에서 편재는 일간이 음-음이나 양-양의 관계로 상극하므로, 불안전한 관계의 애인 같은 여자이며, 내 소유 영역 밖의 사람이다.

⑤ 정재는 본래 내 영역에서 스스로 땀 흘려서 모은 소중한 재산이므로 남에게 베풀거나 소비하는데 인색할 수 있다. 편재는 타인과의 공유 영역에서 한꺼번에 취득한 재산이므로 남에게 잘 베풀고 쉽게 소비하는 경향도 있다.

⑥ 편재가 사주에 2개 이상 많을 경우, 반드시 일간은 근(根)이나 인성으로 신왕(身旺) 해야 타인과의 경쟁에서 재물을 취득하고 관리할 수 있다. 만약 신약(身弱)한 사주라면 돈을 투자했다가 오히려 빼앗기거나 손해를 입는다.

⑦ 식신 - 편재의 생화극제 의미

재물 확장을 목적으로 하는 편재가 식신의 상생을 받는다는 의미는 현장 경험 능력을 바탕으로 하여 개인적 전문 특기를 갖추었음을 뜻한다. 따라서 사주 천간에 식신-편재가 있으면 개인의 충분한 벌이 능력이 갖추어졌음을 뜻하며 활발한 경제 활동으로 재산을 축적한다.

이때 사주나 운에서 편인이 오면, 편재가 편인을 재극인하게 되어 재화 가치를 몇 배로 높인다. 즉 편인의 지적 능력이나 자격증, 문서를 통해 부동산 이권 개입이나 재테크에 참여함으로써 안전자산권, 지적재산권을 갖고 부를 키운다.

⑧ 편재-편관의 생화극제 의미

편재가 편관을 상생하면 재생살(財生殺)이라 하는데, 이 의미는 편재로 확장시킨 재화 영역을 다스릴 수 있는 법과 규칙이 있는 조직을 경영한다는 뜻이다. 따라서 편재 편관이 천간에 투간된 사주는 독립된 영역에서 권한을 위임받고 총관리자가 될 수 있다.

예를 들어 외부 영역을 관리하는 해외 법인장이나 대외 협력 본부장을 맡아 명령권이나 결재권을 갖는다. 만약 편재가 편관이 없으면, 비견의 상극을 받아서 쟁재(爭財) 되고 재물을 보호받지 못하거나 양보한다. 그러나 편재-편관-비견 조합이 있으면, 편관이 비견을 제화함으로써 비견의 영역까지 규합하여 부서 통합이나 타 영역까지 투자, 지분 확보, M&A 합병을 통하여 부를 확장하고 운영권을 지닌 리더가 될 수 있다. 단 식신이나 편재가 있는 사주는 반드시 근왕(根旺)해야 재화 영역을 확장해가는 사업적 추진력이 있으며, 비견이 있으면 대인 관계를 넓히고 그들을 다스릴 수 있는 리더십이 있는 것이다.

7) 정관(正官)의 기본 특성 및 생화극제의 사회적 의미

① 정관인 일간은 나를 상극하는 오행이며 나와 음양이 다르다. 예를 들어 壬水 일간의 경우, 壬水를 토극수로 상극하면서 음양이 다른 己土가 정관이다.

② 정관의 기본적 의미는 내가 속한 가정이나 사회의 관성 조직이 나를 통제한다는 뜻이다.

③ 정관은 내가 살아가는 세상의 모든 조직이며 법과 규칙이 존재하는 안정된 환경이다. 따라서 사주에 정관이 있으면, 일간을 적절하게 자제시켜 법과 사회 규범의 의무를 잘 지키게 하고 이에 따른 권리를 보장받는다.

④ 정관은 조직 내 상하 관계에서의 책임과 명예, 명분을 중시하고 전체를 우선하는 마인드를 지닌다. 사주에 정관이 2개 이상 많을 때는 지나치게 보수적이며, 체면과 자존심이 강한 꼰대 스타일이 될 수 있다.

⑤ 정관이 천간에 1개가 있고 긍정적으로 발현되면 모든 일에서 공정을 중시하고 바른 태도를 가지며 책임감이 강하다. 직업적으로도 공직자나 행정 공무원 등이 적합하며, 대기업이나 교육 기관에서도 책임 있는 지도자로서 조직을 안정적으로 운영할 수 있다.

⑥ 사회조직뿐만 아니라 내가 속한 가정도 정관 이므로, 여자 기준에서 볼 때 가정을 책임지는 가장이며 모범적인 남편을 의미한다.

⑦ 정재 - 정관의 생화극제 의미

정관이 정재의 상생을 받는 것을 재생관(財生官)이라 한다. 이 의미는 공정하고 바른 정관 조직이 잘 유지될 수 있도록 재정적으로나 능력 있는 사람들이 많다는 뜻이다. 따라서 재생관이 잘된 사주는 안정된 조직에서 아랫사람이나 동료들과 직장 생활을 잘하며 지위가 지속적으로 상승한다. 또한 튼튼한 재성이 관성을 상생한다는 것은 곧 관성의 규모가 크다는 뜻이므로 재정 기반이 건전한 큰 조직에서 근무한다. 이때 겁재가 운에서 오면, 정관이 겁재를 상극하여 조직 밖의 사람들을 통제하고, 겁재로부터 정재를 살려줌으로써 지위와 계급이 상승한다. 즉 정재-정관-겁재 조합의 조합이 되면 승진이 되거나 부속기관의 책임자가 될 수 있다.

⑧ 정관 - 정인의 생화극제 의미

정관이 정인을 생하면 정관 조직에서 주어진 일이나 역할을 잘 수행할 수 있는 능력이 있음을 뜻한다. 이를 관인상생(官印相生)이라 한다.

정인은 사회로부터 인정받은 자격, 공부, 실력을 의미하므로, 조직에서 요구하는 능력을 인정받아 직책이 오래 유지될 수 있다. 이때 상관이 운에서 오면 정관의 상생을 받은 정인이 상관을 상극하여 제화(制化) 한다. 그러면 정관이 살아나서 특수한 능력을 인정받고 직책을 유지한다. 이때 상관은 시대 변화나 환경 변화에 따른 새로운 능력을 의미한다. 또한 사회적 약자나 기존 조직의 질서에 도전하는 사람들을 정인이 교육하여 상관견관(傷官見官)의 폐해를 막는다는 뜻이기도 하다.

8) 편관(偏官)의 기본 특성 및 생화극제의 사회적 의미

① 편관은 정관과 같이 나를 상극하는 오행이지만 일간인 나와 음양이 같다. 즉 壬水 일간의 편관은 토극수로 나를 극하면서 음양이 같은 戊土이다.

② 편관의 기본적 의미는 나와 관계된 불안정한 특정한 조직이 일방적이고 특별한 방식으로 일간을 통제한다는 뜻이다.

③ 정관이 체계화된 법과 규칙의 틀 속에서 안정적으로 일간을 보호하고 권리를 유지시켜 주는 반면에, 편관은 특수하고 불안정한 조직으로서 계속 변화하는 환경이기 때문에 의무가 더 우선이다. 넓은 의미로는 우리가 살면서 겪는 특정한 스트레스 환경이며, 질병, 재난, 전쟁 등 고통과 위험 그 자체를 뜻한다.

④ 대표적인 사회의 편관 조직은 검찰, 경찰 조직, 군 조직, 병원 같은 곳이며, 직업적으로 조직에서 주어진 힘든 업무를 해결하고 극복해야 한다. 따라서 편관은 흉신(凶神)이고 관살(官殺) 이라 부르기도 한다. 그러나 사주에서 편관을 해결할 수 있는 치료법과 같은 편인, 식신, 상관, 겁재 등의 용신이 있으면, 더 긍정적으로 해결되어 사회에 공을 세우고 개인적인 명예나 지위가 상승된다. 이때 일간은 인성이나 근(根)으로 신왕(身旺) 해야 한다.

⑤ 편관이 사주에 2~3개 있고 신약한 사주이면 정신적 공포나 두려움, 염려 때문에 주어진 일을 감당하지 못하며, 사소한 일도 중압감을 갖게 되고 몸도 아플 수 있다. 이때 비견이 있으면 부모나 가까운 사람들이 대신 일을 해

결해 주고 책임을 지게 된다.

⑥ 편관은 십신 중에서 일간을 가장 힘들게 하는 흉신이지만, 잘 다스리고 순화시켜서 쓰면 오히려 전화위복이 되므로 일차적으로 제화시켜야 한다. 편관을 제화하는 대표적인 방법으로는 다음의 식신제살(食神制殺)과 상관합살(傷官合殺)이 있다.

⑦ 편관 - 식신, 상관의 생화극제 의미

편관이 있는 신왕한 사주가 식신이 있으면 편관을 잘 다스려서 위기를 기회로 만든다. 이를 식신제살(食神制殺)이라고 한다. 다시 말해 식신이라는 나의 고유한 개인적 능력으로 힘든 편관의 문제를 해결한다는 뜻이다. 예를 들어 질병을 고치는 의사들, 백신 개발하는 연구원들, 전쟁에서 적을 물리치는 군인들 모두 이에 해당된다. 개인생활에서 식신제살을 예로 들자면, 특정한 육체적 질병이 생겼을 때 적극적인 수술요법을 통하여 병을 완전하게 치료하는 것이다.

만약 약이나 건강 보조 식품을 복용하면서 외적 상태에 맞추어 간접적으로 치료해 간다면 이를 상관합살(傷官合殺)이라 한다. 상관합살은 상관이 외부 변화를 이용하여 편관에 대응하고 편관의 살성(殺性)을 합하여 약화시킨다는 의미이다.

⑧ 편재 - 편관의 생화극제 의미

편관이 사회적으로 공을 세우고 개인적으로도 어려운 문제를 잘 해결하려면 식신으로 제화된 후에 편재의 생화(生化)를 받고 있어야 효과가 크며, 오랫동안 명예나 지위가 상승된다. 만약 비견이 와서 편재를 상극하고 재물을 빼앗으려 할 때도, 편재의 상생을 받은 편관은 비견을 제화하여 편재를 구할 수 있다. 이것은 편관이 재생살(財生殺)을 받아야만 경쟁에서 이기고 목적을 이룰 수 있음을 뜻한다. 모든 십신은 사주에서 상생을 받아야 오래 유지되며, 상극을 통하여 효과를 거둘 수 있다.

편재-편관-비견 조합의 사회적 현상은 편재의 생을 받은 편관이 비견을 제압하고 협조를 받아서 더 큰 독립적 영역을 갖게 되며, 자율적 권한과 명령권을 부여받는다. 이 밖에 편관이 겁재와 합하여 겁재합살(劫財合殺)을 하면, 겁재가 편관의 힘든 임무를 대신하는 공동 업무 관계가 되거나 외부 세력에 대항하기 위한 협력관계가 된다.

⑨ 편관 - 편인의 생화극제 의미

편관이 편인을 상생하는 관계는 살인상생(殺人相生)이라 한다. 이 의미는 편인의 지혜와 아이디어로 편관의 어려운 임무를 잘 수행할 수 있다는 뜻이다. 편인의 전문 지식과 판단력으로 변화하는 편관 조직의 문제를 유연하게 대응하여 해결하고 그 공을 인정받는 경우이다. 또 운에서 비견이 올 때 편관이 비견을 상극하고, 편관의 임무를 잘 수행하던 편인이 비견을 상생하여 살리면 그 업적이 더 커진다. 예를 들어 질병관리청 공무원이 코로나 팬데믹이라는 위기 상황에, 편인의 지략으로 정보를 수집하고 전략을 세워, 위험으로부터 국민을 구하는 상황을 말한다. 또한 정치적 위기 상황에서 여론조사를 하여 새로운 변화를 모색하거나, 경제적 위기 상황에 시장 마케팅 조사를 하여 리스크 관리를 하는 것도 살인상생하여 비견을 살리는 예이다.

개인적으로는 가정도 하나의 작은 조직이기 때문에 편관이 월지나 일지,

시지에 있으면, 가족을 책임지는 가장으로서의 남편으로 본다. 이때의 편관 남편은 일간을 힘들게 하는 불안정한 남편이므로 식신이나 상관의 우월한 개인 능력으로 제화하거나, 편인으로 살인상생하여 지혜롭게 맞춰 살아야 한다.

9) 정인(正印)의 기본 특성 및 생화극제의 사회적 의미

① 정인은 일간인 나를 낳고 상생해 주는 오행으로서 어머니와 같고 음양은 나와 다르다. 가령 癸水 일간의 경우 庚金이 금생수로 나를 상생해 주면서 음양이 다르기 때문에 경금이 정인이다.

② 정인의 기본적 의미는 올바른 방법으로 문서나 자격을 얻는다라는 뜻이며, 내가 속한 가정이나 사회 조직으로부터 인정받기 위해 보편적 지식이나 기술을 습득하고 준비하는 과정이다.

③ 정인은 정관이라는 조직에서 인정한 문서나 허가증, 자격증, 지식, 공부, 기술, 예능 등을 의미하며, 법과 규칙으로 제도화된 안정적인 정관에 적합한 실력을 쌓는 것이다.

④ 정인의 넓은 의미는 사회에서 보편적으로 통용되는 일반적 지식뿐 아니라 현실에서 쓸 수 있는 실용적 기술이나 예체능적 재능도 모두 포함한다.

⑤ 정인이 정관과 잘 배합되면 국가자격증을 소지하여 교육기관이나 행정기관, 연구기관에서 근무하며, 주어진 임무를 잘 수행하고 안정적인 직책을 맡아 장기근속을 할 수 있다.

⑥ 정인의 인간관계적 의미는 어머니를 비롯한 윗사람으로부터 조건 없는 사랑과 인정을 받는 것이며, 정인이 겁재를 생하여 배합을 이루면, 나를 사랑하는 불특정 다수의 팬들이나 지지자들이 많아서 받을 복이 많음을 뜻한다.

⑦ 정관 - 정인의 생화극제 의미

정인의 기준에서 정관의 상생을 받으면, 나의 준비된 능력과 자격을 인정해 주는 조직이 있다는 뜻이다. 앞서 정관 기준에서의 관인상생과는 약간의 차이가 있다. 쉽게 설명하면 정관 기준일 때는, 먼저 취업을 하고 그에 맞는 업무 능력을 만들어가는 것이고, 정인 기준일 때는 학력과 다양한 자격증 준비를 우선적으로 하고 그에 적당한 직업을 찾는다. 이 기준에 대한 설명은 모호하게 들릴 수 있으나, 직업 환경인 월지에서 천간으로 투간된 오행의 세기와 활용 정도를 보고 해석한다. 이것을 명리 이론에서는 사주의 격이라 하며, 사회적 직업성을 볼 때 판단 기준으로 삼는다.

이러한 정인격이 관인상생(官印相生)을 한 후에, 상관이 운에서 오면 상관을 상극하여 제화한다. 이때 정인이 상관의 상관견관(傷官見官)을 막아서 정관을 살리면, 시대에 맞는 새로운 능력을 인정받아 지위가 높아진다.

⑧ 정인 - 겁재의 생화극제 의미

정인은 현실 사회나 조직에서 적합하게 활용되는 일반적, 보편적 지식이고 재능이므로, 사회의 불특정 다수에 해당되는 겁재를 상생한다. 또한 겁재는 나와는 생각과 행동, 그리고 사는 환경마저 다른 외국 사람들도 포함하기 때문에, 정인-겁재 조합의 의미는 수많은 겁재에게 정인의 준비된 실력을 펼칠 수 있다는 뜻이다. 여기에 정재가 사주에 있거나 운에서 오면, 정인의 상생을 받고 있는 겁재는 정재를 상극하여 경제적 활동 영역이 넓어지고 인기 있게 된다. 가령 대중에게 유명한 교수나 인기 있는 가수, 예술가 등의 경우이다.

반면에 정인이 없는 겁재는 오히려 활동 영역도 좁아지고 재물이 줄어든다. 또한 상관이 운에서 오면 정인-겁재-상관 조합이 되는데, 이 의미는 정인의 준비된 능력을 겁재에게 펼쳐서 인정받은 후, 상관의 능력으로 세상 변화에 맞게 새로운 플랫폼을 만들어서 더 넓은 영역을 갖는 것이다. 교수가 책을 쓰고 홍보하여 베스트셀러가 된다거나, 가수가 새로운 신곡을 내어 히트하고 세계적으로 널리 전파되는 것을 말한다.

10) 편인(偏印)의 기본 특성 및 생화극제의 사회적 의미

① 편인은 일간인 나를 상생해 주지만 음양이 나와 같아서 일방적이고 편중된 방식으로 생화(生化) 한다. 가령 癸水 일간의 경우 나를 음-음 관계로 상생해 주는 辛金이 편인이다.

② 과거 전체주의 사회에서는 기존 사회 질서에 적합하게 적응하는 보편적 능력을 갖춘 정인을 최고의 길신으로 보았으나, 현대와 같이 개인 능력 위주의 시대에는 한 분야에서 특별한 전문성을 갖춘 편인이 더 긍정적으로 쓰이고 있다.

③ 예를 들어 SF 영화를 만드는 감독, 창의적 아이디어로 감동적인 곡을 쓰는 작곡가, 끝없는 상상력으로 새로운 작품을 창작하는 예술인, 과학 기술이나 특정한 분야의 연구원이 편인의 능력을 갖춘 사람이다.

④ 편인이 편관과 잘 배합되면 특정 분야에서 준비된 능력을 갖추어 불안정하고 리스크가 따르는 편관 조직의 임무를 적절하게 수행할 수 있다.

⑤ 정인이 다수의 일반인들로부터 친어머니와 같은 사랑을 받는다면, 편인은 나를 이해하고 지지하는 특정인들로부터의 집중적인 사랑을 받는다.

⑥ 이와 같은 편인의 치우치고 편중된 특성 때문에, 사주에 편인이 2~3개로 많거나 대운 세운에서 천간 지지로 강하게 들어올 때는, 정관 편관을 무력하게 만드는 관설(官洩) 현상이 나타난다. 이때는 자신이 속한 사회 조직이나 가정 또는 남편에게 문제가 생길 수 있다.

또한 편인이 태과할 때 식신을 도식(倒食) 하여 자신의 행동 능력과 활동성이 무능해지거나 건강 문제가 생길 수 있다. 이때 사주에 편재가 있어서 편인을 상극하면 재극인(財剋印) 되어, 관설과 도식 현상을 극복할 수 있다.

　⑦ 편관 - 편인의 생화극제 의미

　편인격 기준에서 편관이 있으면 자신의 준비된 아이디어나 특별한 지혜가 인정받을 수 있는 특수한 조직이 있다는 의미이다. 이때 사주나 운에서 식신을 만나면, 식신이 힘든 편관을 제살하고 편인은 식신을 상극한다. 이때의 편관-편인-식신 배합의 의미는 사회의 부적응자들을 편인의 지혜로 교육하고 상담하여 선도하는 것이다. 만약 운에서 편재가 오면, 힘겹고 가난한 사람들을 위해 활인공덕할 의무감을 갖게 되고, 훌륭한 정신적 스승으로서 사회적 역할을 담당하는 귀한 인물이 된다.

　⑧ 편인 - 비견의 생화극제 의미

　편인이 비견을 상생한다는 의미는, 편인의 특별한 생각과 지혜를 인정해 주고 따르는 사람들이 있다는 뜻이다. 이때 편재가 있어서 편인을 재극인하면 편인이 현실감을 갖게 되고, 편인의 특별한 정신이 사회적으로 널리 공유될 수 있는 영역이 생겼다는 의미이다. 또한 편인의 생을 받은 비견이 편재를 제화하여 편인-비견-편재 조합을 이루면, 개인의 지적 능력을 인정해 주는 마니아 층이 생기고 프리랜서로서 특허권이나 상표권, 지적재산권을 소유할 수 있다.

맺음말

　명리학은 우주 자연의 순환원리를 연구하여 인간 삶을 설명하는 인문학이자 철학이다. 우주 자연은 음양 변화라는 거대한 움직임 속에서 오행의 상생과 상극 작용에 의해 균형과 조화를 맞추어 간다. 인간 또한 우주 자연의 세포와 같은 존재로서 자연과 동일한 법칙 속에서 살고 있음을 인식해야 한다. 필자는 이 책을 통해서 그동안 우리가 눈으로 확인할 수 없었던 음양오행 에너지의 변화 원리를 현대물리학에서 밝혀진 과학적 사실에서 찾고, 사주명리가 비과학적 미신이 아닌 자연 과학에 바탕을 둔 학문임을 알리고자 하였다.

　그러면 이러한 사주명리가 왜 인간 삶의 모든 현상을 완벽하게 설명하거나 100% 예측하지 못하는가? 그 이유는 앞서 1장에서 살펴보았던 인간의 자유의지 및 유전, 성별, 시대 및 환경적 차이 외에 다음과 같은 사주명리학적 요인에서 찾아볼 수 있다.

　첫째는, 개인 사주의 태과불급(太過不及) 문제이다. 사주명리의 핵심은 자연의 법칙에 맞는 음양오행의 균형과 조화인데, 특정 오행이 너무 많거나 적으면 어떤 운이 오더라도 보편적인 상생상극 작용이 발현되지 않는다. 이런 사주는 일반적 명리 이론으로는 해석의 오류가 생긴다. 예를 들어 戊土가

2~3개 이상 많을 경우, 丙丁 火의 빛과 열을 차단하여 제 기능을 할 수 없게 하고, 壬癸 水의 흐름을 막아서 쓸 수 없게 만든다. 이 외에도 목다수축(木多水縮), 화다목분(火多木焚), 화다수갈(火多水渴), 토다매광(土多埋光), 금다목절(金多木折), 수다금침(水多金沈), 수다목부(水多木浮) 등 개인 사주마다 태과불급의 문제가 있을 경우 일반적 해석은 맞지 않다.

둘째, 일간의 왕쇠강약(旺衰强弱) 차이이다. 가령 일간이 인성이나 비겁, 근으로 신왕(身旺) 한 사주일 때와 신약(身弱) 한 사주일 때의 일의 성패 및 사건 발생 확률이 전혀 다르게 나타난다. 이러한 기본 조건을 고려하지 않고 사주를 분석하면 잘못된 해석을 하기 쉽다. 가령 정재나 편재가 많이 있는 사주가 무조건 부자일 것 같지만, 일간이 신약할 경우는 재성을 취할 능력이 부족해서 오히려 타인에게 의존적이고 재물을 빼앗기게 된다.

셋째, 일간 뿐만 아니라 사주 천간의 각 오행이 지지에서 얼마나 힘이 있는가를 살펴야 한다. 이것은 천간의 에너지가 지지에서 실제적인 물질이나 현상으로 발현될 수 있는 확률을 뜻한다. 명리 이론에서는 이것을 왕상휴수사(旺相休囚死)나 십이운성(十二運星)으로 연구해왔다.

실제 임상에서는 천간 지지 기둥의 에너지 세기 관계를 세밀하게 분석해야만 정확한 사주 해석을 할 수 있다.

또한 운으로 미래를 예측하는 것은 사주 원국의 기본적인 조건 차이를 정확히 파악한 후에 대운, 세운, 월운 등 변화하는 에너지와의 상생상극 작용을 살펴야 한다. 이것은 마치 기상 예보에서 온도, 습도, 기압 조건에 따라

비가 내릴 확률을 60%, 80% 등으로 예측하는 것과 같이 단순한 문제가 아니다.

앞으로 사주명리에 대한 더 깊은 연구와 함께 예외적인 변수를 종합적으로 고려하여, 보다 정확한 사주 해석이 필요할 것으로 본다.

| 참고문헌 |

『김상욱의 양자공부』, 김상욱, 사이언스 북스(2017)

『울림과 떨림』, 김상욱, 동아시아(2018)

『김상욱의 과학공부』, 김상욱, 동아시아(2020)

『이명현의 별헤는 밤』, 이명현, 동아시아(2014)

『쉽게 배우는 천문학』, 채동현, 안상민, 교육과학사(2016)

『물리학의 역사와 철학』, James T. Cushing / 역자 송진웅, 북스힐(2006)

『우주 변화의 원리』, 한동석, 대원기획출판(2001)

『생명은 어떻게 작동하는가』, 박문호, 김영사(2019)

『보이는 세상은 실재가 아니다』, 카를로 로벨리 / 역자 김정훈, 쌤앤파커스(2018)

『시간은 흐르지 않는다』, 카를로 로벨리, 역자 이중원, 쌤앤파커스(2019)

『내 몸안의 작은 우주, 분자 생물학』, 다다 도미오 / 역자 황소연, 전나무숲(2019)

『과학명리』, 김기승, 다산글방(2016)

『명리직업 상담론』, 김기승, 창해(2009)

『명리학담 권2, 명리학 개론 – 오행의 활용』, 김성태, 더큼(2017)

『명리학담 권3, 명리학 개론 – 육신의 활용』, 김성태, 더큼(2018)

『용신』, 더큼학당 강의록 통변, 김성태, 더큼(2019)

『음양오행, 생성과 소멸의 자연학』, 김성태, 텍스트 북스(2010)

『격국과 용신』, 김성태, 새움(2006)

『자평진전 강해』, 이을로, 동학사(2018)

『궁통보감』, 김기승, 다산글방(2017)

『연해자평 정찰』, 서승, 문원북(2018)

『적천수 강해』, 구경회, 동학사(2013)

『명리약언』, 김기승, 다산글방(2018)

『삼명통회 적요』, 만민영, 문원북(2017)

『김일엽 명리전서』, 김일엽, 서진출판사(동양철학교육원)(2003)

『사주명리 실전 100구문 완전정복』, 김철주, 문원북(2014)

『입체의 시공간, 시공학』, 자운 김광용, 자운명리출판사(2015)

『시공간부호 甲乙丙丁』, 자운 김광용, 시공명리학(2017)

『도경 선생의 실전명리 - 육신과 격국편』, 김문식, 려원(2020)

『도경 선생의 현대명리실전 - 음양오행과 용신편』, 김문식, 려원(2020)

『도경 선생의 명리강좌, 십간론』, 김문식, 려원(2020)

현대 명리학과 과학의 만남

초판 발행 2022년 4월 28일

지은이 안민수
펴낸이 방성열
펴낸곳 다산글방

출판등록 제313-2003-00328호
주소 서울특별시 마포구 동교로 36
전화 02-338-3630 / 070-8288-2072
팩스 02-338-3690 / 02-6442-0292
이메일 dasanpublish@daum.net
　　　　iebookblog@naver.com
홈페이지 www.iebook.co.kr

ⓒ 안민수 2022, Printed in Korea

ISBN 979-11-6078-245-5　03150

* 이 책은 저작권법에 의해 보호받는 저작물이며, 저자와 출판사의 서면 허락 없이
　내용의 전부 또는 일부를 인용하거나 발췌하는 것을 금합니다.
* 제본, 인쇄가 잘못되거나 파손된 책은 구입하신 곳에서 교환해 드립니다.
* 책값은 뒤표지에 있습니다.